楊一清傳奇

余年生◎著

云南出版集团
雲南人民出版社

图书在版编目(CIP)数据

杨一清传奇 / 余年生著. —昆明 : 云南人民出版社, 2020. 8

ISBN 978 - 7 - 222 - 19232 - 4

Ⅰ. ①杨… Ⅱ. ①余… Ⅲ. ①杨一清(1454 - 1530) - 传记 Ⅳ. ①K827 = 48

中国版本图书馆 CIP 数据核字(2020)第 153028 号

出 品 人 赵石定
责任编辑 吴 磊
装帧设计 杨晓东
责任校对 范晓芬
责任印制 李寒东

杨一清传奇
YANG YIQING CHUANQI

余年生 著

出　版　云南出版集团　云南人民出版社
发　行　云南人民出版社
社　址　昆明市环城西路 609 号
邮　编　650034
网　址　www. ynpph. com. cn
E - mail　ynrms@ sina. com
开　本　787mm × 1092mm　1/16
印　张　21. 75
字　数　250 千字
版　次　2020 年 8 月第 1 版第 1 次印刷
印　刷　云南鸿云包装有限公司
书　号　ISBN 978 - 7 - 222 - 19232 - 4
定　价　42. 00 元

如需购买图书、反馈意见,请与我社联系
总编室:0871 - 64109126　发行部:0871 - 64108507　审校部:0871 - 64164626
印制部:0871 - 64191534

云南人民出版社微信公众号

主要人物

杨一清：字应宁，号邃庵，别号石淙，祖籍云南安宁。历经成化、弘治、正德、嘉靖四朝，官至兵部尚书、户部尚书、吏部尚书，武英殿、谨身殿、华盖殿大学士，左柱国，太子太傅，太子太师，官居一品，三任三边总督，两任内阁首辅。

杨景：字时享，杨一清之父。

杨绍芳：杨一清继子，官居中书舍人。

朱见深：明宪宗，成化皇帝。

朱祐樘：明孝宗，弘治皇帝。

朱厚照：明武宗，正德皇帝。

朱厚熜：明世宗，嘉靖皇帝。

刘瑾：司礼监太监。

张永：宦官。

贾兴义：牧民。

贾秀姑：贾兴义之女。

钱宁：云南府人，左都督，执掌锦衣卫。

张璁：又名张孚敬，内阁大臣。

妙福禅师：焦山寺僧，杨一清好友。

仇钺：杨一清部将。

刘大夏：兵部尚书。

王大雄：三义堂黑风山堂主。

朱寘鐇：安化王。

王守仁：副都御史，哲学家。

朱宸濠：宁王。

李东阳：大学士。

乔宇：杨一清门生，南京留守兵部尚书。

李梦阳：杨一清门生。

康海：杨一清门生。

毛玉：昆明人，杨一清挚友。

目录

够……能够……替父回乡祭拜我杨氏门忠列祖列宗……以慰我之心愿……”

杨一清哽咽道：“孩儿谨记父亲教诲。”

翌日清晨，杨一清在近华浦码头雇一叶小舟渡滇池草海，过大白荡、小白荡，经西南部之海口（今昆明市西山区海口镇），入螳螂川顺流而下。沿途两岸芦苇丛生，白色芦花随风摇曳，河水清澈见底，水草飘荡，木浆荡处，鱼儿纷纷四散游走。杨一清顾不得欣赏沿途风景，眼睛直往前看。

杨一清迫不及待，迅速宽衣解带赤身裸体探入温水。水体交融只觉水温适中润滑肌肤。不一刻，沉醉汤池的杨一清便大汗淋漓，只觉得经脉舒张，浑身通透，飘飘欲仙，好不爽快！杨一清抬头仰望蓝天白云感慨万千，螳螂川温泉世间奇宝也，皇家骊山的华清池也不过如此。上苍有眼啊，赐安宁一方子民神水，只可惜这奇妙神水窝藏于这南国幽静处，世间文人骚客不得遇于斯泉确是憾事。

想到父亲平日里的谆谆教导，对自己寄予的厚望，想到父亲一生颠沛流离，清廉为官，两袖清风，逝后却不能叶落归根葬于家乡故土，逝者如斯！自己亦是无依无靠的游子，今后路在何方？世事难料，莫非自己也要步父亲的后尘？想到这里杨一清悲恸难忍，不禁泪如泉涌放声痛哭。

慧清指着大殿重檐间一个直径约一尺半的圆孔，说道：“杨施主，您看见正中那个圆孔了吗？每年春分、秋分节令期间，皓月东升，月光由此圆孔透入，直射殿中释迦牟尼佛像的额端，其圆如镜，而后沿鼻梁直下至肚脐而止，这一奇景称为曹溪映月，亦称为天涵宝月。”

杨一清慷慨地说道：“虽然一清只是小小中书舍人职卑俸薄，却愿意每年捐赠十两银子以为家乡培植薪炭林木，一则绿化荒山涵养水土，二则成材之后可为熬盐柴火之用。”

杨一清转身对杨绍芳嘱咐道：“绍芳啊，今日为父之言望你谨记在心，即便我去世之后亦应当作家训世代遵守！”

杨一清搁笔，毛玉移步观读赞不绝口：“先生之意甚是透彻，一是教书还需育人知礼仪；二是教育莫要空谈；三是办学要重视孩童的启蒙教育，何须远道求师。”毛玉抱拳深鞠一躬道：“先生字字珠玑，在下受益匪浅！”

毛玉回道：“仁兄说得不错，自本朝或从军戍边，或游走经商，或流官外放，或充军发配，各色长期留驻本省的汉人，便将中原的上巳节与云南的习俗相融，逐渐演变成昆明人‘三月三要西山’的春游习俗。”

杨一清看在眼里急在心上。他心想绍芳品质尚好，只是禁不住这花花大都市的诱惑，沾染了一些恶习，及时纠偏为时不晚。绍芳已经长大，响鼓不须重锤，耐心开导启迪即是。于是瞅准机会，以字教子润物无声，可谓用心良苦循循善诱。

弘治十五年（1502 年）冬。

这日午后，京城天空阴霾低沉，飘着鱼鳞片的雪花。一乘绿泥小轿穿街过巷，来到长安石门右侧杨一清的宅前。轿中走出一人，此人中等身材，头戴暖帽，身穿藏青色披风。来人不等随从张伞便快步拾级而上，抬眼看了门头上的“邃庵居”三个大字，轻轻叩响门上兽面锡环。

未等刘大夏回答，杨一清侃侃而谈：“究其原因，诸多因素中马是重要的战力。鞑靼人每个将士配备战马两匹，而我军十名军士不足一匹。鞑靼人倚仗良马，驰骋自如，机动灵活。反观我军马瘦兵老，且一味固守边墙消极防御，岂有不败之理？”

虽说马道之事本属于兵部管理，刘大夏举荐是顺理成章之事，偏偏这杨一清奉行士大夫清高孤傲的精神，虽然与刘瑾同朝共事，却对他采取敬而远之的态度，时常不给他好脸嘴看，此次即将履任新职，杨一清不向刘瑾送上半个铜板，

序

无欲则刚，无欲无求，是一种夸张的说法。“欲”或“欲望”或“欲念”，是人的本能。人不可能“无欲”，活着的人都有七情六欲。丰子恺先生说：“人欲有五：食欲、色欲、知欲、德欲、美欲。”欲望是人价值取向的心理反应，欲望是人生存生活的动力，也是人改造世界、改造自己的根本动力。试想人如果没有欲望则没有动力，无异于行尸走肉一般。

《孙子兵法》曰“上下同欲者胜”，说的是，一支军队需要将士上下具有求胜的欲望，目标一致，同心协力，便能够战胜敌人。团队需要欲望，个人亦有欲望。被称为“人本之父”的美国著名心理学家马斯洛提出的“需求层次论”，将人的需求分为生理需求、安全需求、社交需求、被尊重需求与自我实现需求五个层次，他所说的需求即是欲望。不同的人在不同的阶段、不同的环境可能产生不同的需求（欲望）。欲望可以使人成功，也可以使人失败。

欲望非善非恶，亦善亦恶。善耶？恶耶？主要看其目的、实现的手段与结果。回眸历史，多少仁人志士，以天下为己任，以艰苦卓绝、舍生忘死，“先天下之忧而忧，后天下之乐而乐”的精神，执着追逐肩上的历史使命，此之欲是对理想的追崇，何其崇高伟大！普通民众遵纪守法勤奋劳作，收获果实，憧憬国泰民安，是平凡质朴之欲。莘莘学子为中华民族崛起而苦读，强烈的求知欲望清纯可亲。如此等等便是最大的善欲。以奸佞暴掠巧取豪夺、阿谀奉承阳奉阴违之手段获取私利便是恶欲。无论欲望是生而有之，还是后天形成，不同的欲望将产生不同的结果。

如今已经步入现代文明社会，人们期望善多无恶，但是只要人类存在，善恶总是交集相伴。《国语》有云：“谚曰：从善如登，从恶如崩。”根治恶欲提倡正能量应该成为社会的主流，正所谓：防微杜渐，不以善小而不为，不以恶小而为之。

最近几年，研究明史的人越来越多，有的侧重探究明帝国兴衰的成因，有的关注诡谲的宫廷权力之争，有的分析经济改革的得失，不一而足。年生继出版长篇历史小说《孙髯翁传奇》《赛典赤传奇》之后，又完成《杨一清传奇》，读过其新作使人耳目一新。他独辟蹊径，将明朝中叶著名政治家、军事家、文学家杨一清传奇的一生娓娓道来。杨一清，云南省安宁人，历经明朝成化、弘治、正德、嘉靖四朝，曾任明朝正德年间内阁首辅，为历史上云南籍担任过最高职务的人。他聪颖过人，志存高远，忧国忧民，清正廉洁，戍边守土，出将入相，惩恶扬善，虽经奸人构陷三起三落，九死一生仍不忘初心，殚精竭虑死而后已，值得后人怀念。

本书不乏起伏跌宕、引人入胜的精彩情节，以文学的形式还原历史故事，生动巧妙地诠释人性善恶的本质。年生更善于运用意识流与心理细致入微的描写手法挖掘人的欲望与内心世界、善与恶的博弈争斗，塑造了以杨一清为核心人物，以及敢爱敢恨的贾秀姑、荒淫无道的朱厚照、奸佞贪墨的刘瑾、阴险狡诈的张璁等一批鲜活的人物。这是一种大胆的创新尝试，我相信朋友们在阅读本书时会有所体悟。

为筹建云南大学科技园、云南留学人员创业园，我与年生相识，转眼已近二十年。年生工作勤奋，笔耕不辍，“世事洞明皆学问，人情练达即文章”（曹雪芹语）。希望他在今后能够为我们提供更新更好的作品。新春伊始，有感而发，欣然命笔，是为序。

梁公卿

2019 年初春

第一章　神童出世

临近年末岁底，地处南国的广东高州府化州（今广东省化州市），街道上商家的幌子随风飘扬，人群熙熙攘攘摩肩接踵，官吏士绅、大众百姓都忙着置办年货，一派热闹景象。家家户户洗涤扫尘，许多人家陆陆续续挂上了红灯笼，有的人已经在写春联，大人为小孩添置了新衣服，准备迎接一年一度的春节。

冬日的上空阴霾密布，隐约传来一阵闷雷声。

晚间，化州同知府衙门后院，一个稳婆从右厢房进进出出。身着青布衫的杨景眉头紧锁，在院子里来回踱步，他心中既兴奋又焦虑。当时得知夫人杨张氏怀孕之后，年近五十的他兴奋不已，早年虽得一女，但已远嫁镇江丹徒。他只盼再得一子以续杨氏香火。如今夫人临产，心中默默祈求菩萨保佑添一男丁。使他焦虑的是三十余岁的杨张氏能否顺产？此时此刻，他想的是无论生男生女，只要她母子平安便好。已经一个多时辰过去了，只听见夫人在屋内声嘶力竭地叫喊，却仍无动静。杨景仰头望了望满天的愁云，心头更加沉重。

杨景正在沉思，突然天幕上划过一道耀眼的闪电，将小院照得通明透亮如同白昼，随即冬雷轰鸣震耳欲聋，豆大的雨点从天而降，敲打着屋顶青灰色的瓦片，打在院中翠绿的芭蕉叶上，噼噼啪啪作响，雨水浸湿了杨景的长袍。

说来也奇怪，随着一声清脆的长啼划破暗空，暴雨戛然而止，天空云消雾散，现出一勾静美清雅的下弦月。

稳婆徐妈匆匆走出厢房，喜上眉梢，顾不及擦拭满额的汗水，忙不迭地对杨景说道："恭喜同知老爷，府上添丁啊！"

"夫人可安好？"杨景急切地问道。

"母子平安！"徐妈笑盈盈地回道。

杨景举手加额："我杨景不负列祖列宗啊！"他记住了这个日子：大明朝景泰五年腊月初六（1454 年 12 月 24 日）。

杨景急忙走进厢房，用白布巾轻轻为夫人擦拭额头上的汗水。

"夫人受累了。"

躺在床上的杨张氏兴奋而弱弱地说："老爷，给我们的儿子取个名字吧！"

杨景默然一阵，想着刚才骤降的暴雨，望了望窗外清朗如洗的天空月光如水，忆起家乡云南安宁那一泓清澈见底的温泉水。

"就叫一清吧。"

"一清？老爷的意思是希望我们的儿子今后一清二白地做人，清清正正地做事。"

杨景颔首，用手轻轻地抚摸襁褓中儿子的小脸蛋。

及至杨一清入翰林院学读，便取字为应宁。

一转眼小一清满周岁，依照风俗杨景为儿子举办庆宴。

杨景，生于永乐元年（1403 年），字时享，云南府安宁州羊角村人，其父杨福山，母亲苏氏。永乐二十一年（1423 年），杨景乡试中举，先在国子监进修，后为霸州（今河北霸州市）判官，正统六年（1441 年）改授澧州（今湖南澧县）判官，景泰元年（1450 年）任化州同知。

天顺初年，当地千余人受人蛊惑围攻化州，守城武官弃城而逃，留下的士兵群龙无首惊慌失措，百姓更是恐惧万分。危急之时，作为文官的杨景却临危不乱，他挺身而出，振臂高呼，组织青壮年持械守城，又命妇孺在城墙多扎草人作为疑兵，城头插遍旌旗，攻城的人心中惧怕便退却而去，化州城转危为安得以保全。事后百姓敲锣打鼓赠送杨景“忠义匾”，表彰其忠勇可嘉。杨景为官清廉，明讼案、恤民情、兴农桑，深得当地官绅民众赞许，同知大人晚年得子，众人自然踊跃前往道喜。

席间高朋满座，酒过三巡，客人们嚷着要看小公子。

杨氏夫人抱着孩子款款而入，众人争相观看，然皆面面相觑。

这小一清长得一对招风耳、小鼻子、小嘴巴，一双小眼睛还是单眼皮。人群中发出了轻微的叹息声。客人们碍于同知大人的脸面，违心地说了一些同知大人老蚌得珠可喜可贺，祝小公子长命百岁，日后当鹏程万里之类恭维祝福的话，便陆续散去。

客人走后，见夫人抱着孩子流泪，杨景宽慰道：“我儿相貌奇异，日后必建奇功于世!”

第二章　中秋诗会

杨张氏，湖广澧州人，生于宣德元年（1426 年），其父为湖广九溪卫安福所百户，虽然职级较低，但张家教女有方，张氏自幼随父亲饱读诗书，粗通琴棋书画，杨景在澧州任职时与张氏相识相知，两人喜结良缘，后随杨景来到化州。入杨家后便以操持家务、相夫教子为己任。杨景整日公事繁忙，对孩子的启蒙教育便落在她的身上。

世间大爱莫过于母爱，杨张氏爱子心切，小一清尚未启齿说话，便向儿子背诵《百家姓》《三字经》《弟子规》。她也不知道幼儿能不能听懂，怀中的小一清睁着小眼睛，嘴里咿呀咿呀，好像是在应和一般。

杨景揶揄道："夫人，你当你儿子是个神童?"

神奇的事情竟然发生了。

一日，吃过晚饭，杨张氏在厨房收拾碗筷，杨景抱着一清来到院子，打趣道："你娘说你是神童，来给爹读读《三字经》。"

"人，人之初，性本善，习，习相近……"

杨景大吃一惊："孩他娘！你快来，一清……他……他会读书哩!"

杨张氏急忙从厨房出来，看见杨景将一清高高举过头顶，便大声喊道："他爹，你小心些，他还只是个两岁的孩子，莫要闪了他的腰!"

自此以后，杨张氏便更加有意培育一清。

杨景深知，自己孤身一人自边陲云南入仕，故谨小慎微，一直秉持洁身自好独善其身。尽管十八年来兢兢业业，口碑极佳，无奈朝中无人，既不肯阿谀奉承，又无银子孝敬上司，因此屡无升迁，多年便滞留在同知职位上。

杨景为官两袖清风，虽然官居六品，每年的俸禄仅为九十六石米，折合银两四十八两，不仅雇不起什役，为了维系生活，夫人杨张氏时常帮别人洗涤衣物获取微薄的收入以补家用。

化州地处鉴江流域，水网密布，同知府衙后有一条小溪，每当杨张氏去河边浣洗衣物时，便在河滩沙土上用树枝写一行字，先教小一清读认，而后手把手进行书写，往往一遍之后小一清便能流利书写。她在厨房一边做饭，一边口诵古诗词，小一清就用木炭头在地上写。小一清三岁时，便识得千字能诵诗百首，杨景夫妇俩大喜过望。

转年中秋节，化州照例举行赛诗会。

这赛诗会乃是化州民间自娱自乐的活动，不分长幼，只要报名皆可参与。

这晚明月当空，月圆如盘，人们陆陆续续集聚在孔庙前的大榕树下。

参加诗会的人依惯例抓阄顺序登台，前面几个中年人摇头晃脑装模作样背诵古诗，官话中夹杂着粤语不伦不类，笑得众人前仰后合忍俊不禁。

小一清第四个登台，他毫不怯场，先朗诵一首唐代王之涣的《登鹳雀楼》：

白日依山尽，黄河入海流。

欲穷千里目，更上一层楼。

童声稚气，口齿清楚，众人鼓掌。

有一老者说："众人且慢，此诗不难，妇孺皆知，待老朽再出一首。"

说完从衣袖中取出一本《唐诗三百首》，翻开几页递给小一清。

小一清接过书顺眼一看，即刻将书合上。随口道："老伯，此诗为唐代岑参写的《走马川行奉送封大夫出师西征》。"

人群中一个书生模样的中年人说道："此是一篇长诗，字词生僻拗口，我等读诵经常出错，这位大爷确实为难这孩子了。"

老者问一清："你可曾读过？"

小一清摇摇头："未曾读过。"

老者又问道："可否背诵开头之二三句？"

人群中的杨景微笑。

小一清点点头，侃侃诵道：

君不见走马川行雪海边，平沙莽莽黄入天。轮台九月风夜吼，一川碎石大如斗，随风满地石乱走。匈奴草黄马正肥，金山西见烟尘飞，汉家大将西出师。将军金甲夜不脱，半夜军行戈相拨，风头如刀面如割。马毛带雪汗气蒸，五花连钱旋作冰，幕中草檄砚水凝。虏骑闻之应胆慑，料知短兵不敢接，车师西门伫献捷。

一清背诵时，老者一边听一边对照书上的诗文。

待一清背诵结束，众人鼓掌喝彩。

有人惊呼："这伢仔只有四岁啊！"

老者合上书，拱手道："颖悟绝伦，一览成诵，昂扬顿挫，一字不错，真乃神童也！"

先前在一清周岁宴席上犯嘀咕的几个人，羞愧难当无地自容。

小一清顺畅地背诵了《走马川行奉送封大夫出师西征》，或许此时幼小的他，并未完全理解此诗的全意，他更没有想到几十年后，他自己也将西出关山守土戍边。

赛诗会结束，小一清夺得魁首，自此小一清神童的美誉蜚声四街八乡。

杨景大喜过望，杨张氏却犯愁，说道："娃娃知识见长，你成天在外忙于公事没有时间教导，我倒是可以教他识几个字，读几首小诗，但如今已是黔驴技穷，莫要耽误了儿子的前程才是。"

杨景拱手作揖，说道："这些年难为夫人了！那就送他上私塾吧。"

杨张氏眉头舒展，转忧为喜。

杨景到街上买了一支毛笔、一锭墨和一方砚台，杨张氏连夜赶制了一个书包。

隔日，夫妇两人高高兴兴，提着一条自家腌制的腊肉送给私塾先生。小一清恭恭敬敬拜了大成至圣孔子像，再拜先生。四岁的小一清进入化州青云路的孔庙，接受正式的启蒙教育。

私塾先生姓高，在当地是个受人尊重、教学严谨的老学究，他特别喜欢小一清。许多娃娃一篇文章要读七八遍方能记住，而小一清则是一目十行，且过目不忘。

杨一清天资聪颖好学，无论酷暑严寒，卯时即起床，此时私塾小院的大门尚未开，他便跑到隔壁佛寺里坐在佛像旁，借着长明灯读书，遇有难字难句便向寺内老僧求教。

此外，杨一清的成长还得益于父亲的言传身教。杨景认为，聪童既是"受之天，"更要"受之人"，因此对杨一清管教甚严。每日或伴读至深夜，或教诵吟诗词作对，或陪着儿子沿着小溪一边慢跑，一边朗读经文，既锻炼身体又熟悉了诗文。

一年，临近夏收，杨景去乡下查看农事。

这日清晨，天色灰蒙。杨张氏来叫一清起床上学。只见小一清浑身发抖，她伸手一摸儿子额头发热。杨张氏爱怜地说："清儿，你得了高热，就休学一天吧。"

一清揉了揉眼睛，挣扎着起床，边穿衣裤边说："今天先生要讲新课，不能缺席。"

一清硬撑着去了学堂。待到傍晚回到家发热加重。杨张氏慌得找来郎中。一番望闻问切，郎中埋怨道："夫人，您也太大意了，孩子是出天花了！若再过半日，性命难保啊！"

杨张氏的眼泪不禁簌簌流下，遵医嘱急忙去药铺买了草药，转回家中立即生火煎熬，按时喂药，日夜守护小一清。

四五日之后，一清高热退却，杨张氏长长地舒了一口气。只是自此杨一清脸面上留下五六个麻点，学堂里小伙伴们嬉戏打闹时，戏称一清为杨麻子。杨一清得了一个不雅的绰号。

第三章　御园诏对

话说杨景即将致仕，夫妇两人商议今后何去何从。

杨张氏言道："老爷少时离家，在外颠沛流离几十年，辛苦一生，莫如一家人返回云南安宁老家。"

杨景叹了口气，说道："夫人言之有理。我昼思夜想，回转家乡日耕夜读守祖茔，伴你安度晚年。只是无回乡资费，且眼见清儿学业渐长，云南边地教育落后，只恐耽误了他的前程啊。"

杨张氏替杨景续上水，问道："那老爷以为如何是好？"

杨景抬盏吮了一口茶，说道："我寻思已久，湖南巴陵（今湖南岳阳市）是个好地方。"

"巴陵？"

"正是。"

杨景放下手中茶盏，说道："三湘居国之中，九省通衢之地，人杰地灵，人才荟萃，教化昌盛，若清儿能在那儿受教育熏陶，将大有裨益。况且那里的气候不似化州炎热，我曾在澧州任职，又是夫人的老家，多有亲朋好友，生活亦较为便利。"

杨张氏："还是老爷考虑周全！"

于是天顺四年（1460 年），七岁的杨一清随父母迁居湖南巴陵继续攻读。

明代岳州府下辖巴陵、临湘、华容、平江四县及澧州。

童年的杨一清博览群书，通读了四书五经，凡经史百家典章文献无所不看，七岁就显现出非凡的才华，写出的文章清词丽句。当地的教育官员视之为奇才，认为让他去当童生读县学实在是多此一举，于是湖南岳州府便推荐他直接入翰林院读书深造。

成化元年（1465 年），朱见深登基，是为宪宗。他得知杨一清以"神童"驰誉乡里，有意试探其才华。一日，宪宗皇帝在御花园临漪亭诏其觐见。

杨一清在太监的引导下，来到皇帝面前下跪，口称："吾皇万岁万岁万万岁！"

身着玄色燕弁服的朱见深轻声说："你起来吧。"

"谢皇上！"

待杨一清起立，朱见深观其身材矮小、相貌平平，勉强问道："杨一清，你是何方人氏？"

杨一清恭敬答道："回皇上，学子乃云南府安宁州人氏，吾父杨景永乐二十一年（1423 年）中举，曾任化州同知，现已致仕。"

朱见深见杨一清态度从容口齿清楚，心稍安。

朱见深又问："你今年几岁啦？"

杨一清回道："回皇上，学子刚满十岁。"

"哦。"

朱见深有意考验杨一清才学，说道："朕闻听你才思敏捷出口成章，诗词楹联无一不精，可否当场赋诗一首？"

"学子当遵圣命。"

太监当即取来纸笔放在石桌上。

杨一清毫不紧张，只见他屏气凝神，提起狼毫饱蘸香墨，略为思索，只见笔走龙蛇挥洒自如，须臾便成诗四首。

其一：积雪

至后新阳复，前春积雪深。
江山万里色，天地一元心。
荏苒岁云暮，驰骋力可任。
前程不须问，缓辔且徐吟。

其二：白鸥

秋尽长江白鸟飞，平沙浅草故依依。
海翁底事劳相狎，不独忘机已见机。

其三：黄河

活活真源渺未知，乾坤于此判华夷。
凿开积石从天降，吞尽群流到海迟。
九里润多资下土，千年清合应昌旗。
不缘砥柱龙门在，浩浩三川恐不支。

其四：西山杂咏

十里长堤一掌平，野田溪草正纵横。
青山远映秋云薄，红树疏含夕照明。
细荇牵风浮不定，落花随水去无声。
幽人合是忘机者，传语沙鸥莫浪惊。

杨一清搁笔，双手将五色笺呈上，朱见深接过一看连连赞赏道：“好诗！好一手字，颇有颜筋柳骨之风范！”

站在朱见深旁边的一位老者看后亦赞道：“诗作得好，字写得极佳，果然名不虚传！今我出一上支，汝能接上吗？”

这老者银须白发满面红光，慈眉善目精神矍铄，头戴乌纱帽，身着圆领衫盘领右衽绯袍，袍中绣锦鸡，腰间系玉带，足蹬深青布靴，杨一清一看便知是一位二品大官。

老者姓黎名淳，字太朴，湖南华容（今湖南华容县）人，学人称之为朴庵先生。这黎淳来头不小，天顺元年（1457 年）进士第一名，为翰林院修撰充经筵讲官，这经筵讲官是专门为皇帝讲课的老师，是当朝声名卓著的大文豪，后来官至南京工部尚书、礼部尚书。

杨一清拱手谦恭地回道："学生试一试。"

黎淳看了一眼御花园中飘拂的柳枝，摇头晃脑地出上支：

杨花乱落眼花错认雪花飞。

杨一清眨眨眼，瞥了瞥右边婆娑的竹林，从容地对出下支：

竹影徐摇心影误疑云影过。

黎淳听后鼓掌笑赞："孺子可教也！"

朱见深说道："今儿朕也来凑个热闹。"即兴口吟一联：

一间茅屋两先生，聚六七童子，教百家千字。

杨一清不假思索脱口而对：

九重金銮一天子，会十八学士，读四书五经。

朱见深大喜，脱口称赞道："'九重'对'一间'，'十八学士'对'六七童子'；'四书五经'对'百家千字'，数对、事对，恰如其分，滇人善联也！"

朱见深转过身对黎淳说道："黎爱卿，朕以为此子是棵好苗子，你便收他为徒，在翰林院就读如何？"

黎淳见一清聪敏，皇上发话，便拱手道："皇上钦定，臣遵旨！"

朱见深道："应宁啊，还不快快拜见黎师父！"

杨一清当着皇帝的面，恭恭敬敬跪地三叩黎淳，完成了拜师礼。

黎淳扶起杨一清。

此后三年中，黎淳与杨一清师徒两人朝夕相处，情如父子。在黎淳的悉心教导下，少年杨一清的学业突飞猛进，雏凤清声。成化五年（1469 年），黎淳回湖南老家扫墓，临别时杨一清赠黎淳诗一首，充分表达其对恩师的感激之情：

南国垂髫上帝京，一经何幸有师承。
春风立遍庭前草，雪夜吹残帐里灯。
仙路几年瞻阆苑，故园三月梦巴陵。
明时画锦人都羡，欲赋阳春恐未能。

黎淳门下，同时培养了两个神童，即李东阳、杨一清。

所谓一日为师终身为父，师徒情为世间真情。弘治五年（1492 年）四月十八日，黎淳去世，享年七十岁。杨一清时任陕西提学副使，闻听恩师逝世，想到老师谆谆教导，悲痛欲绝，洒泪写下《哭朴庵宗伯黎先生四首》，难舍之情跃然纸上，其一：

俯仰兹辰梦屡惊，海天空阔恨难平。
极知灯火门墙谊，不尽师生父子情。
少小有缘劳接引，疏顽何计答生成。
黄泉万一逢先子，可听人间痛哭声。

第四章　生离死别

功夫不负有心人，成化四年（1468 年），杨一清十四岁获乡试第一名，成化七年（1471 年），十七岁中顺天乡试举人，次年成化八年（1472 年）捷登壬辰科进士，排在三甲第九十五名。

说到杨一清参加乡试，还有一桩趣事。

那天一大早，天色朦胧，杨景一手提着灯笼，一手牵着瘦小的杨一清来到考场。参加乡试的学子们如过江之鲫行色匆匆，只怕误了入棚的时辰，谁也没有在意这一老一少。只是心细的门卫将杨景父子俩拦住，问道："老哥，你考试怎么把儿子也带来了？莫非家中无人照看小儿？"

杨景连忙打拱道："大爷误会了，是小儿参加乡试哩。"

门卫乐了，操着浓重的湖南话道："原来是这么子事哦。"

杨景的身体每况愈下，一年不如一年。女婿胡德延与女儿来到巴陵看望。

前些年，杨景见胡德延是个知书达理的青年才俊，亦是云南人，两家人同时羁旅外省更觉亲切，便将女儿许配予他。

杨一清与胡德延十分投缘，虽然两人相差十多岁，但志趣相投，时常切磋诗文互相唱酬，及至后来杨一清早年丧妻，胡德延又将其小妹嫁给自己的内弟为妻，亲上加亲，竟成为一件逸闻轶事。

胡德延对岳父岳母说，小弟应宁远在京城攻读，无暇照顾二老，莫如将家迁至镇江丹徒，相互也好有个照应。杨景夫妇接受女婿、女儿的建议，于是遂迁丹徒观音楼巷定居。丹徒明朝直隶镇江府

（今属江苏）。

虽有夫人与女儿悉心照护，无奈杨景病疴沉重，石药无解饮食不进，身体越来越虚弱。

病榻上的杨景对夫人言道：“我已是风烛残年之人，自知时日不多，只盼再见清儿一面。”

杨张氏眼中噙泪道：“老爷安心，我这就给清儿去信。”

信发出后，杨张氏终日小心服侍丈夫，倚门倚闾翘首以待儿子能够早日回归。

杨一清接到家书心急如焚，火速从北京南下，过通州、渡黄河，直奔丹徒。

进得家门，母亲、姐夫、姐姐早已在侧守候。一清急忙趋前跪在床前问安。昏暗的烛光下，眼见父亲枯瘦如柴，双目无神，心中一阵酸楚泪水暗流。

杨一清强忍悲戚道：“父亲，只怪孩儿不能日常孝敬！”

杨景轻声道：“我儿回来就好。”

杨一清握着父亲的手说道：“自今日起，孩儿便休学在家，只管招呼父母大人。”

杨景轻轻晃头，说道：“傻孩子，佛祖尚有涅槃，人之生死乃自然天数。守候父母是小孝，如今你已是举人，今后尚有许多事情等你去做，报效国家为天下黎民才是大忠大孝啊。”

杨一清默默点头。

杨景一阵咳嗽之后，又说：“我有三件事情，望吾儿谨记。”

杨一清道：“父亲尽管吩咐。”

杨景道：“首要是宦海凶险，我儿今后应清清白白做人，光明磊落做事。”

杨一清道：“孩儿铭记在心！”

杨景颔首道：“其二，你母亲一辈子含辛茹苦，今后你需善待尤佳。”

杨一清道：“母亲恩重如山，孩儿一定孝顺始终。”

杨张氏道：“老爷……”

杨景喘息着说：“这第三件事情……”

杨一清为父亲擦拭额头的汗水，说道：“您慢些说，孩儿听着。”

杨景灰暗的眼睛泛起微微亮光，断断续续地说：“俗话说叶落归根，为父一生颠沛流离，几番欲回安宁老家扫墓祭祖都未成行，实为终身憾事……望我儿能够……能够……替父回乡祭拜我杨氏门忠列祖列宗……以慰我之心愿……”

杨一清哽咽道：“孩儿谨记父亲教诲。”

杨景含笑安详地闭上双眼，溘然去世。

杨一清伏在父亲身上悲恸大哭，杨张氏痛哭流涕，女儿泪流满面，站在一旁的胡德延潸然泪下。

这年为成化九年（1473 年），杨景享年七十岁，时年杨一清十九岁。

家无余财，杨一清无力将父亲归葬云南，幸得胡德延资助，便将父亲葬在丹徒城南临江的大岘山。杨一清双眼含泪，亲自在墓地四周遍植青松，以寓父亲两袖清风的高雅品质，亲笔书写：显考杨讳景父亲大人之墓，并将墓碑转向西南方向，以慰父亲思乡心愿。

二十年后，杨一清自陕西提学任上返丹徒祭扫父墓，睹物伤情，追思往事满怀深情写下《扫墓》诗，足见父子情之深：

手种青松二十年，宦游还此扫寒烟。
瞻云实报终恨天，爱日虚吟陟岵篇。
太史文章遗墓石，大夫蘋藻有圭田。
西风血泪徒盈菊，可得吞声到九泉。

杨一清服阕守孝一年，依依不舍辞别母亲、姐夫、姐姐返回京城。成化十一年（1475 年），被任命为中书舍人。

第五章　归心似箭

十三年来，杨一清没有忘记父亲临终的嘱咐。这年，杨一清三十一岁奏请回乡祭祖，奏文曰：“臣一清原籍云南府安宁州。容给臣假，回还原籍云南，祭扫三代祖茔，事毕随来供职。于成化二十一年（1485 年）夏奏。”

宪宗皇帝朱见深念其慈孝，颁旨：“准杨一清回原籍祭扫，着驰驿去。事毕，上紧前来供职，该部知道。钦此！”

杨一清自京城返回丹徒，祭扫父亲墓茔，辞别母亲、姐夫、姐姐，踏上归乡之路。

杨一清归心似箭，从丹徒出发，经江西下湖广，过贵州府镇远进入云南府曲靖胜境关，一路车怠马乏风餐露宿，途中不敢耽搁，辛苦自不必说。自京城出发抵达昆明时方才松了一口气，其时已行六千余里，历时四月余。在城西蒲草田找了一家客栈住下，向店家打听得知，从昆明至安宁州可走旱路或水路。杨一清骑瘦马千里迢迢，历尽艰辛，不想再受颠簸之累，便选择走水路。

翌日清晨，杨一清在近华浦码头雇一叶小舟渡滇池草海，过大白荡、小白荡，经西南部之海口（今昆明市西山区海口镇），入螳螂川顺流而下。沿途两岸芦苇丛生，白色芦花随风摇曳，河水清澈见底，水草飘荡，木浆荡处，鱼儿纷纷四散游走。杨一清顾不得欣赏沿途风景，眼睛直往前看。过了大小杨柳庄，水流转头向北，只听得前面发出一阵阵轰鸣声敲人耳膜，再往前只见川流中有一巨石岿然屹立，水与石的碰撞掀起层层浪花，水珠四溅，在夕阳辉映下晶莹剔透五彩斑斓，蔚为壮观。

杨一清忆起，父亲曾经说过，老家村口螳螂川中有一巨石名唤“石淙”，他猜想老家应该就在附近，便让船夫靠岸，付了资费取了随身物件弃舟登岸。

双脚落在魂牵梦绕的故乡，这一刻，杨一清忘记了几个月的辛苦劳顿，心中只觉得踏实安稳和激动兴奋，他扔了行李振臂高呼：“游子杨一清回来了！”喊声震荡缭绕在上空，惊得回巢的鸟儿扑哧高飞。

夕阳西下，四周静谧无声，此时恰逢早春二月，远处山峦如黛郁郁葱葱，小道两旁桃花吐红绿柳摇曳，不远处的村中冉冉升起缕缕炊烟，好一派世外桃源风光。迎着料峭春风前行一阵，晚霞中杨一清见一孩童骑在牛背上悠然自得，便上前问道：“这位小弟，此处可是羊角村？”

杨一清久在京城读书任职，操着一口京腔。

小孩摆了摆手中的柳枝条笑了：“这里是羊国村，不是羊角村。”

云南沟壑纵横大河奔流，十里不同天，族群不同俗，生活习俗大相径庭，俚语方言迥异，形成了多姿多彩的民族习俗。云南汉族方言的形成经历了漫长的发展与演变，随着元朝、明朝大量人口南迁入滇，对云南汉族方言产生了很大的影响。云南汉族方言以江淮方言为基础，同时吸收了华北以及其他一些江南省份的方言。例如《西游记》中说：“这蛮好玩，性情能鹊薄。”“鹊薄”指刻薄，使坏心思作弄人，昆明人至今仍有此说。又如《红楼梦》中说：“贾珍也撑不住笑了。”“撑不住”，昆明话指控制不住，压抑不住。凡此种种不胜枚举。

云南汉族把“角”发音为“国”。以至杨一清后来入内阁做了首辅，安宁人便将“羊角村”以谐音称为“杨阁村”，此是后话。

听了小孩的话，杨一清亦笑了，曾经听父亲偶尔说过一些家乡话，与京腔相比两者有些迥异，甚至大相径庭。比如把“逛街”说成“上该”，将“鞋子”说成“孩子”。

杨一清模仿牧童的方言问道：“那这羊国村里可否有杨姓人家？”

小孩又笑了，道：“我就姓杨啊！”

杨一清道：“令尊大人是……”

小孩道：“令尊大人？你阶（您）是说我爹改？我爹已经不在了，现在我与老爹（爷爷）一起讨生活。”

云南汉族对某人尊称不说您而称“你阶”，问句后面要加个“改”字，疑问句前面要加“咯是”。将人去世称为“不在了”，忌讳说死。

杨一清道：“那你爷爷叫……”

小孩道：“不是耶耶（叔叔），是老爹，我老爹叫作杨益。”

云南汉族管爷爷叫“老爹”，将叔辈口称“耶耶”，譬如，大叔、二叔、三叔分别称为“大耶”“二耶”“三耶”，排行最后的小叔称为“老耶”。

杨一清看过父亲留存的家谱，心中一阵欣喜：“你老爹是我的三叔啊，那你应该叫我大耶哩。”

小孩跳下牛背，将信将疑：“你阶是我的耶耶？你阶从哪里来？咋个（怎么）我从来都没有见过你阶呢？”

杨一清接过小孩手中的缰绳说道：“我来牵牛，你且带路回家。”

小孩将杨一清的行李搭在牛背上，两人边走边说。

杨一清道：“说了半天，我还不知道你叫什么名字。”

小孩回道：“我叫杨金狗，我爹说我命里缺金，狗好养不淘人，今年六岁了。”

杨一清见杨金狗红唇皓齿，眉清目秀，机灵可爱，心中十分喜爱。

杨一清与杨金狗说话间，两人来到一院农舍，杨金狗不待推开柴扉便喊道：“老爹，老爹，京城的大耶回来了！”

院子四周由竹篱笆围住，左边有一棵桂花树，右边是一棵含苞欲放的玉兰，靠后是三间相连的土坯茅草屋，椽子下挂着几串红辣椒和苞谷，屋檐下放着几把锄头和一架木犁，右边稍远的角落处是牛舍和猪圈，院子布置得有条不紊简洁干净。

杨一清刚将水牛拴在木桩上，只见从茅草屋内走出一位银须银发的老者，杨一清一看，想必就是杨益，于是急忙趋上前去纳头便拜，口称“三叔在上，请受侄儿杨一清一拜！”

杨益揉了揉老眼，双手捧着杨一清的脸仔细端详：“你果然是二哥杨景的儿子？”

杨一清的祖父杨福山、祖母苏氏育有三子，长子杨安，次子杨景，三子杨益。杨景生前常有书信与家乡亲戚往来，杨益便知道他有一女一子。

杨一清喉头哽咽道：“正是。”

杨益扶起杨一清，转头唤道：“金狗，还不快快给你大耶磕头！”

杨金狗笑着跑过来道：“刚刚在村口我已经见过大耶了。”

杨益道：“赶快克凑火煮饭，我炒几个菜，你大耶赶了一天的路肚子都饿了。”

云南汉人把“去”说成“克”，比如“去哪里”说成“克哪里”。

杨益与杨一清一夜长谈，相互问长问短，似有说不完的话。

第六章　戒斋沐浴

翌日，杨益让杨金狗请来族人，众人在院子里围坐，杨一清一一拜见，杨金狗手脚勤快地为各位长辈上茶。

杨一清拱手说道："父亲羁旅省外数十年，时常挂牵家乡宗族，此次一清回乡寻根祭祖茔，便是了却他老人家的思乡之情，多有劳烦各位了。"说罢又深施一礼。

众人起立拱手道："景公一生寒苦，虽然未能叶落归根，但是拳拳赤子之心已然令我等感佩！"

待众人落座，杨一清道："孝为天下先，扫墓祭祖乃我杨氏门忠之大事，故此次程序既要隆重其事，又要虔诚严肃，我却有个为难之处。"

杨益问道："应宁有哪样事情哪个难？"

众人七嘴八舌道："有哪样事说出来大家一起商量嘛。"

杨一清道："扫墓祭祖需戒斋沐浴，一清既为朝廷之人唯遵王命，还不知什么时候能再返回乡里，本想借此机会设宴款待各位，但又不能大鱼大肉坏了敬畏祖宗的规矩，如若仅是粗茶淡饭又恐怠慢了族人，故而犯愁。"

杨益道："麦麦撒撒，在京城读过书的人，就是和我们这些山卡卡里的人不一样，说起话来文绉绉的，这点小事包在三耶身上，这个菜么保证一点油荤都没得，又让老老小小吃得高高兴兴。"

云南汉人对某事物表示惊讶和赞叹，常常会用"麦麦撒撒"这种感叹词以加重语气的程度。

杨金狗插话道："大耶，你阶说的沐浴咯是洗澡？这个么就更简单了，村子附近就有温泉，泡上一天改，浑身滑噜噜呢。"

惹得众人皆大笑。

面对从未谋面的亲朋好友的热情周到，虽然囿于某些言语的障碍，但杨一清与大家的交流并未存在隔阂，反而使杨一清倍感乡音的温馨与亲切，当晚，他感触万千，提笔写下回乡后的第一首诗：

远客初还似梦中，若为悲感动深衷。
寒暄多是弟兄行，进止总随乡党风。
远郡有人求识面，新诗无地不开筒。
衣冠比屋皆弦诵，信是车书万里同。

搁笔，又觉得意犹未尽，再提笔写道：

小堂冠盖日逢迎，叙罢寒温未识名。
忽漫还乡翻似客，偶然陟屺更关情。
空怀杖履追前辈，岂有仪型属后生。
人道谢庭余庆在，眼看兰玉渐峥嵘。

隔日清晨杨一清起了个大早，却不见杨益和杨金狗爷孙两人，便去村口的螳螂川边观石听涛。

一个时辰后，杨金狗沿小道来寻杨一清，说道："大耶，人都到齐了，准备吃饭了。"

云南农村每日只吃两顿饭，遇春耕秋收农忙之季中午再加一顿，称为吃"晌午"。

杨一清心想，不见三叔生火，怎么饭菜就做好了？带着疑惑杨一清随杨金狗进了小院。只见院坝中由八张矮桌拼成了一个长条桌子，旁边围了十七八个草墩。桌上摆了十几道五颜六色的菜肴。杨益招呼众人入座，有几个小孩刚要伸筷夹菜，被杨益止住：“来来来，先让应宁看看是些哪样菜。”

杨一清仔细端详一番，用手中筷子指着说道：“我知道这是青菜汤，这是豆腐脑，北京、南京都有，这个是……”

杨益见他难以分辨，说道：“这个是红烧肉，这些是卤鸡腿、肉圆子、火腿、香肠、五花肉、虾仁，还有糖醋鱼……”

杨一清放下竹筷轻轻埋怨道：“三叔，不是说好的要忌荤吗，您老人家怎么做了一桌子大荤菜啊？”

杨益笑了，说道：“应宁，我告诉你这些绝不会犯忌，不信你动筷子尝一尝。”

见杨一清犹豫，杨金狗说：“大耶，你阶吃一口试试嘛。”

杨一清拾起筷子夹了一块红烧肉放在嘴里，嚼了两口便吞咽下去，又伸筷夹了一块五花肉大口咀嚼，不及吞咽亦不顾斯文，连声说道：“好吃好吃，不油不腻！”

杨金狗道：“你阶猜猜是哪样东西？”

杨一清恍然大悟：“是豆腐！”

杨益道：“应宁啊，这一桌子的菜都是用豆腐做的，三耶今天摆的是豆腐宴哟，既无油荤又有排场，没有给你丢脸吧？”

杨一清举起酒杯，说道：“麦麦撒撒，在京城听说过全羊席，还没有吃过这豆腐宴！侄儿敬三叔和诸位长辈一杯！”

杨益等众人附和着一饮而尽。

杨一清好奇地问道：“三叔，这么好吃的豆腐从何而来？”

杨益道：“这个是我们温泉朝水龙的豆腐，朝水龙的山泉水质好，做出来的豆腐滑嫩爽口，还是进贡御品哩，连皇帝老倌儿吃了都说，麦麦撒撒，这温泉朝水龙的豆腐太好吃了，给朕再上一碗！”

杨益说得惟妙惟肖，引得众人大笑，其乐融融。

杨金狗插话道："老爹和我赶了个大早，买来豆腐分给各家各户，请每家做一个菜送到这里就凑成一桌了。"

杨一清放下竹筷，拱手道："一清心存感激再次谢谢诸位了，这八大碗四大碟像变戏法一样，原来是众位辛劳!"

众人纷纷说道："一家人不说两家话，一笔写不出两个杨字。"

吃过午饭稍做休息，杨一清按照金狗所指的方向，独自一人出了村子。

沿途树木青葱，四周幽静清新，微风徐徐，山空鸟鸣，空气轻盈，洗心洗肺。杨一清觉得心旷神怡，便放慢了脚步，尽情享受大自然的美妙。走了一会儿，杨一清看见不远处，绿茵丛中缥缥缈缈，雾气升腾弥漫，只觉得一阵暖湿气流扑面而来。走近一看只见脚下一泓碧水清澈见底，阳光透过树梢洒在池面泛起五光十色的微微鳞波，定睛一看，水池上方泉眼处咕咕流淌，池底散乱地铺着大大小小的鹅卵石，杨一清大喜过望——这就是安宁温泉!

试了试水温刚好，杨一清迫不及待，迅速宽衣解带赤身裸体探入温泉。水体交融只觉水温适中润滑肌肤。不一刻，沉醉汤池的杨一清便大汗淋漓，只觉得经脉舒张，浑身通透，飘飘欲仙，好不爽快！杨一清抬头仰望蓝天白云感慨万千，螳螂川温泉世间奇宝也，皇家骊山的华清池也不过如此。上苍有眼啊，赐安宁一方子民神水，只可惜这奇妙神水窝藏于这南国幽静处，世间文人骚客不得遇于斯泉确是憾事。于是口中不禁吟道：

天宫一脉凿灵泉，温暖澄清万古鲜。

但到池边心洒落，振振何况荡尘缘。

晚间，杨一清又在灯下挥毫写道：

温泉螳川胜景，匪特南国重，而天下亦驰誉焉。盖泉之微妙，不尽其说……虽然古人不幸，不得遇于斯泉，犹幸斯泉而得遇于今人也。吁，美矣哉！予承命扫茔，缘暇降观于泉，异哉！人文之盛者，余波润泽之及也，书之为温泉记。

安宁温泉又称碧玉泉，相传被汉代的苏文达发现，据《元混一方舆览胜》"安宁州"条载："云南诸郡，汤池一十七所，惟安宁州者最。石色如碧玉，水清可鉴毛发，虽骊山玉莲池远不及。"元朝刑部主事赵琏（字博器）有《温泉漱雨》诗云：

泉出安宁最，潜阳溢至和。
盎温深在沼，清泚洊盈科。
下土丹沙伏，傍崖碧玉磨。
气暄移火井，色莹转银河。
洗濯空炎瘴，经行入雅歌。
远人沾惠旧，此去足恩波。

后来与杨一清同朝的状元杨慎被发配云南，畅游温泉后挥毫题写"天下第一汤"五个大字，并留诗《安宁温泉》：

铿瑟舞雩歌点也，流觞修禊记羲之。
何如碧玉温泉水，绝胜华清砦石池。
已挹金膏分沆瀣，更邀明月濯涟漪。
沉沉兰酌春相引，泛泛杨舟晚更移。

及至杨一清六十三岁时思乡心切，无奈身体有恙不能亲往，遂奏请皇帝批准，由其子中书舍人杨绍芳于正德十二年（1517 年）代替其回乡祭扫，杨绍芳有诗《温泉》一首留于故乡：

地灵此处胜瀛洲，暖比春温洁比秋。
但听清声来石罅，却疑黍谷是源头。

现前风月随人领，不尽珠玑竟日流。

涤去尘埃知几许，振衣还上翠微楼。

孙继鲁，字道甫，号松山，回族，昆明人。嘉靖癸未进士，官至山西巡抚，曾留诗《温泉偶浴》一首：

指点渊源碧溜清，火珠谁教讨波臣。

始分灵窍三冬暖，常住离精一脉真。

冷面宁趋严鏄热，冰心独解玉壶春。

何当共说骊山好，今古溶溶不染尘。

此是后事佳话。

第七章　扫墓祭祖

五更天万籁俱寂，星宿还不肯退去。

杨一清早早起床洗漱完毕，穿上三叔杨益为他准备的麻衣孝服，足蹬藏青布靴，对着镜子在头上端端正正地扎了一条白布带，推开房门来到院中，仰望瓦灰色的天空，估计是一个好天气。杨一清活动手脚，练了一套长拳，收手后深深吐纳，瞥眼一看，右厢房内闪烁着一点亮光，原来三叔比自己起得还早。

杨一清轻轻推开虚掩的房门，杨益回头说道："应宁啊，快来帮忙。"

杨一清应了一声，进门一看桌子上堆满了黄白纸钱、纸衣纸裤纸靴、金银元宝、香烛、扎马、鞭炮、一罐老酒和几封糕点等，祭祀用品一应俱全。

杨益咳嗽几声，说道："还愣着干吗，帮我将这些祭品分别装在那几个背篓里啊。"

杨一清回答道："哎。"

杨一清从角落里拿来背篓，一边往里面放置祭品，一边望着满头银发的三叔，古铜色的瘦削脸庞，额头上刻满深深的皱纹。

只听见杨益轻轻叹了一口气，似自言自语道："唉，可惜哟，这时节梨子也没有挂果，对不起老祖宗了。"

杨一清知道三叔因为缺了水果做祭品而懊恼，老人家为了这次祭祖忙前忙后，亲自进山选取上好的石料制作新的墓碑，启出家谱，在油灯下与自己仔仔细细核对祖父和祖母的生卒时间，安排婶婶们连夜赶制众人的孝服，昨日中午和杨金狗赶去温泉镇街子上采买祭祀用品，请鼓乐手，又前往曹溪寺请了高僧，估计昨晚又是一宿未眠，折叠了一大堆黄白纸钱、金银元宝……想到这里杨一清鼻子一酸眼含热泪，多么好的长辈啊！

天色泛白，众亲朋好友如约而至，杨一清在院中拱手相迎，杨益分配妥当，众人各负其责收拾物品。

白色的招魂幡在清风中微微飘荡，阵阵鼓乐声打破了山林的寂静，一行人踏着朝露逶迤前行。

约一个时辰，队伍来到太保山半山腰的一块平地，只见四周青松环绕，重新修葺的坟冢焕然一新。

稍事歇息，杨益望了望天空，轻声对杨一清说："应宁，吉时已到，开始吧。"

杨一清对众人拱手道："维成化二十二年春，杨益率杨一清等杨氏后人祭拜列祖列宗！"

杨益高喊："立碑！"

顿时鼓乐声响鞭炮声大作。

杨一清与杨金狗两人将祖父杨福山、祖母苏氏的墓碑安放就位，铲土填实浇灌砂浆，又取了白布巾仔细擦拭一番。

杨金狗献上祭品，点燃白烛。

按照习俗杨益是长辈首先敬香跪拜。

杨一清整理孝衣，满脸肃穆悲戚，眼中噙泪，轻轻拈了三炷清香在白烛上点燃，缓缓上前恭恭敬敬虔诚地三叩九拜。礼毕久久伏在墓前思绪万千浮想联翩，心中默念，父亲啊，孩儿遵照您的遗嘱，回乡扫墓祭祖完成了您的心愿。想到父亲平日里的谆谆教导，对自己寄予的厚望，想到父亲一生颠沛流离，清廉为官，两袖清风，逝后却不能叶落归根葬于家乡故土，逝者如斯！自己亦是无依无靠的游子，今后路在何方？世事难料，莫非自己也要步父亲的后尘？想到这里杨一清悲恸难忍，不禁泪如泉涌放声痛哭。

杨益等人见杨一清悲痛欲绝，人人都潸然泪下掩面而泣。

杨益和杨金狗等众人将他扶起，此时杨一清已成泪人一般。

杨益、杨一清在墓前化了纸钱泼洒酒水。杨益嘴里念叨道："父亲、母亲，愿你阶保佑儿孙，明年清明应宁还会来为您添一把新土。"

杨一清听罢心中又一阵心绞肉痛，忍不住热泪又夺眶而出，朴实的三叔啊，侄儿已是官家之人身不由己啊，明年？后年？不知何年何月一清还能够再回归故里？

夜晚风轻云淡，皓月当空。

杨一清低头在院中踱步，杨益蹲在地上咕嘟咕嘟地抽水烟筒。

一会儿，杨益放下水烟筒站起来说道："应宁啊，过几天你就要走了，这一次你回乡扫墓办得风风光光体体面面，但是三叔看你心事重重，难道还有什么事情吗？"

杨一清道："三叔，侄儿是有两件事还需要办理。"

杨益道："你就直截了当地说。"

杨一清道："这第一件事情，此次侄儿奉旨省亲光宗耀祖，了却了我的心愿，全凭三叔操心亲朋好友帮衬，我想为三叔和乡亲们各做一身新衣服以为感谢。"

杨益道："难得你的一片好心。那第二件事呢？"

杨一清道："古训说不孝有三无后为大。一清惭愧，至今无子，此次回乡临行前母亲大人再三交代，务必从族人中选一男儿过继予我作为子嗣，以慰父母永续杨家香火。”

杨益道：“那么你现在看上哪家的娃娃了？”

杨一清欲言又止：“这个吗……”

杨益道：“你赶快说嘛，怎么吞吞吐吐的，说出来三耶我替你做主。”

杨一清道：“我担心您受不了。”

杨益道：“急死人了，我老倌儿有什么受不了的。”

杨一清道：“三叔，我觉得金狗机灵聪明，是个好孩子。”

杨益放下水烟筒，停住吸烟，说道：“哦，原来你看上了金狗！”

一阵沉默。

杨一清开口说道：“我知道您身边只有金狗陪着，他要是走了谁来照护您，今后谁来为您养老送终，所以我不好启齿啊。”

杨益灭了烟火，将水烟筒放在墙边，叹了一口气，说道：“唉，说实在的，我也舍不得让他走啊，只是金狗这个娃娃命苦啊，没了爹娘，上了一年私塾我就供不起了，如果跟了你是他的福分，我守着这三四亩地和这个老宅，还有你给我留下的几两银子够过几年了，我这把老骨头留着给爹妈做伴吧。”

听三叔一番话，见他眼角渗出泪珠，杨一清悲喜交加，喜的是三叔深明大义成全自己，悲的是今后三叔将无依无靠孤苦伶仃地度过余生。此时此刻口齿伶俐的杨一清一时间竟找不出什么合适的言语来表达自己的心情和安慰老人。

杨益说：“应宁啊，此事倒是要问一问金狗的想法。”

杨一清转过神来回道：“三叔言之有理。”

杨益将杨金狗从床上叫醒来到院子，向他讲了个明白。

不想杨金狗听完哇的一声哭了，哽咽说道：“莫非老爹不要我

了？我今后再也见不到你阶了！”

顿时杨益老泪纵横，杨一清心如刀绞：将他们爷孙俩分开实在是不近情理，甚至有些残酷，他心里不忍刚要开口劝说，杨益用手袖抹了抹泪水，说道：“金狗啊，老爹也舍不得让你走，只是你跟了大耶可以读书识字，说不定还能考上状元，到那个时候啊，你就派一顶八人大轿抬着老爹去京城，你陪我去看看金銮殿，老爹带上你最喜欢吃的油鸡圾、茄子鲊，天天煮米线给你吃，好不好？”

杨益一番逗哄，杨金狗破涕为笑，说道：“老爹你阶莫骗我。”

杨益道：“不相信你去问大耶。”

杨一清望着老人挂着泪水的笑脸，点点头“嗯”了一声。

杨金狗道：“那老爹说话要算数。”

杨益轻轻地摸着杨金狗的头，说道：“跟大耶去京城有一个条件。”

杨金狗问道：“什么条件？”

杨益道：“从今天起对你大耶要改口叫爹了！”

天真无邪的杨金狗说：“叫爹就叫爹嘛，你阶早就给我说过，在京城的大耶是我爹的兄弟，兄弟就是一家人！”

杨益轻轻舒了一口气说：“这个娃娃真懂事！金狗快来给你爹行跪拜礼！”

杨金狗口中说道：“爹爹在上，请受金狗一拜！”恭恭敬敬向杨一清磕了三个响头。

杨一清眼噙幸福的泪花，扶起娃娃，说道：“你到京城要读书，今后还要考功名，须有一个大名，嗯，就叫杨绍芳吧，金狗便是小名。”

杨益点头道：“嗯，杨绍芳，好听好听，要得要得！”

杨绍芳机灵，说道：“谢谢爹爹给儿子取的名字！”

杨一清说：“劳烦三叔取来家谱，我要将此大事记录在册。”

杨益、杨一清与杨绍芳三人来到堂屋，油灯下，杨一清工工整整地在家谱上写下：成化二十二年春，三叔杨益将其孙杨金狗（绍芳）过继予杨一清为子，特立。

杨一清搁笔，取出长命银锁挂在杨绍芳脖子上，说道：“此吉祥物是你奶奶在我出生百日时所赠，现传予你。”

杨绍芳欣喜又谢。

杨一清走出房门抬头仰望苍穹，默念：清风明月作证，我杨一清有后了，父亲母亲大人你们可以放心了！

杨一清兴奋异常，一夜无眠。

翌日，杨益带领杨一清与杨绍芳逐门逐户一一告知，乡亲们纷纷道贺，皆大欢喜。

第八章　曹溪映月

祭奠了祖宗，将杨金狗收为子，圆满完成了父母的夙愿，杨一清心情极佳，算了算日子距回京尚有一些时日，便去朝拜曹溪寺。

这日上午，杨一清与杨绍芳离了羊角村，顺着螳螂川右岸行了一阵，过了温泉镇的石桥，循着龙山东麓仄坡缓缓而行。山间灏气弥漫冷气飕飕，连片的松树粗壮蓊郁挺拔屹立，遮天蔽日。萧飒山风吹来，松涛阵阵翻滚，势如万马奔腾排山倒海，声如虎啸潮涌山岳震撼。

父子两人逆风穿林，前行一会儿，杨绍芳指着说道："爹爹，前面不远处就是曹溪寺。"

只顾低头爬山的杨一清擦了擦额头上沁出的细汗，顺着杨绍芳所指方向，只见山腰之间岚光滴翠之处，隐约可见红墙黄瓦。

来至山门，杨一清抬头仰视，门头上三个大字：曹溪寺。

曹溪寺顺山势布局层层上升，沿中轴线有山门、韦驮殿、大殿、后殿。大殿前左有钟楼，右有鼓楼，虽然规模不大，却是井然有序、小巧玲珑。

随着一众善男信女杨一清父子进了山门，顺弥勒佛塑像右侧鱼贯而入，过了排列着十八罗汉彩色泥塑的曲廊，眼前便是大殿。殿为重檐歇山式，黄琉璃瓦顶，抬梁结构，面阔五间，进深五间。斗拱雄浑粗大、庄重古朴，外檐上下均为十字拱，内下檐为五铺作重拱计心造，上榜为六铺作三杪讨心，为规仿宋元风格。

大殿内庄重肃穆，油灯闪烁。杨一清拈香虔诚敬拜毕，杨绍芳亦随即跪拜。杨一清抬眼仰视，正中塑有金装的西方三圣，居中的一位为阿弥陀佛，高约一丈，左为观音，右为大势，各高约九尺。西方三圣的背面是木雕的南海三圣，中为观音菩萨，左是文殊菩萨，右是普贤菩萨。杨一清仔细观看，三尊佛像雕刻细致精美，神态沉着稳健，面相刚毅丰腴，衣冠高贵华美，显得威严而仁慈，端庄而秀丽，栩栩如生，心中赞叹不已，敬畏之心油然而生。

杨一清与杨绍芳出了大殿，迎面走来一位眉清目秀的中年僧人，双手合十言道："请问您可是从京城来的杨施主？"

杨一清亦双手合十，错愕地问道："大师如何得知在下？"

僧人指着杨绍芳说道："这位小施主前几天随杨老施主来敝寺，言说您回乡扫墓，欲请僧人做法事，故贫僧料想您应该是杨施主。"

杨一清道："一清奉旨回乡扫墓，事毕专程前来古刹上香。"

僧人说道："贫僧慧清，安宁州八街人氏，今日有幸结识杨施主。"

杨一清拱手道："可否劳烦大师引介一番？"

慧清欣然应允，说道："本寺为唐初禅宗第六祖慧能法师之弟子，从广东曹溪宝林寺来云南传布'顿情体佛'的禅宗教义时所建。由于寺前的螳螂川与韶州曹溪相侧，故取名曹溪寺。"

慧清介绍过曹溪寺的历史，接着说道："曹溪寺之所以闻名遐迩，得盛名于天下，除了此寺是佛教禅宗六祖慧能的道场外，又缘于四景。"

杨一清道："愿闻其详。"

慧清扳着指头一字一顿地说道："松、花、月、水。"

杨一清默念："松、花、月、水？"

杨一清“哦”了一声，说道：“大师说的‘松’，一清在来的路上已经领略松涛之雄伟壮观，那‘花’‘月’‘水’……”

慧清笑着说：“杨施主请随我来。”

慧清、杨一清与杨绍芳三人来到庭院，慧清指点说道：“左边这株是元代古梅。”

弯曲的古梅斜卧如龙，皮干肉结，老态龙钟，枝干上吐露出些许嫩叶。

慧清指着右边说道：“这棵则是优昙花，尤为奇特。”

眼前的大树高三丈余，径粗为大人一抱，叶翠且阔大，下有嫩枝旁丛。

慧清继续说道：“这优昙花乃常绿乔木，常于六月中伏开放，形如一磬槌，其色白而淡黄，大如莲而瓣长，有十二瓣，花心作深绿色，其香甚烈芳香异常，种来自西域，当优昙盛开时满院幽香，此花只在夜间开放，天亮便凋谢，花期仅半个时辰。”

杨一清颔首道：“果然奇花，正应了昙花一现之语！”

杨绍芳插嘴说道：“爹爹，每年昙花开时，四方八面的人都来看花，整个寺院挤得满满当当的。”

杨一清对慧清说：“刚才看了古梅与优昙，那‘月’又是如何？”

慧清说道：“请杨施主移步观看。”

杨一清转过身。

慧清指着大殿重檐间一个直径约一尺半的圆孔，说道：“杨施主，您看见正中那个圆孔了吗？每年春分、秋分节令期间，皓月东升，月光由此圆孔透入，直射殿中释迦牟尼佛像的额端，其圆如镜，而后沿鼻梁直下至肚脐而止，这一奇景称为曹溪映月，亦称为天涵宝月。”

杨一清感叹不已："刚才在下观瞻殿宇粗心大意，不知其中之奥秘，感谢大师详释。此设计奇思妙想，却是与月亮上升之轨迹相符，可见前人运用天文学之能力与计算之精准，真真世间罕见！只可惜不逢时节，不能亲睹奇观也！"

慧清道："至于说'水'，则需要到寺外观之。"

杨绍芳说："我知道，就是珍珠泉！"

杨一清与杨绍芳随慧清出了山门向右，上了一个小坡，只觉得冷风扑面凉气袭人，近前一看，只见参天大树环抱之间有一圆池，直径三丈余，水深约四丈。一泓碧水清澈见底，水中有气泡不断盈盈泛起，宛若一串串晶莹剔透的珍珠，一缕阳光透过树梢飘在池中，平添了一派空潭泻春空灵超逸情趣。

杨绍芳蹲下掬一捧泉水喝了一口，说道："爹爹，泉水真甜！"

杨一清挽袖伸手亦尝了一口，赞不绝口道："甘甜可口！"

慧清见杨一清兴趣盎然，便说道："您远道而来，尚有一处泉水亦应前往观看。"

慧清引领杨一清与杨绍芳向北，转入一个山箐，不一会儿来到林丛中，又有一水池，长宽约莫丈余，坐西向东，俯瞰螳螂川，与对岸的温泉遥遥相望。池上方设置石质张口龙头，龙口内放置一石珠，少许泉水从龙口下汩汩注入池内。

慧清说道："此水每日子、午、酉时，泉涌如潮，因而得名三潮圣水。"

说话间恰到午时，泉水暗流涌动，水流迅疾越来越大，瞬间激荡龙珠发出阵阵鸣响，清水从龙口喷涌而出，水花四溅。原来干涸的水池中逐渐涌起二尺余泉水。

正在此时，杨绍芳突然兴奋地喊道："爹爹，你阶看那儿有一只蟾蜍！”

杨一清顺着杨绍芳手指的方向仔细一看，果然见一只全身金黄、睁着一双大眼的蟾蜍附在池壁上！

杨绍芳又叫喊道：“又一只，哦，三只、四只、五只……”只见五只金色蟾蜍附在长满苔藓的池壁上。

慧清双眼微闭，双手合十，口称：“善哉善哉。”

稍停，慧清说道：“此一景称为‘泉神金蜍’，甚是不可多见。杨施主乃大贵人，故显现此奇景。”

杨一清拱手道：“大师谬赞了！或许是偶然，却是让一清大饱眼福。”

杨一清又向慧清感叹道：“大千世界无奇不有，看我家乡更有如此奇观，螳螂川右岸温泉沸腾，左岸岧峣龙山则是泉水清冽，这一热一冷，阴阳相生相伴，天下无双胜似桃花源也！”

杨一清、慧清与杨绍芳三人回到寺中，慧清招待杨一清父子二人用了斋饭，杨一清再三拜谢，告别慧清乘兴下山而去。

隔几日，杨一清与杨益商量欲返回京城。

杨一清道：“侄儿回乡时走的水路，现今回返若再走螳螂川则是逆水行舟将耗费时日。”

杨益道：“应宁说得对，三叔驾马车送你父子二人到安宁州城好了。”

这日清晨，杨益、杨一清与杨绍芳出了村口，杨一清流连于螳螂川畔，闭目静静聆听河水撞击石淙之声若有所思，猛然间，心中涌起八个大字：会当击水，中流砥柱！他瞬间豁然开朗体悟到，父亲官低位卑俸禄微薄仍然执着从政，为国为民欲成事业者何尝不如此！人不可畏首畏尾、苟且偷生，须经得起狂风巨浪的考验，须如这螳螂川九曲十八拐，矢志不渝奔流向前汇入大江大海！杨一清不禁吟道：

雨云变态晨昏殊，风波世路多艰虞。元气一脉须匡扶，何人能做底柱乎，柱乎，柱乎，今有无！

他庆幸自己在家乡找到了人生的航向与生活的真谛！此后杨一清将“石淙”定为自己的别号，在镇江建房时又将其取名为“石淙精舍”，一方面表达对家乡无限的爱恋，另一方面更是自己的精神支柱！

杨益挥动鞭子，马车在崎岖山路上渐行渐远，杨一清回首绿水青山淹没的村落，眼含热泪恋恋不舍地离开了家乡……

车行约莫一个时辰，安宁州城遥遥在望。

第九章　资助薪炭

安宁州（今云南安宁市）位于滇中高原的东部边缘，距昆明八十余里，是滇西至昆明的重要门户。《方舆纪要辑注》称：“安宁州东屏会城，西连楚雄，当诸爨要冲，为往来孔道。”汉武帝元封二年（前109年），西汉王朝在此置连然县。《蛮书》卷四载：唐朝开元末年，剑南节度使章仇兼琼派越嶲都督竹灵倩“开步头路，方于安宁筑城”。唐武德四年（621年），称安宁县。《南诏德化碑》记载，安宁早在南诏时期就是滇地重镇：“安宁雄镇，诸爨要冲，山对碧鸡，波环竭石。盐池鞅掌，利及牂牁。城邑绵延，势连戎僰。乃置城监，用辑携离。远近因依，闾阎栉比。”元至元十二年（1275年），云南行省平章政事赛典赤将原来的万户、千户、百户改为路、州、县，将鄯阐万户府改为中庆路。由于地理位置特殊，便将安宁从千户府升为安宁州，属中庆路管辖。明朝属云南府仍称安宁州，治所为连然镇。

只说这州城连然镇有一富绅，名李敬之，风流倜傥，读过几年私塾，粗通文墨，平时喜欢诗文风雅，听说杨一清回乡省亲归京途经州城，李敬之意欲向杨一清讨教诗文习作，便将杨一清父子留宿于连然镇东门螳螂川畔的李府。

连日来，李敬之陪伴杨一清游览安宁城北虎丘寺，两人敬过香，李敬之向寺院捐赠白银二十两。杨一清应邀为雪谷大师所制赠的《兰蕙双清图》做卷首引言。又游安宁城东洛阳山的法华寺，李敬之亦向寺院捐功德白银二十两。杨一清留诗一首：

游安宁法华寺真空庵，一名幻堂

重关绝来往，惟有白云通。

万事都归幻，浮生本是空。

心闲波自止，禅定月方中。

亦有渊明兴，留诗谢远公。

这日，李敬之置酒于拱华楼款待杨一清。

这拱华楼又名远眺楼，倚螳螂川而建，高两层，为李敬之出资所建，故当地人又称其为李公楼。

登上二楼，李敬之吩咐上菜，并指着说道："这是乌骨汽锅鸡，这是糖醋鲤鱼、卤驴肉、油炸蚂蚱，哦，这是鸡丝凉米线……"各种特色菜肴满满摆了一桌子。

李敬之抱歉地说："应宁兄如果再待两个月，就能够品尝到美味可口的菌子了。"

杨绍芳说："爹爹，鸡坳菌、牛肝菌还有青头菌可好吃了！"

李敬之打开土罐木塞，杨一清只觉得一阵清香扑鼻而来，说了声："好香！"

李敬之说道："此是安丰营苞谷酿造的老酒，醇香厚重，乃我安宁州第一名酒。"

李敬之为杨一清斟满酒，举杯说道："应宁兄不日将返京履职，小弟特为饯行。"

杨一清亦起立举杯回道："承蒙敬之兄款待，又陪同拜谒古刹名寺，使一清深知我安宁州钟灵毓秀人杰地灵！"说罢一饮而尽。

李敬之说道："弟闻听应宁兄在朝担任中书舍人，一夜能写十份文书，且条理清晰没有一句废话，朝中人人赞不绝口竞相传看。"

杨一清说道：“敬之兄谬赞了，一清仅是尽职而已。”

杨一清、李敬之两人推杯换盏，高谈阔论，相见恨晚，坐在一旁的杨绍芳只顾夹菜吃饭。

席间杨一清起身缓缓走过去，推开窗户凭窗眺望。雨过天晴，螳螂川水，永安大桥，鸡岭村舍，在夕阳余晖的照射下仿佛镀了一层金，不禁诗兴大发朗声吟道：

螳水潺潺便断流，白云芳草带斜州。
坐来山色无余地，占尽风光是此楼。
鸡岭夕阳高树合，石桥新雨落花稠。
也知看竹须乘兴，不用东君扫榻留。

李敬之击掌叫绝，说道：“我将以此佳句悬挂于楼，让天下之人观之！”

此时杨一清酒至半酣脱口问道：“我观敬之兄为人豪爽锦衣玉食，楼宅栉比家产非薄，敢问生财之道？”

李敬之笑了，说道：“应宁兄方才不是说安宁州人杰地灵吗，愚弟靠的就是这一方水土。”

杨一清不明就里，说道：“愿闻其详。”

李敬之说道：“这安宁州连然镇地下有宝啊。”

杨一清“哦”了一声，等待李敬之说地下有什么宝藏。

此时李敬之却卖了个关子问道：“您知道本地为何称为安宁州吗？”

杨一清道：“您且道来。”

李敬之说道：“据说唐武德元年（618 年），东川彝人阿宁放牧至本地，几头牛啃食青草竟意外舐出盐泉，便改连然县为阿宁州，‘阿’与‘安’音近，又改安宁。”

无独有偶，李敬之所说阿宁放牧发现卤泉的传说，在《滇略》中对云南大姚白盐井的来历也有相似的记载，南诏时有女“牧羊于此，一羊舔土，驱之不去，掘地得卤泉，因此名白羊井，后讹为白盐井”。又有清朝《一统志》《盐法志》记载云南禄丰黑井：“唐代有李阿者，牧牛饮于池，肥泽异常，迹之，池水皆卤泉，教蒙诏、开黑井，井民世祀之。”民间美好的传说印证了云南开发盐矿悠久的历史。

杨一清道：“真是奇闻。”

李敬之又说道：“应宁兄久居省外，自然不知连然镇蕴藏丰富的盐矿。”

据《汉书·地理志》记载，早在西汉时期安宁就开始凿井汲取卤水制盐，并在连然县设置盐官管理盐务。《蛮书》等史籍记载，安宁的盐井深达八十尺，可见当时开采盐矿的技术已经达到很高的水平。据《徐霞客游记》记载：“安宁一州，每日夜煎盐千五百斤。城内盐井四，城外盐井二十四。每井大者煎盐六十斤，小者煎盐四十斤。”元朝时期，安宁与盐兴、盐丰、景谷、云龙、兰坪诸县同为云南的主要盐产地。明朝初期，安宁盐井与元谋黑盐井、大姚白盐井、洱源五井并称为云南四大盐井。朝廷专设四个盐课提举司，下设十二个盐课司管理。据《明史》记载，洪武年间，四井共产盐七千八百余引（一百八十万余斤），仅安宁盐井就产盐七十七万余斤，约占总量的四成，为四井之首。安宁州境内盐矿储量居全国内陆型盐矿第二，仅次于青海的湖盐。

杨一清说道：“一清孤陋寡闻，原来只知道浙江、福建、辽阳等沿海地区是以海水晒盐，青海则取咸湖之水制盐，而本州却是凿井汲取卤水制盐。”

李敬之道："我家三代制盐贩盐，在连然镇上开了一间李记盐肆，行销滇东、滇西及至贵州、安南，故累积了一些资财。"

杨一清道："可否劳烦敬之带领，前往盐井现场观看取卤制盐？"

李敬之笑道："小事一桩，今日天色已晚，您父子暂且歇息，明日小弟亲自陪同。"

一夜无话。

翌日，李敬之早在庭院等候。

杨绍芳嚷着也要一同前往。

出了李府大门，杨一清、杨绍芳在李敬之引导之下，过了官厢街、卖米街、小桥街，李敬之指着说道："应宁兄，前面就是盐场村，这村中就有我家的一口卤井。"

尚未进村，只见沿途小道车水马龙人来人往，许多民众有的肩挑木桶，有的推车上满载木桶，人们小心翼翼地护着盛满水的木桶。

杨绍芳不明就里，问道："李大耶，州城的水有那么金贵吗？咋个他们不克螳螂川打水啊？"

李敬之笑了，说道："乖娃娃，这不是一般的清水，这就是卤水啊。"

杨绍芳问道："卤水？哪样是卤水？"

李敬之让一个挑夫停下，说道："你尝尝看。"

杨绍芳伸出食指在木桶中蘸了一点放在嘴中，即刻叫道："呸呸呸，又咸又涩！"

杨一清忍俊不禁。

李敬之说道："你平时吃的盐就是从这又咸又涩的卤水而来。"

杨一清、李敬之、杨绍芳三人边说边走来到一口盐井旁。只见周围用几根粗木搭成高大的支架，其上端有一根碗口粗的木头作为横梁，木梁上架设轱辘，两个壮汉摇动轱辘叽里咕噜来回转动汲取井中卤水，而后倒向各只木桶，旁边有一个管事正伏在小木桌上对汲水之人唱名逐一登记。

李敬之向杨一清、杨绍芳说道：“这些等候取卤水的人称为‘灶户’，因为卤水有限每日只能取两次，所以大家都纷纷赶早。他们取了卤水回家便自行用铁锅柴火熬盐，交给官府或交给盐商。”

杨绍芳插嘴道：“把一锅水熬成小白面面要多少木柴啊，难怪盐巴那么金贵！”

杨一清问道：“敬之兄，据我所知沿海诸省及青海是引海水或湖水为盐田，而后借阳光曝晒以成食盐，不知柴火熬盐需要耗费多少木材？”

面对杨一清的询问，李敬之一时不知如何回答，沉默良久喟然叹息道：“实不相瞒，柴火熬盐确实耗费大量木柴，现今州城附近山上林木几乎消耗殆尽，只得雇人前往八街、大营等地采购。”

杨一清蹙眉惊愕地说：“难怪昨日在拱华楼观景，只见林木稀疏，这么说来那些乡村的山林亦遭损毁？”

李敬之缓缓地说：“此也是不得已为之啊。云南地处边陲交通不便，若自沿海长途贩运食盐，则豆腐盘成肉价钱，得不偿失。盐是老百姓日常生活的必需品，每日不能缺少，而盐在滇省又是稀缺之物，许多偏远山区民众因为少盐缺碘，患上大脖子病的比比皆是。再说这五百余灶户靠煎盐可以获得一些收入养家活口啊。”

杨一清颔首道：“这的确是两难之事。”

杨一清仰望天空环顾四周山峦，低头看着那些忙忙碌碌汲取卤水的人群。

沉思一阵，杨一清猛然想起一个方法，便对李敬之说道：“既然上苍赐我家乡灵泉，取卤制盐造福于民乃功德无量，但又不可损毁山林致使水土流失，一清倒是想到一个两全之策，不知是否可行?”

李敬之连忙急切地问道：“应宁兄只管直说，兄弟洗耳恭听!”

杨一清慷慨地说：“虽然一清只是小小中书舍人职卑俸薄，却愿意每年捐赠十两银子以为家乡培植薪炭林木，一则绿化荒山涵养水土，二则成材之后可为熬盐柴火之用。”

杨一清转身对杨绍芳嘱咐道：“绍芳啊，今日为父之言望你谨记在心，即便我去世之后亦应当作家训世代遵守!”

杨绍芳见父亲一脸严肃，连忙点点头。

李敬之闻听杨一清一席话，急忙拱手道：“应宁兄高风亮节善莫大焉，敬之虽已家财万贯却钻图蝇头小利惭愧万分！本人亦愿意效仿兄长，每年出资一百两银子以为植树造林。”

消息传出州城，许多盐肆商家纷纷响应，短短两日竟集得两千余两银子，众人共同约定此银两专做今后本州培植薪炭林木之用。

杨一清回到京城之后，立即兑现自己的承诺向安宁州寄送银票，此后每年开春植树之时，无论在何地，杨一清都会敦促杨绍芳按时捐赠款项回家乡，及至晚年在病中亦念念不忘，此是后话。

这日清晨，杨一清、杨绍芳启程踏上返回之路。州官率领四街八巷乡绅民众来到孔庙夹道欢送，锣鼓喧天鞭炮齐鸣，龙灯飞舞热闹非凡。李敬之执意将杨一清、杨绍芳远送至桃花村，临别之时，李敬之说道：“先生去往昆明途中须经高峣（在昆明方言中读作qiáo)，我有一好友名毛玉，您可在他那里歇息几日。”说完向杨一清敬酒三杯方才依依不舍而别。

从此以后，杨一清再没有返回过安宁。后人为了缅怀他，明末清初在温泉立有一座“杨文襄公纪念塔”，温泉摩崖石刻中有民国元老李根源所题“石淙”，清朝末代状元袁嘉谷所书“杨文襄公”。在安宁，有杨慎所书“杨文襄公故里”碑，称杨一清为“四朝元老，三边总戎，出将入相，文德武功。”安宁城内，明朝万历年间，建有“乡贤杨文襄公祠”，清代建有纪念杨一清的“太师冢宰坊”“四朝元老坊”。城外虎丘寺一沤庵有杨一清的塑像。此是后话。

第十章　高峣论道

别了李敬之，杨一清、杨绍芳乘马车一路向东，一个时辰之后，见前面不远处有一个狭窄的山口，左边略低，右边山峰陡峭耸立，真有一夫当关万夫莫开之险。

杨一清问道：“请问师傅右边这座山为何名？”

车夫指着说道：“先生，此山名为碧鸡山，因为山势险峻，是进入昆明的最后一道隘口，我们又称为碧鸡关，过了此处便是昆明坝子。”

杨一清道：“哦，此便是碧鸡山。”

杨绍芳高兴地说道：“快到省城啰！爹爹我还没有到过省城呢！”

说到碧鸡山，昆明人一般把它与金马山相提并论，碧鸡山、金马山的名字起源于一个神奇美丽的传说。

云南地处云贵高原，沟壑纵横，大江奔流，大大小小的盆地星罗棋布，云南人将盆地称为坝子。昆明坝子四围群山环绕，中间是碧波千顷的滇池。传说，在滇池中有四匹金光闪闪的神马，若它与凡马交配，就会生出日行五百里的“滇池驹”，这神马时常在昆明东边的一座山林中时隐时现，每当神马出现时，整个山上顿时金光灿烂、万木生辉，人们把金马隐现的东山称为金马山。与金马山遥遥相望的西山位于昆明坝子西面，濒临滇池。相传，在远古的时候，有一只碧玉般的凤凰经常在翠绿的西山展翅飞翔，它甜美的歌声悦耳动听，远近数十里可闻其声，人们把这只美丽吉祥的大鸟亲切地称为碧鸡，故昆明人又将西山称为碧鸡山。昆明人分别在金马山、碧鸡山两山脚下建了金马寺、碧鸡祠祭祀神马与神鸟。清朝名士孙髯翁在其大观楼长联中，将金马山称为“神骏”，将碧鸡山称为“灵仪”。明朝时期，在昆明城南三市街建有金马、碧鸡两坊，坊为木结构，高大挺拔，跨街而立，雕檐彩绘，相传每隔六十年有“金碧交辉”的奇观，雄浑壮丽。

魏晋之际的词赋家左思，在其《蜀都赋》中曾有“金马骋光之绝影，碧鸡倏忽而耀仪”之名句，可见有关金马碧鸡的传说早在一千七百多年前就已经传遍中原。如今，金马碧鸡已经成为昆明市的市徽。千余年来，金马碧鸡已经成为昆明历史文化的象征与标志。

只说车行至隘口，杨一清、杨绍芳下车攀上山腰，山风阵阵林涛翻滚。杨一清只见眼前树木丛生、苍苍茫茫、遮天蔽日、怪石嶙峋、鸟鸣猿啼，河水奔腾下流。极目远眺，宽阔无际、静谧安详的滇池尽收眼底。哦，这就是高原明珠滇池！杨一清见景生情怀古思今，心中感慨，顺口吟《登碧鸡山》诗一首：

苍山突兀瞰林皋，下有洪流卷怒涛。
异代淫词嗟汉武，重来词客岂王褒？
蜀川旧榜空留胜，滇海诸峰合让高。
天亦似怜登眺乐，更将风日助诗豪。

诗中第一、二句写景。第三句忆及昔日汉武帝为联络大夏夹击匈奴，根据张骞提供的线索，派使臣由蜀入滇。使者到洱海地区，被昆明族所阻。汉武帝为了开辟滇路，打通内地通往印度的路径，便于元狩三年（前 120 年）在长安凿昆明池治楼船习水战，使臣给汉武帝瞎出主意，劳力伤财啊。明朝景泰举人朱克瀛在其《初春登金沙望海》一诗中亦有“横海楼船空习船”之句。第四句关于王褒其人之事，出自《汉书·郊祀》：“或言益州有金马碧鸡之神，可醮祭而致，于是遣谏大夫王褒使持节而求之。”同书《王褒传》说：“方士言益州有金马碧鸡之宝，可祭致也，宣帝（刘询）使（王）褒往祭焉，（王）褒于道病死，上闵惜之。”虽然王褒未完成求金马碧鸡的使命，却留下了一篇《移金马碧鸡颂》，其中说：金马碧鸡“处之南荒，深溪回谷，非土非乡”，因而，希望金马碧鸡之神来到国都。据说，明朝状元杨慎谪滇时曾将此篇《移金马碧鸡颂》刻于西山巨石上。

在此一首诗中，杨一清将汉武帝欲征讨滇池，以及汉宣帝刘询派遣王褒祭求金马碧鸡的典故信手拈来，情景交融、一气呵成，杨一清博学强识之能力可见一斑。

杨一清感慨一番之后便驱车下山，半个时辰便来到碧鸡山山脚下，遥遥望见绿树丛中错落有致的茅草屋依山傍水。车夫本是李敬之家的雇工，经常送李敬之到毛玉家中，便是轻车熟路，他扬鞭指着说道：“先生，前面不远处便是高峣村。”

杨绍芳插嘴道：“高峣我来过，老爹每年三月三都带我来耍西山哩。”

不一会儿，马车转过一道弯，穿过一片青青柳林，停在一座院落门前。

杨一清下了车，轻轻拂去衣衫上的尘土。

车夫高声喊道：“主人家，有客人来了！”

院内匆忙走出一人，中等个头，一身青布衫，头上束发，见了杨一清连忙拱手施礼道：“敢问可是应宁先生？”

杨一清亦拱手还礼道：“在下便是杨一清。”

来人说道：“小可姓毛单名一个玉。”

毛玉，字用成，号琢庵，昆明人，弘治十八年（1505 年）中进士，初任行人司行人。正德五年（1510 年）升任南京礼科给事中任吏部给事中。

毛玉说："前几日，敬之捎来口信，说您将至舍下。"

杨一清道："幸会，幸会。"

杨一清指着身旁的杨绍芳说道："这是犬子绍芳。"

毛玉道："公子好生俊俏！"随即招呼道："沂儿，快快来见过伯父与绍芳兄弟！"

一个男孩跑过来，手中捧着一团泥，额头上还沾了一些污泥，见了杨一清怯生生地说："见过伯父。"

杨绍芳说道："我叫杨绍芳，你就是毛沂？"

毛沂道："嗯，我今年六岁了。"

杨绍芳笑嘻嘻地说："这么巧，我今年也是六岁！"

毛沂道："我们去玩泥巴打弹子。"

毛沂拉着杨绍芳一溜烟跑去玩耍。

毛玉抬手，说声："先生请。"

杨一清边走边看，好大一个院子，正面是一栋灰瓦青砖的两层楼房，在这个幽静的渔村显得十分特别。

昆明凡官绅富豪都喜欢在滇池边修建别墅，闲暇时举家休闲。毛氏祖上经商，经济殷实，便在这碧鸡山下择地建了这座别院。

杨一清抬眼看见楼房正中牌匾上赫然四个大字：碧峣精舍。

杨一清指着牌匾，问道："用成兄，恕在下冒昧问一句，这该读'碧 yáo 精舍'还是'碧 qiáo 精舍'啊？"

毛玉笑了，说道："先生问的是'峣'字。昆明人觉得这个峣字读着绕口别嘴，便将'高峣'读成'高 qiáo'，如若有人说此地是高峣村，众人反而觉得怪怪的。”

毛玉说完引得杨一清捧腹大笑：“亦是一件趣闻！”

毛玉说得不错，至今昆明人将错就错，仍将“高峣”说成“高qiáo”。

毛玉说道：“先生，时已至正午，请先用膳。”

杨一清虚手一抬，说了声：“听凭用成安排。”

进了厅堂，只见大桌上摆满了花花绿绿的菜肴。

毛沂乖巧，拿起酒壶先给杨一清、杨绍芳斟酒，再给父亲斟了一杯，最后又把自己的酒杯倒满。

杨一清说道：“绍芳还是小孩不能饮酒。”

毛玉刚要开口，毛沂抢着说道：“伯父，这酒是我家自己用糯米酿制的，甜咪咪的，不相信你阶尝尝。”

毛沂也是说的一口昆明话。

毛玉说道：“先生，沂儿说得不错，今日高兴就让他们喝一口，只是这米酒啊后劲大，不可多饮。”

杨一清对杨绍芳道：“只此一杯。”

杨绍芳得到父亲许可，自顾自喝了一口，咂咂嘴，说道：“真是甜咪咪的。”

毛玉起身举杯说道：“先生乃我滇中翘楚，在下久闻大名，今日幸会我先敬您一杯！”

杨一清亦起身举杯回道：“一清回乡省亲蒙毛公款待，多有叨扰！”

毛玉道：“先生休说叨扰，在下还有许多不明之事需向您请教哩。”

两人碰杯，一饮而尽。

旁边杨绍芳与毛沂，学模学样地碰杯喝了一口。

桌子中间是一大钵清汤鱼，毛玉给杨一清盛了一碗鱼汤。

杨一清用瓷勺吮了一口，说道："果然鲜甜可口。"

毛玉又夹了一条鱼放在杨一清的碗里，说道："请先生品尝。"

昆明人待客讲究礼数，吃饭时主人会主动给客人夹菜以示尊重。

杨一清见此鱼体扁，身上有一长长的金黄色线条，甚是奇怪，便问道："此为何鱼？"

毛玉回道："此乃我们滇池特有的金线鲃。"

毛玉见杨一清将举起的筷子轻轻放下，便说道："先生是顾及这鱼为何没有去除鱼鳞，故而踌躇？"

毛玉接着说道："先生有所不知，这高峣渔村吃鱼却是有三个讲究。"

杨一清道："哦？"

毛玉说道："其一，要新鲜之鱼，最好是现捕现吃；其二，要用碧鸡山之山泉水；这第三啊，就是不除鱼鳞，加大葱、黄姜合而烹饪，再放少许胡椒面，则肉质鲜嫩无比。"

杨一清听了，便夹了一块鱼肉放在嘴里细细品后，连声称赞："入口即化，果如您所言！"

两人又举杯对饮。

杨一清用筷子指着就近的一碟凉菜问道："这是什么菜？"

毛沂说道："伯父，这个是柳叶。"

杨一清问道："柳叶也可以做菜？"

毛玉笑吟吟地说道："俗话说靠山吃山靠水吃水，眼下正是青黄不接的三月，时新菜蔬还未上市，只能做一些山茅野菜了。"

杨绍芳抢过毛玉的话头，指着菜说道："爹爹，我知道，这是金雀花炒鸡蛋、马齿苋、荠菜、灰挑菜、野艾蒿、刺槐花……”

杨绍芳一口气，林林总总说了七八种野菜。

毛玉说：“按照医书上所说，这些都是药食同源的野菜，有的可以清热解毒，有的可以行气理血健胃、解表散寒，等等。”

杨一清恍然大悟：“倒使毛公费心了！”

吃过一顿丰盛的野菜宴，毛玉邀杨一清泛舟滇池，毛沂与杨绍芳一同前往。

一阵细雨之后，柳枝青青，天高云淡，海阔天空，水天一色，湖水清澈见底，水草悠然荡漾，彼岸阡陌纵横绿茵覆盖，远处白帆点点，渔歌此起彼伏。回首迤逦蜿蜒的西山，宛如一位挺胸仰天而卧的窈窕淑女。再看太华山千仞峭立，鬼斧神工，山霭缭绕，红墙黄顶的寺庙若隐若现，好一派宁静和谐的世外桃源。杨一清正在陶醉其中，只听扑通、扑通两声，只见毛沂与杨绍芳两人光着屁股跳入水中，怡然自得尽情嬉戏闹腾。

望着活泼可爱的杨绍芳，瞬间，杨一清想到了孤苦伶仃的三叔，心生歉疚不禁黯然神伤。

一个时辰后，柔橹轻摇，船离了草海调头回到山脚码头，杨一清、毛玉等四人弃舟登岸。来至碧峣精舍二楼，杨一清披襟凭栏远望，只见晚霞烧天，半池湖水金光粼粼，白帆染红徐徐返航，如画中人间仙境一般，滇池又换了一番模样，杨一清感慨不已。

毛玉为杨一清沏上春茶。

杨一清吮了一口茶，说道：“听安宁李敬之说，用成兄捐资买地兴办义学，延聘名师以教乡人子弟，此乃功德无量之事，一清钦佩之至！”

毛玉道：“滇省物产丰富，但地处边陲人才匮乏，在下便在昆明草创养正书院，怎奈教育不得要领，还望先生提点！”

毛玉接着又说道：“我知先生在京城，除了完成公务还招徒授学门墙桃李，您以为我当如何施教？”

杨一清放下茶盏，说道：“用成兄谬赞了。说到教育之事，一清倒有一孔之见，可与您探讨一二。”

毛玉谦恭地说道：“我当洗耳恭听。”

杨一清道：“愿借用成兄纸笔一用。”

毛玉随即取来笔墨纸砚。杨一清展开宣纸，提笔饱蘸香墨成四绝句《赠乡人毛用成》：

王化千年迹已微，后来蒙养教全非。
知今有意敦风化，末学从今得指归。

圣朝庠校遍环中，乡社犹资养正功。
读罢诗书还习礼，此心何止发童蒙。

一篑元来九仞基，升高行远在人为。
吾乡无恨人间秀，不用担簦自得师。

上达功夫子细探，莫将实里付空谈。
要知作圣希贤意，小学分明是指南。

杨一清搁笔，毛玉移步观读赞不绝口：“先生之意甚是透彻，一是教书还需育人知礼仪；二是教育莫要空谈；三是办学要重视孩童的启蒙教育，何须远道求师。”毛玉抱拳深鞠一躬道：“先生字字珠玑，在下受益匪浅！”

杨一清扶住毛玉双手，谦虚地说道：“一清点滴体悟而已。”

杨一清、毛玉两人称兄道弟，相谈甚欢，相见恨晚。

晚间，滇池水面渔火影影绰绰，辽阔天空繁星灿烂，万籁俱寂。

楼阁之上，杨一清、毛玉两人黑白对弈相互绞杀，弹棋取乐，好不快哉！

其间，杨一清说道："承蒙用成兄款待，一清明早欲赶到省城。"

毛玉说道："先生，昆明人有个习俗，叫作'三月三耍西山'，明日便是三月三，您不妨再耽搁一日，我们趁此韶光淑气大好春光登山踏青？"

杨一清道："恭敬不如从命。"

夜深人静，杨一清与毛玉共榻抵足而眠。

第十一章　西山踏青

次日清晨，毛玉叫醒毛沂与杨绍芳，两个小孩从被窝里钻出来，高兴地大声喊道："哦，哦，耍西山啰！"

天色幽暗，冷风飕飕，杨一清、毛玉、毛沂与杨绍芳顺着千步崖拾级而上，林间山路上影影绰绰，陆陆续续已经有人从安宁、昆阳、晋宁、官渡等地赶来，纷纷努力向上攀登。

一路之上，毛沂与杨绍芳蹦蹦跳跳跑在前面。将至半山腰，到了一个小平台，突然毛沂拉着杨绍芳的手喊道："绍芳，看啊，太阳快出来了！"

杨绍芳停住脚步回头看了看远处，说道："没有啊？我怎么没有看见？"

毛沂道："往东看，往下看，看到没有？"

杨绍芳仔细一看，寂寥灰暗的天空下方，有一条窄小细长的橘黄缎带，瞬间彩带慢慢延展撕裂了灰色纱幕，再一眨眼，滇池边无声无息冒出一个橘红圆顶。杨绍芳激动万分地喊道："爹爹，快来看日出！"

杨一清听见喊声，转身只见旭日露出了半个羞涩的红脸，紧接着红日跳跃从水中冉冉上升，霎时红霞浸满了半边天空，极远处滇池湖水红波粼粼，水天相连，美轮美奂，蔚为壮观！

天色渐明，小道上的人越来越多。

杨一清与毛玉并肩而行。杨一清说道："据我所知，古人常于春秋在水滨举行祭祀以祛除不祥，称为‘修’。最早应始于春秋战国时期的‘执兰招魂续魂，拔除不详’，故史称上巳节。魏晋以后，上巳修最为流行，将上巳节固定在三月三日，为古人水边饮宴、郊外游春的节日，唐代演变成为迎春、游春、赏春的重大节日。”

毛玉回道：“仁兄说得不错，自本朝或从军戍边，或游走经商，或流官外放，或充军发配，各色长期留驻本省的汉人，便将中原的上巳节与云南的习俗相融，逐渐演变成昆明人‘三月三耍西山’的春游习俗。”

杨一清感叹道：“我中华文明源远流长啊。”

一路走走停停，说话间，走到石阶尽头，耳听晨钟悠扬。毛玉说道：“此处便是三清阁，今天亦是真武大帝的诞辰，故许多民众前来朝拜祭祀。”

西山由鸡鸣山、华亭山、太华山、罗汉山等群峰组成，昆明人多笃信道教、佛教，在西山修建了三清阁、太华寺、华亭寺，在同一座山佛道同尊共融。

罗汉山崖壁嵯峨之上，九层十一阁建筑群高低错落鳞次栉比，包括三清阁、灵宫殿、真武殿等十二座殿阁构成道教宫观建筑群。此处原为元代梁王的避暑行宫，后改建为凌虚阁、玉皇阁，明代时改为海涯寺，摆渡村民李应举捐资扩建了弥勒殿。因寺上峭壁半空悬石如大肚罗汉，故又称罗汉寺，后又改称为三清阁。

三清阁罗汉崖山门是一座红色坊身、蓝色匾额、一间二柱三楼拱券门的石牌坊，两侧为石砌柱子，中为单间拱券门，上覆一大两小庑殿式筒板瓦顶。石坊正面拱券门上的匾额镌刻着用行书题写的“罗汉崖”三个白色大字，两侧石柱上镶嵌着一副蓝底白字楹联：“时出云烟铺下界；夜来钟磬彻诸天。”在山门石坊的背面，拱券门上的匾额镌刻着用行书题写的“三清境”三个白色大字。两边立柱上镶嵌有一副蓝底白字的楹联，联云：“置身须向极高处；举首还多在上人。”

杨一清、毛玉、毛沂与杨绍芳沿着迂回逼仄的石道，走上朝天桥，下临深渊，从侧面向下俯视，可见百米深涧，鬼斧神工，奇险幽深，触目惊心。沿蜿蜒石阶登上灵官殿俯瞰滇池，只见烟波浩渺苍烟蒙茸，湖水泱漭渔船如蚁，使人仿佛置身仙境，真有海市蜃楼的虚幻、空中楼阁的缥缈之感。

杨一清披襟岸帻临风站立，心旷神怡飘飘欲仙，大为赞叹：“此景堪比东海蓬莱仙境，使人流连忘返！”

杨一清感慨一番，转身却不见毛沂与杨绍芳，心下着急，说道：“两个小毛孩跑哪里去了？”

毛玉回道：“兴许去了孝牛泉。”

毛玉、杨一清两人下了灵官殿，绕过一个山洞，果然见毛沂与杨绍芳正在一小水池旁用树叶掬水饮啜，杨一清方才安心。

杨一清一看，水池不大，几丝山水从长满苔藓的崖隙泠泠渗出，流在池中形成一泉，泉边卧一大石牛，方形泉眼中还有一小石牛。

杨一清问道：“此处为何称为孝牛泉？”

毛玉道：“沂儿，你将这流传的故事说说。”

毛沂道：“传说有一母牛带着一小牛在西山上相依为命，有一年大旱，眼看母牛即将渴死，小牛硬是用自己的犄角不断穿崖，用舌头舔石，三天三夜终于拱出泉眼，让母牛喝上了甘泉，故称孝牛泉。”

杨一清喟然：“牲畜尚有反哺感恩之孝心，何况我等人乎？”

一旁的杨绍芳、毛沂若有所思满脸肃穆。

清乾隆四十六年（1781年）至乾隆六十年（1795年），下渔村的贫穷道士吴来清，十四年含辛茹苦锲而不舍，一锤一钻开凿顽石，在悬崖绝壁之上，劈成北起孝牛泉，南至达天阁，长三十余丈径折路旋的石道，后又几经修凿，形成旧石室、慈云洞新石室、龙门石坊、达天阁石室等石窟石雕，此是后话。

离开三清阁，杨一清、毛玉、杨绍芳与毛沂顺道而下，路上人流如织，摩肩接踵，四人只得随着拥挤的人流逶迤缓行，好不容易拜谒了太华寺与华亭寺。

太华寺又称佛严寺，为西山最高峰，始建于元大德十年（1306年），为梁王甘麻剌创建，云南禅宗的开山第一祖玄鉴（又名无照）常在此讲经说法。

掩映在茂林修竹之中的华亭寺，依山势坐西向东，与内地寺庙坐北朝南的规则迥异。华亭寺原为圆觉寺，始建于元延祐七年（1320年），高僧玄峰在此结茅庵修行。圆觉寺曾几度荒芜，又几度重修葺，明天顺六年（1462年）腊月八日，明英宗敕赐该寺为华亭寺。

杨一清四人出了华亭寺山门，道路两旁摆满了剪纸、皮雕、竹编、刺绣、糖画、面塑、风筝等各色手工艺品，琳琅满目使人目不暇接，毛玉给杨绍芳、毛沂买了风筝、糖人，两人欢喜不已。

时值正午，正当四人觉得饥肠辘辘时，飘来阵阵香味，走在前面的毛沂喊道："绍芳快来，这里有许多食摊哩！"

杨绍芳举着风筝跟上前去，只见树荫下面搭了长长一溜席棚，这边卖凉米线、豌豆粉、凉拌螺蛳、洋芋粑粑，那边卖烧豆腐、羊肉米线、牛汤锅、木瓜水、米凉虾等，让人馋涎欲滴。四人一边在树下纳凉，一边大快朵颐。大饱口福一番之后，杨绍芳还觉得不过瘾，又买了两个洋芋粑粑边走边吃。

品尝过昆明地方特色小吃之后，四人前行一会儿，只听传来一阵阵锣鼓声。转过一道小弯，山坳上杜鹃怒放，姹紫嫣红争奇斗艳。鲜花四围的草坪上，从龙门村来的一群人正在耍板凳龙。杨一清、毛玉、毛沂、杨绍芳四人挤进人群驻足观看。板凳龙是在长丈余的木板凳上，用彩带在板凳的两端扎上龙头龙尾，貌似彩色小龙。分别由两个人一前一后用双手执板凳脚，在锣鼓声中左右腾挪，前后翻滚，相互追逐，如蛟龙戏水推波助澜，惟妙惟肖，两条板凳龙在慌忙中相互碰撞，四个汉子仰面倒地狼狈不堪，围观者忍俊不禁欢声大笑。

板凳龙刚刚舞毕，随着铮铮作响的大三弦弦音，从路南（今云南石林县）赶来的撒尼人围成一个大圆圈，穿着绚丽服装的男女青年和着高亢清脆的歌调，时而蹉脚闪腰，时而折步跌脚，时而甩腿对脚，时而摆手转身击掌，时而呐喊，舞步整齐划一，舞姿轻盈矫健。

这边潇洒劲舞，那边隔空又传来悠扬小调："姐姐哟，咯是那个年年有那个三月那个三，我约的我的大姐二姐三姐四姐五姐六姐七姐八姐九姐，还有小十妹，划的小船，漂咚漂咚漂咚漂咚，耍呀那个耍西山哟……"

遍地的热舞，满山的小调，满箐的山花，使翠峦叠嶂的西山沉浸在热闹非凡欢声笑语之中，使人乐而忘返。

夕阳西下倦鸟归巢，华亭寺中暮鼓声响起，杨一清、毛玉、毛沂、杨绍芳四人方才乘兴而归。

翌日，毛玉、毛沂将杨一清、杨绍芳父子送至昆明小西门，杨一清与毛玉置酒对饮折柳相赠，依依惜别。

正德十二年（1517 年），毛玉返乡守制，曾前往镇江探视被黜赋闲的杨一清。此时杨一清已六十四岁，时隔三十二年友人重逢，杨一清忆及往事嘘唏不已，赠诗《毛给事用成守制归云南过镇江话旧得诗三首兼以送别》，足见二人情深谊长。其中一首为：

碧鸡山下弹棋日，铁瓮城边载酒时。
黑发相逢吾已老，清才如此世方推。
风尘滚滚多新态，水木悠悠系远思。
便欲从君还未得，倦揩双眼一题诗。

毛玉生性善良且耿直，嘉靖初年，因参加“议大礼”而被廷杖致死，杨一清闻讯潸然泪下。隆庆元年（1567 年），毛玉始得平反，追赠光禄寺少卿。当朝状元杨慎也积极参与“议大礼”而被贬黜云南，得到毛沂（字东镇）的热情接待，并将碧峣精舍让其留居讲学，此是后话。

关于“议大礼”之事，后文再详述。

第十二章　厚积薄发

成化二十三年（1487 年）三月二十二日，归乡回京后的杨一清升任山西提学佥事。在任上力祛夙弊，学政为之肃清。

杨一清将母亲杨张氏接到山西，弘治元年（1488 年）五月十五日，母亲病逝，享年六十三岁。杨一清千里迢迢抚灵柩回镇江葬母。他在家守孝一年，弘治三年（1490 年）除去孝服。守孝期间饱含热泪写下《五月十五日逢先母忌辰写哀一首》，追思母亲教养之恩，寄托心中无限悲情：

泪眼悬河不受挥，年年今日痛慈闱。
听随风木声犹急，恨与江流去不归。
客里盘飧甘亦苦，梦中颜色是还非。
一官窃禄成何事，况是松楸万里违。

弘治四年（1491 年）四月初三日，朝廷任命三十七岁的杨一清为陕西提督学使，后补授陕西提学副使。杨一清在任期内创立正学书院，在陕西期间，“作兴士类，所拔识之士卓冠一时”，培养了胡宋、唐鹏、方鹏、段炅、孙思和等一大批杰出人才，后来成为北派文坛领袖名噪一时的文学家李梦阳，状元、南派文学泰斗康海都是他的学生，杨一清一时名声大振，人称其为明代的“文中子”。

杨绍芳随父亲在正学书院习读，杨一清请当地一位武林高手教授杨绍芳拳术棍剑，他一心一意要将儿子培养成为身体健硕能文能武的人，日后能够报效国家。

杨一清在山西四年、陕西七年督办教育，弘治十一年（1498年），四十四岁的杨一清擢升为太常寺少卿，提督四夷馆。太常寺少卿为主持皇宫祭祀礼乐之官，四夷馆是掌管外文翻译的机构。弘治十四年（1501年）又擢升为南京太常寺卿。

明朝中央政府中设有五寺，分别是太常寺、光禄寺、太仆寺、大理寺、鸿胪寺，其主官称之为“卿”，正三品。太常寺的主要职责，一是主管祭祀社稷、宗庙和朝会、丧葬等礼仪，祭祀时充当主祭人皇帝的助手；二是主管皇帝的寝庙园陵及其所在的县。

南京古称金陵、建康。1368年朱元璋建立明朝，以南京为京师。明朝永乐十九年（1421年），明成祖朱棣自南京迁都至北京后，便改南京为留都。南京除了没有皇帝之外，仍保留了与北京相同的管理机构，留都南京所设立的吏、户、兵、礼、刑、工六部称为“南六部”，主要安置一些闲散官员，客观上为朝廷储备了许多人才。

南京太常寺卿是个闲差，杨一清经常往返于京城与南京。

杨一清充分利用较多的闲暇时间，除了继续研习经文，又苦读《孙子兵法》《六韬三略》等兵书，分析古代著名战争案例，特别重视本朝对残元几次重大战役的得失，十分关注目前边境的态势。

杨绍芳见父亲如此废寝忘食，不似别的官员成天游山玩水逍遥自在。

南京是全国有名的大火炉之一，此时正值盛夏，没有一丝凉风。一天，杨绍芳终于忍不住了，来到书房。杨一清左手摇着一把大蒲扇，右手握笔正在写字。

杨绍芳送上一碗酸梅汤。

杨一清放下手中的笔，接过来呷了一大口，连声说道：“好清凉！”

第十三章　不速之客

弘治十五年（1502 年）冬。

这日午后，京城天空阴霾低沉，飘着鱼鳞片的雪花。一乘绿泥小轿穿街过巷，来到长安石门右侧杨一清的宅前。轿中走出一人，此人中等身材，头戴暖帽，身穿藏青色披风。来人不等随从张伞便快步拾级而上，抬眼看了门头上的“邃庵居”三个大字，轻轻叩响门上兽面锡环。

此人非同寻常，乃是当朝兵部尚书刘大夏。

刘大夏，字时雍，华容人。刘大夏二十岁乡试第一名，天顺八年（1464 年）中进士。大夏忠诚肯笃，经常给皇帝建言献策，深得信赖。弘治十五年（1502 年）拜兵部尚书。

不一刻，随着吱呀一声，两扇黑漆大门缓缓开启。

开门的是杨绍芳。

早年，李东阳、杨一清与刘大夏同在黎淳门下就读，师出同门，三人同朝为臣，又是至交，经常相互过府走动，杨绍芳自然与刘大夏熟识，于是连忙拱手道：“小侄见过刘伯伯！”

刘大夏问道：“令尊可在府上？”

杨绍芳回道：“正在作画哩。”

刘大夏道：“哦。”

刘大夏随杨绍芳进了书房，屋内清香缭绕炉火正旺，刘大夏顿时觉得身上暖和了许多，刘大夏摘了头上的暖帽，轻轻地脱了披风递给杨绍芳，只见杨一清躬身拿着画笔正专心致志地在描画。杨绍芳刚欲上前禀告，被刘大夏摇手制止。

刘大夏蹑手蹑脚来到杨一清身后静静观看，见是一幅牧马图，只是画面被杨一清身体遮挡，因此看得不是十分真切。

一会儿，杨一清起身收笔，口中说道："好也，好也。"

转身看见刘大夏，急忙搁下手中彤管，打拱道："不知刘大人冒雪光临寒舍，一清有失迎伢多有得罪！"

刘大夏亦拱手回礼，笑道："应宁颇有闲情逸致啊。"

杨一清搓搓手道："天寒地冻，无所事事，消遣而已，倒让时雍见笑了。"

刘大夏道："今日冒昧过府拜访，有一事要与应宁商议。"

杨一清一摆手道："哎，老兄何必着急，您先请上坐。"

两人在旁边的木桌分宾主坐定。

杨一清招呼道："芳儿，快快将那好茶煮上！"

刘大夏心中事急，无奈不能乱了礼节。

杨一清道："刘大人，最近啊，云南老家送来几饼陈年普洱茶，待会儿您也拿一点回去品尝品尝。"

不一会儿，杨绍芳上茶，刘大夏举杯吮了一口。

杨一清问道："大人，此茶味道如何？"

刘大夏哪有心思品茶，顺口回道："滇茶，果然名不虚传。"

杨一清又说道："大人乃是当今丹青高手，不妨对一清这幅随手涂鸦之画指点一二。"

刘大夏见杨一清诚恳不便推辞，只得站起身来走到画架前观看。

刘大夏瞥了一眼，便指着画面说道："哦，八匹马。"

杨一清拿起狼毫，饱蘸香墨将笔递给刘大夏，恭敬地说道："还要劳烦大人赐字，以成全在下。"

刘大夏推辞不过，顺笔一蹴而就，写下：八马图，石淙绘，壬戌冬日刘时雍题。

刘大夏搁笔，摇摇头说道："应宁啊，你我都是老朋友了，恕我直言此幅画有点瑕疵哩。"

杨一清拱手道："哦，一清洗耳恭听。"

刘大夏道："唐代韩干尤善画马，曾作《玉花骢图》《照夜白图》《洗马图》《凿马图》《战马图》《六马图》《八骏图》《百马图》，其笔下之马以体形肥硕、肚大臀圆、仰首嘶鸣、奋蹄欲奔、神情昂然而闻名于世，你笔下却是螭颈龙体、筋骨毕露的瘦马，故而此画只能称为'八马图'了。"

杨一清拱手道："大人所言极是，只怪一清笔拙了。"

两人重新入座，杨绍芳续上茶水。

杨一清言道："难得大人今日光临寒舍，许久没有领教你的棋艺，天色尚早，我们不妨对弈两局？"

刘大夏心下焦急，生怕耽误了自己的使命，但碍于主人的热情只好耐下心来，问道："今日是围棋，还是象棋？"

杨一清道："象棋如何？"

一旁的杨绍芳见刘大夏点头允诺，便摆上棋盘。

杨一清先捡了一枚黑子。

楚河汉界，双方列阵完毕。

杨一清虚手一抬，说声："大人请。"

刘大夏亦不客气，左手挽起右手袖子，执红先行落子。

刘大夏采取稳扎稳打、以守为攻的战术，杨一清这边则是一上来就支上当头炮，猛打猛攻咄咄逼人。楚河汉界一场混战。约莫二十余手，杨一清便败下阵来。

琴棋书画是士大夫高尚情操、优雅修养的表征，杨一清自幼喜爱象棋、围棋，经过多年研习，成为明朝中期棋坛高手之一，曾经三次与国手范原博对弈较量，势均力敌，旗鼓相当，可见杨一清棋技之高超，与范原博手谈后兴致颇高，作诗为记：

兹山古洞天，兹人今国手。
吁嗟两奇观，得之良不隅。
少年爱局戏，老大犹故丑。
小巫见大巫，安得不低首。
神仙不可穷，烂柯岂真有。
翻思专门人，争长动相诟。
蛛丝碧螺狂，虎穴青山瘦。
终然付一笑，得失竟何咎。
因君悟三昧，颇颇善持守。
我欲尽君术，此意不在酒。
局终振衣还，夕阳挂山口。

刘大夏奇怪地说道：“应宁啊，今天怎么那么不经杀？以往我们对弈每局至少要鏖战半个时辰。”

杨一清拱手道：“惭愧，惭愧。”

刘大夏再观棋局，用手指了指，说道：“应宁，你的那两匹马怎么躲在厩里纹丝不动？”

杨一清道：“大人说得极是，我们再来一盘如何？”

刘大夏乃谦谦君子，便说道：“按照老规矩，三局两胜定输赢。”

杨一清应道：“老规矩，老规矩。”

两人重部棋子。

第二局杨一清执黑先行。

只见杨一清进卒之后，一双马交错强行。

刘大夏见杨一清顾首不顾尾，便改变第一局的战术，乘虚而入过关斩将，展开凌厉攻势。

杨绍芳眼看杨一清又要失一子，心里着急，脱口说道："父亲，刘大人的炮要打您的车哩。"

杨一清瞪了杨绍芳一眼，呵斥道："观棋不语真君子！"说罢只顾催马左突右行。

刘大夏一时杀得性起，眼睛只盯着对方的老将。耳旁只听见杨一清猛喝一声："将军！"

刘大夏回首自家大营，定睛一看，主帅却被对手的卧槽马牢牢锁定动弹不得！

刘大夏巡视一番，眼见己方兵力全部远在前方无力回返救驾已成死棋，于是轻轻放下手中棋子推枰认输。

刘大夏口中吐出一个字：马。

此局杨一清用的是五步马战术。

刘大夏道："应宁啊，我们说正事吧。"

杨一清道："愿闻其详。"

刘大夏道："而今鞑靼人入侵边关告急，你这个太常卿可不能躲在家里喝闲茶啊。"

杨一清道："在下愿听尚书大人调遣。"

刘大夏道："我欲向朝廷举荐你为三边总制，抵御外辱。"

一旁的杨绍芳心中高兴万分：朝廷终于要启用父亲了，三边总制是正二品大员，父亲可以大展宏图了。

杨一清拱手回道："谢刘大人抬爱，在下不胜杯杓恕难从命。"

杨一清的回答使刘大夏、杨绍芳两人大失所望。

刘大夏问道："这却是为何？"

第十四章　煮茶论马

说话间天色渐暗，杨一清一面吩咐杨绍芳掌灯，一面让门生乔宇准备饭菜。

杨一清说："刘大人，且在敝舍用餐以后让在下详述。"

刘大夏想进一步了解杨一清的想法，便耐下性子依了他。

不一会儿，乔宇、杨绍芳抬上四菜一汤，刘大夏、杨一清、乔宇、杨绍芳四人草草吃完饭，杨一清请刘大夏移坐火炉旁，让杨绍芳取来茶具继续煮茶。

刘大夏见状，笑道："我的太常卿大人你也忒小气了，这罐茶我们已经饮了一个多时辰，应该更换新茶了吧。"

杨一清也笑着说："非是我老杨抠门，大人有所不知，我家滇省之普洱茶却是非同一般。"

刘大夏道："哦?"

杨一清搓搓手，说道："陈年普洱茶属大叶茶，这一罐可冲泡二三十开，再好一些的可冲泡七八十开哩，如您不相信请品尝这一杯。"说罢为刘大夏沏上。

刘大夏呷了一口，言道："果然香味如初，应宁无欺我!"

杨一清放下茶盏言道："刘大人，我们言归正传。"

刘大夏道："愿听你的高见。"

杨一清道："我之所以拒绝就任三边总制原因有二。其一，虽然我朝实行以文制武，但我杨某一介书生，只会舞文弄墨，从未有带兵打仗之经验，对于众多的三边四镇总兵、巡抚恐难以服众。兹事体大，一清岂敢班门弄斧。”

刘大夏又问道：“那其二呢?”

杨一清道：“这其二更为重要。那就是养马。”

养马？乔宇、杨绍芳两人一头雾水，只是不敢吱声。

刘大夏似乎明白了一些：“养马……”

杨一清回道：“请问大人，我朝与鞑靼人对峙多年为何胜少负多?”

未等刘大夏回答，杨一清侃侃而谈：“究其原因，诸多因素中马是重要的战力。鞑靼人每个将士配备战马两匹，而我军十名军士不足一匹。鞑靼人倚仗良马，驰骋自如，机动灵活。反观我军马瘦兵老，且一味固守边墙消极防御，岂有不败之理?”

杨一清缓缓起身来到他刚才画的画前，指图说道：“在下所画之瘦马实是担忧我朝羸马弱兵之现状啊，固边防敌需要的是万千壮硕之马。”

刘大夏手拍桌子，哈哈大笑道：“好你个杨一清，刚才竟敢戏弄于我!”

杨一清狡黠地眨了眨小眼睛，拱手、满脸堆笑道：“得罪了。”

刘大夏不依不饶：“还有，还有刚才那两盘棋，你试图教训于我，无马则兵败，有马则制敌于非命!”

杨一清拱手再次赔罪：“岂敢教训!”

此时的乔宇、杨绍芳恍然大悟，心里着实钦佩杨一清的大智若愚。

杨一清说道：“实不相瞒，在下昔日在陕西督学，闲暇之时便留意边防事宜，故稍有点滴体悟。”

刘大夏兴奋地说：“有你应宁督理马政，边防无忧矣!”

杨一清愤然道：“总而言之，当下国之大事，莫急于兵，兵之大要，莫先于马，发展马政可北伐强胡威服戎狄，马大蕃息而武事以修，所以尊国势而防寇患也。一清愿远赴西北，为朝廷培育万匹上马，绝不负君之期望！”

刘大夏说：“自从王越卸任以来，三边总制已经空置多年，三边不可无人总制，应宁可否举荐一人？”

杨一清略为思考，言道：“依我之意景泰进士、右副都御史秦纮德高干练，可胜任三边总制之职。”

刘大夏问道：“你平时不是与秦纮有些过节吗？”

杨一清回道：“内举不避亲，外举不避仇，一清怎敢因私怨而废国之大事？”

刘大夏夸赞道：“应宁，谦谦君子也！”

杨一清拱手道：“业已夜深，就让芳儿送大人回府。”

刘大夏道：“哎，你总不能让我空手而归吧？”

杨一清拍了拍额头，笑道：“瞧我这记性，只顾着说话了，芳儿快将那七子饼普洱茶取了送予刘大人！”

刘大夏道：“还有一物。”

杨一清问道：“何物？”

刘大夏指了指旁边的《八马图》：“就是这幅瘦马图。”

杨一清推辞道：“大人，一清随意涂鸦难登大雅之堂啊。”

刘大夏道：“这图用处可大了，我将献予皇上，细呈你的养马之道。”

杨一清道：“出丑就出到底吧，请大人稍候片刻。”

说罢杨一清取来印章，蘸了红印泥端端正正押在画面上，双手恭恭敬敬送给刘大夏。刘大夏一看皆篆体，分别是：杨一清、应宁、石淙。

风雪夜，刘大夏乘兴而归，准备次日早朝向皇帝举荐秦纮为第二任三边总制，杨一清为副都御史，督理陕西马政。

第十五章　魑魅魍魉

刘大夏以为推荐杨一清总管陕西马政应该是水到渠成顺理成章之事，哪知半路杀出个程咬金，几乎使此事化为泡影。

阻挠杨一清任职的人姓刘名谨。

刘瑾何许人也。

刘瑾本姓谈，陕西兴平（今陕西兴平市）人，六岁时被镇守太监刘顺收为义子，改姓为刘，后进宫当了太监。《明史》记载："孝宗时，刘瑾坐法当死，得免。"刘瑾因何获罪，为何得以免死《明史》并未详说，至少是重罪。由于刘瑾善于投机钻营，得到明孝宗朱祐樘的赏识。弘治五年（1492 年），朱祐樘立朱厚照为太子，见刘瑾乖巧便命其侍奉朱厚照。刘瑾投其所好左右逢源，朱厚照益发宠信刘瑾。

正德元年（1506 年），朱厚照即位是为武宗，刘瑾先掌钟鼓司，即负责出朝钟鼓和宫内杂戏的低级宦官。很快武宗便提升其为内监官、总督团营等，掌握了内庭重权。年少的武宗朱厚照骄奢淫逸不理朝政，刘瑾投其所好，广选鹰犬歌伎专供武宗淫乐。刘瑾专挑武宗淫乐的关键时刻，呈上大臣奏折请示汇报，武宗极不耐烦，让刘瑾代替自己批示了之，于是刘瑾权柄在手，贪污受贿卖官鬻爵大行其道。

明朝的政治生态由四大链条组成，并互相制衡，即皇帝、藩王、大臣及宦官。在这个链条里，以皇帝居中的皇权自然是权力的核心。

皇帝为了安抚同姓宗室分封的藩王形成了另一股强大的地方势力。文官大臣是皇帝的智囊团和决策的执行者，把持着朝廷的日常事务。第四是宦官即太监，太监原为负责管理皇宫内部事务的人员。

太监自称“奴才”，是皇家的家奴。许多朝代禁止宦官干政，不得与外臣外戚勾结。清朝时期规定，太监不许出宫，他们的生活范围仅限于大墙深宫之内，倘若擅自外出，严重的可定死罪。明朝开国皇帝朱元璋总结了历史上宦官乱政的经验教训，明确规定太监不许干政，并在宫门口竖立了一面三尺高的铁碑，赫赫铸上八个大字——内臣不得干预政事，以为警示。

或许，朱元璋的继承者们整日里对满朝的文武大臣充满猜忌戒备心理，时时刻刻警惕诸位藩王、封疆大吏、六部三司大臣的异动。身居深宫的皇帝，只得依赖日夜生活在自己身边的这批太监。起初，皇帝只是利用太监充当自己的耳目，主要负责监视和打探下属的违规语言与行为。继而建立东厂、西厂、锦衣卫，刘瑾又增设大内行厂，简称内厂，比东厂、西厂更为酷烈。这些特务机关，替皇帝执行绑架、暗杀、刑讯逼供等。如果到此为止，仍然属于管理内部事务，只是任务特殊手段非常规。

朱元璋的子孙们打破了老祖宗规定的铁律，自明成祖朱棣始，便开创了重用宦官的先河。永乐元年（1403 年），明成祖派何福等人镇守宁夏等边镇时，就选派宦官偕行，赐公侯服位在诸将之上。同年，成祖遣王安、马靖分别往甘肃、西宁监军，宦官皆以专军务为主，但此时还未固定成制。此后，洪熙元年（1425 年），仁宗“敕王安镇甘肃”，并委有“镇守太监”衔，镇守中官自此由临时差遣变为正式任命。太监直接向皇帝提供边镇各方面的情况，成为皇帝控制各地巡抚、总兵的重要手段。

及至正统元年（1436 年），年幼的明英宗朱祁镇即位，正统二年（1437 年），英宗命甘肃副总兵任礼为总兵官讨伐阿台朵儿只伯，派太监王贵与兵部尚书王骥监督，宦官人数和权力开始膨胀，宦官王振操纵朝中大权，标志着宦官正式进入政治舞台。

正统十四年（1449 年）二月，蒙古瓦剌部落首领也先遣使两千多人进贡马匹，向明朝政府邀功求赏，由于王振不肯多给赏赐，并减去马价的五分之四，没能满足他们的要求。同年七月，也先统率各部，分四路大举向内地骚扰。败报不断传到京城，明英宗朱祁镇在司礼监王振的煽惑下，一意孤行决定亲征，结果明英宗在土木堡被俘，随征大军几乎全部战死。明史上称为“土木堡之变”。这次战役影响深远，成为明王朝由初期进入中期的转折点。“土木堡之变”并没有让后来者汲取惨痛的教训，宣德后，镇守中官之设趋于制度化。随着监军中官权力的增长，至成化时，宁夏太监马锡、延绥太监刘祥已获统兵、巡历等特权，成为牵制总兵、巡抚的主要力量。及至明武宗朱厚照即位后，太监专权达到登峰造极的地步，形成极其扭曲的政治生态。

严格意义上，宦官是依附和服从于皇室的群体，但是明朝的中后期，宦官组织迅速膨胀，共计设有十二监、四司、八局，全称二十四衙门，人数少时万余，多时则数万人，宦官逐渐成为一支独特的政治力量，形成宦官把持政坛的局面。

“中官出镇，恃恩骄恣，多所诡取。”许多大臣极力反对宦官专权，王邦瑞曾请罢中贵人监军，认为残元侵边和士卒不振算不上是大患，而“所谓深患者，唯在中贵人典兵权耳”。

景泰元年（1450 年），山东布政使裴纶建议召回监军太监，代宗朱祁钰不允，斥责道：“令内官镇守，朕得知事情缓急，你擅自更改是何主意?”他重申：“监军行事，皆是祖宗旧制，不可更设。”成化元年（1465 年），宪宗在敕文中命太监“汝其监督我军务”。正德十年（1515 年），武宗因“陕西地方虏情紧急，着太监张忠监督军务”。中官监军监督军事将领，协替军事行动，整饬军纪等，通过纠劾手段达到牵制各地总兵、巡抚之目的。

十五岁的朱厚照凡事皆依靠刘瑾、马永成、高凤、罗祥、魏彬、丘聚、谷大用、张永等八个太监，史称“明朝八虎”。

刘瑾掌司礼监，丘聚、谷大用分别提督东、西厂，张永督皇帝的直系卫队十二团营兼神机营。神机营即火枪营，明代最强的正规编制战斗队伍之一，武器为三眼神铳和火炮。

太监既然是奴才，其秉性具有两面性，一面是善于投其所好忍辱负重；一面是一旦大权在握则猖狂暴虐不可一世。

几年以后，刘瑾的权力甚至超越皇帝，皇帝遇有重大事情还要找大臣们商议，刘瑾则是一手遮天恣意妄为，上至内阁大臣、封疆大吏，下至州官县吏的升迁任命几乎都由其做主，如若走了他的门子上贡送礼则如愿以偿，否则便寻找借口横加阻拦，甚至罗织罪名，让你身败名裂倾家荡产，无怪乎民间普遍流传，当今天下有两个皇帝，一个姓朱，一个姓刘，一个是坐着的皇帝，一个是站着的皇帝。

虽说马道之事本属于兵部管理，刘大夏举荐是顺理成章之事，偏偏这杨一清奉行士大夫清高孤傲的精神，虽然与刘瑾同朝共事，却对他采取敬而远之的态度，时常不给他好脸嘴看，此次即将履任新职，杨一清不向刘瑾送上半个铜板，也不到刘府走动拜访，刘瑾自然对杨一清的任职要横插一杠。

第十六章　针尖麦芒

这日天色微明，众大臣齐聚奉天殿早朝廷议。

兵部尚书刘大夏手持象牙笏板出班奏道："臣举荐右副都御史秦纮出任三边总制之职。"

孝宗皇帝朱祐樘道："准奏！"

刘大夏又奏："臣举荐杨一清出任陕西马道！"

刘大夏的一句话拉开了杨一清与刘瑾争斗的序幕。

朱祐樘大喜："好啊，太常寺卿养马在我朝却是趣事，朕这就……"

朱祐樘刚要决断，站在左边的刘瑾咳嗽一声，皇帝转而问道："司礼监可是有话要讲？"

刘瑾头戴乌纱描金曲脚帽，身着盘领窄袖衫，绯色朝服上绣有五爪蟒，一身光鲜亮丽沐猴而冠。

刘大夏每次见刘瑾那身刺眼的朝服，心中便泛起愤愤不快。永乐以后，宦官日夜服侍皇帝，对于职位较高的宦官便赐予蟒服，而出生入死、功勋卓著的文武一品大臣却不易得。本来衣物乃为人冷暖之用，无须过分计较材质与图案，然而但凡是人皆有自尊心与虚荣心，那材质之优劣，图案之异同，却是身份与社会地位高低贵贱的象征。宦官何德何能竟配以蟒服？于是众大臣自然不服。弘治元年（1488 年），都御史边镛愤然进言："国朝品官无蟒衣之制。夫蟒无角、无足，而内官所穿的蟒服类似龙形，有冒犯天子之威仪，应予禁止。”孝宗朱祐樘认为言之有理，下诏禁令宦官穿着蟒衣。但过了不久宦官们却私制蟒衣依然如故。弘治十七年（1504 年），内阁大臣刘健实在看不下去，便奏道：“内官僭妄多。蟒、龙、飞鱼、斗牛，本在所禁，不合私织。玄、黄、紫、皂乃属正禁，即便是柳黄、明黄、姜黄诸色都应该禁止使用。”朱祐樘便命严加钳束，然而宦官们对王命置若罔闻，依旧我行我素。其实宦官天天在朱祐樘身边转悠，他岂不知阉人违纪之事？只要稍加管束这些事便不会再发生，宦官猖狂之举可见一斑。

只说刘瑾移步走到朱祐樘旁，说道：“奴才以为不妥。”

刘大夏心里咯噔，这个刘瑾又要多嘴多舌，且看他要什么花招。

朱祐樘问道：“有何不妥？”

刘瑾言道：“杨一清进士出身文才飞扬，有意出任马道其志可嘉，只是他一介儒生不熟悉养马之事，便是勉为其难啊。”

刘大夏暗想，这刘瑾文化不高却会挑刺。

朱祐樘道：“喔，言之有理。”

杨一清出列，拱手道：“皇上，臣杨一清有话要讲！”

朱祐樘道：“哦，你且讲来。”

杨一清道：“皇上，按照太祖皇帝定律，朝堂之上中官本不应该妄议政事，今日所议之事绝非一清个人调任，臣以为此事应多听听兵部与吏部之言！”

刘大夏听罢暗自喝彩：好个耿直的杨一清，语调虽然平和，一开口便搬出祖制，制约皇帝和刘瑾，明里提示皇帝不要忘记了祖训，同时警告刘瑾，你只不过是一个太监而已，朝堂之上没有说话的份儿，一语中的且柔中带刚，看你刘瑾如何应对。

满朝文武大臣知道刘瑾心狠手辣，慑于他的淫威，皆面面相觑、噤若寒蝉。

刘瑾却也不恼，笑吟吟地说道：“应宁误会了。”

老奸巨猾的刘瑾并没有被“祖制”这顶大帽子所吓倒，有当今皇帝这把大红伞撑着，难道说还怕你个小小的太常寺卿？

刘瑾继续说道：“我只是说，西北贫瘠荒凉，担心你如何经受得住哟，你还是在那金陵城逛逛秦淮河，在衙门里写写画画更能发挥作用。”

杨一清愤然道：“刘公公此言差矣，想那边关万千将士，哪一个不是爹娘所生养，哪一个不是肉胎凡夫，哪一个没有妻儿老小，他们就命该抛家离子，沐雨雪冒风沙忍饥挨饿吗？我杨一清生是大明人，死是大明鬼，岂能趋利避害坐享清福？”

杨一清一番话，铿锵有力激情四射，端坐金銮殿的朱祐樘也击掌叫好，刘大夏及几位大臣情不自禁地喝彩。

刘瑾恨恨地抬眼望了望皇帝，目光又向阶下的人群扫射，他要记住那些敢于和他作对的人，以便今后寻得机会再行收拾。眼前紧要的是要灭了杨一清的嚣张气焰，否则不仅今日丢尽脸面，而且日后谁还肯依附自己，他决心要把这场舌战进行到底。

只见刘瑾满脸堆笑，一边鼓掌，一边走到皇帝的御案前，两个指头夹起一张大纸，走下丹陛来到杨一清面前晃了晃扔在地下。

刘大夏一看，却是自己昨日送给皇上的那幅《八马图》，上前捡起画图，不知道刘瑾拿它是什么用处，正在疑惑，只听刘瑾说道：“应宁啊，养马是天朝大计，这千万战马可不是挥毫轻松写意画得出来的，你知道陕西的情势吗？”

刘瑾伴随皇太子朱厚照读书，多少学会了几句文绉绉的话。

人群中发出几声哄笑。

杨一清抑制住愤慨，反唇相讥道：“难得刘公公日夜伺候皇上，还有闲暇关心天下大事。我知道你是陕西兴平人，请问你对西北又知之多少？”

刘瑾耍赖：“是你要去陕西，又不是我要去那里养马。”

杨一清向皇上拱手道：“臣曾经在陕西办学督学多年。”

刘瑾死缠烂打：“哦，我忘记了，应宁倒是青衣凉帽骑着小毛驴经常去各州府督学哩。”

人群中又传来几声谄媚的讥笑。

杨一清正色道：“皇上，臣在西北十余年之久，遍走秦川大地，对养马之道略有一些体悟。”

朱祐樘道：“愿闻其详。”

杨一清道：“已备得一图，可否容臣叙述。”

朱祐樘虚手一抬道：“准。”

杨一清将随身带来的图徐徐展开，众大臣不知是什么图，便纷纷集聚观看。

杨一清指图侃侃而谈：“据臣多次考察，陕西以东二千余里之地，水盈草茂适宜放牧，可是现今牧地只有数百里，朝廷曾经设监苑后皆废，现在唯存长乐、灵武二监，由于牧马军士潜逃、草场流失、鞑靼人掳掠等原因，陕西马匹数量锐减，目前陕西各镇实有马三万八千一百四十余匹，比永乐年间减少了一半，不足以供西边之需要。究其原因，监苑缺少牧马之人，养马恩军、队军不足，臣以为可编流民及发边卫充军者至各苑牧马。两监六苑，开城、安定水泉便利，宜为上苑，可养牧万马；万安、广宁为中苑，可分别养牧四千或五千匹；清平地狭土瘠，黑水草场逼窄是为下苑，可分别养牧一千五或两千匹。只要朝廷拨付经费，复垦草场修建马圈培育种马，这样六苑每年可常牧马三万二千五百余匹，足够供三边驻军所用。”

杨一清一口气说完气定神闲，众人皆服。

刘大夏拱手说道：“皇上，应宁位卑未敢忘忧国，志存高远心崇论宏议系国家安危，督理马政有理有据言之凿凿，规划精确可行措施得当，令我这个兵部尚书汗颜啊！”

朱祐樘问道：“司礼监，你以为如何？”

刘瑾词穷理尽一脸无奈，转念一想与其让这个多嘴多舌的人整天连篇累牍地上奏，不如让他远离朝廷中枢，今后少些麻烦。只好说：“但凭皇上做主。”

朱祐樘早就听说过杨一清是个难得的人才，平时看过他写的一些奏折，叙事清晰建议中肯，今日又是一番慷慨陈词忧国忧民，不禁大喜过望，一拍御案连声叫好：“应宁出使陕西，朕西顾无忧也！”

此次朝会自卯时将至午时结束，这是杨一清与刘瑾的第一次正面交锋，杨一清略占上风。

赴任之前，杨一清向朱祐樘辞行，朱祐樘殷切嘱咐道：“以尔才望素优，志存体国，特兹简命，此行肩负重要责任，废既久之事更新兴举，望卿不辞辛劳，悉心经营！”

杨一清慷慨激昂回道：“一清此去将兴废补敝，改变弊车羸马之颓势，只知有国而不知有家，定不辱王命！”

杨一清牢记朱祐樘的嘱托，到任后便将督理马政的公堂命名为“体国堂”，一日不敢忘记自己的使命。

弘治十五年（1502 年），四十九岁的杨一清被朝廷任命为都察院左副都御史（正三品），督理陕西马政，但后来发生的事，却让他始料不及，自此杨一清陷入了湍急的政治漩涡而身不由己。

第十七章　有家难奔

杨一清奉旨即日出京，乔宇、杨绍芳一同随行。三人顶风冒雪风餐露宿不顾一路颠簸，过大同，走太原，越渭河，出潼关，疾速向陕西马政督理驻地平凉（今甘肃平凉市）进发。

受到皇帝器重的杨一清，一路之上踌躇满志信心满满，在马车上他掀起车帘子，遥遥望见巍峨突兀的华山，想着自己将在这三秦大地大展宏图，见景生情不禁吟道：

手提文印七年还，五载乘轺又入关。
化雨三千秦子弟，秋风百二汉河山。
恩深欲报无遗力，位重非才有厚颜。
却望华峰仙掌近，丹梯何地可跻攀。

过了秦岭，杨一清有意放慢前行的速度，为的是沿途仔细考察草场和养马的情况，以弥补自己以前粗略观察之不足。他嘱咐乔宇、杨绍芳二人仔细找寻水源之位置与水量，认真观察草场之范围与牧草品质，因为他知道这是养马的必要条件。乔宇、杨绍芳二人一一详细记录。

接下来半个月的考察，却使杨一清大失所望，他没有想到，自己接手的竟是一个烂摊子。由于将官、豪强地主侵占草场愈演愈烈，陕西马场、官牧草场被人侵占了一半，牧马军人跑了三分之一。牧养马匹定额为七千四百余匹，却仅剩两千余匹，数量严重不足，且食不饱骨瘦如柴，不堪作种马和骑操。面对边防告急的形势，战马奇缺。杨一清惊呼：“马政废弛莫此为甚！”他十分后悔自己不该轻易妄言马政，刚出关时的好心情顿时烟消云散，但是想到先前的誓言，立刻振作精神迎难而上。

这一日时近午时，赶车的乔宇喊道：“先生，前面好像有一群人！”

杨一清下车向前观看，果然见有二三十人在缓缓向东而行。

队伍中一匹瘦马拖着一辆车，拉着一些行李和家什，一些人扶老携幼，人人脸上布满疲惫和悲戚。

杨一清见状迎着走在前面的一个小伙子拱手问道：“请问这位小哥，你们这是要去哪里？”

小伙子亦不搭话只顾赶路。

杨绍芳喊道：“喂，问你话哩！”

小伙子瞟了一眼，生硬地说：“不关你事！”

杨绍芳急了堵住去路：“我好生问话你却这般没有礼貌，真没有教养！”

小伙子伸手猛地推了一把，杨绍芳没有防备摔在地上。

正在这时，只听后面一声呵斥：“秀姑不得无礼！”

一位手拄木棍的老者走上前来将杨绍芳拉起，问道：“摔着没有？”

一旁的杨一清心中纳闷，怎么这个男孩却叫女娃的名字？一边想一边来到老汉身边拱手道：“不怪这娃，是犬子莽撞了，在下给您赔礼！”

老汉见杨一清一身布衣斯文模样，说话文质彬彬，便拱手回礼：“见过这位先生。”

杨一清问道：“适才见众位行色匆匆，故而多嘴一句，可否告之在下一二？”

老汉叹了一口气：“说来话长。”

老汉回头招呼众人：“走了大半天了，大家伙都歇歇脚。”

老汉与杨一清席地而坐，老汉取出烟袋，在烟锅装上烟丝用火镰打火，吧嗒吧嗒地抽了几口，慢慢自我介绍道：“我们本是平凉贾家沟人氏，草民贾兴义，屯里的人以养马为生。”

杨一清心中高兴，自己署理马政情况不甚熟悉，恰好邂逅养马之人，正好向他们请教，便问道：“请问你们这是要赶往哪个草场啊？”

贾兴义停止了抽烟，满脸挂泪，低声哽咽回道：“如今，我们不养马了。”

杨一清心下奇怪，养马人不养马了？便问道：“这却是为何？”

一旁的贾秀姑道：“爹爹，何须与他们多言，说了也是白搭！”

这边杨绍芳抢过话头：“你怎么知道说了不管用？”

贾秀姑道：“我说不管用就不管用！谁知道你们是些什么人哩！”

眼看两个年轻人抬杠，乔宇见贾秀姑说话太冲，为了缓和气氛，便说道：“贾大爷、诸位乡亲，此位是朝廷新任命的副都御史、督理陕西马政的杨大人，他专门负责管理养马事务。”

贾兴义一听连忙放下烟斗，起身拱手道：“哦，原来是杨大人，失敬失敬！”

人群中有人悄悄说，是位大官啊。

杨一清从地上起立还礼：“在下杨一清，此是犬子杨绍芳，那是我的学生乔宇。”

杨绍芳、乔宇二人向贾兴义拱手鞠躬：“晚辈见过贾大爷与诸位！”

贾兴义招呼道：“秀姑还不快快见过三位大人！”

贾秀姑嘟着个嘴，老大不情愿地说：“小女子见过三位大人！”

杨绍芳道：“贾兄弟，哦，不，贾家妹妹，为何这般打扮？”

贾兴义道：“公子有所不知，我等背井离乡，在这茫茫荒原多有土匪出没，还有官兵……哦，老汉失言了。”

杨绍芳道：“我知道了，为了防备歹人，贾妹妹故而女扮男装。”

杨一清道：“绍芳，休要多言，我们且说正事要紧。”

杨一清、贾兴义与众人重新席地围坐。

贾兴义道：“刚才大人问我等为何放弃养牧，我们贾家沟水草丰茂，十日前，屯里来了一伙人，说是奉了京城御马监之命，强行征用草场和马匹，将全部族人驱赶出来，我等只得弃家逃难，如今是有苦难言有家难奔啊。”

乔宇道：“按照朝廷定律，陕西地区之马不向京城御马监供交，只为三边各镇驻军所用啊。”

杨绍芳气愤地说道：“天下竟有如此无法无天之事！”

杨一清平静地说：“老兄弟，乔宇说的是实情，个中定有蹊跷之处，你们且随我返回贾家沟，此事我来处理。”

贾兴义等人齐声道：“但凭杨大人为我们做主！”

贾兴义、贾秀姑等众人随杨一清、乔宇、杨绍芳三人径直往贾家沟而去。

第十八章　狐假虎威

一路之上，贾秀姑朝贾兴义嘟嘟囔囔地说道：“爹爹，自古天下乌鸦一般黑，官官相护，我看他们三个能够把那些狗强盗怎么办?”

贾兴义瞪了贾秀姑一眼，说道：“你这个娃就不能少说几句，谁也不会把你当作哑巴，赶路要紧!”

两天后，杨一清等人来到贾家沟，只见几个士兵模样的人懒散地站在屯口晒太阳。

乔宇打马上前喝道：“前面的人听了，现有御史杨大人前来视察牧场，让你们的长官出来相迎!”

一个小头目见来人口气很大不明就里，连忙不迭往回跑去。

不一会儿，只见远处七八匹马一溜烟跑了过来。

一个领头的黑面大汉勒住缰绳，见杨一清、乔宇、杨绍芳一身便装，身后还跟着一群前几天被他驱赶的贾兴义等牧民，甚觉奇怪，心想这三个文弱书生还敢领头回来闹事，便用手中马鞭指着对面的杨一清等人，傲慢地问道：“你等是哪个道上之人? 竟敢擅自闯入我的窝子!”

杨绍芳心下疑惑，来人虽然穿着官服，却是满口黑道口气，便厉声呵斥道：“瞎了你的狗眼，什么道不道，御史杨大人在此还不快快下马!”

来人嘴硬，说道：“什么玉石大人、翡翠大人，我还是天王老子哩!”说着左手一甩，一支飞镖嗖嗖呼啸着奔向杨绍芳胸前，说时迟，那时快，只见一条黑影在空中响亮闪过，飞镖“啪”的一声跌落尘埃，紧接着又一条黑光掠过，马上那个汉子顿时滚鞍落马！

众人惊异，杨绍芳扭头一看，却见贾秀姑手握一根丈余长驯马用的长鞭，杏目圆睁口中喊道：“本姑娘倒要教训教训你这个霸占我家牧场的贼子！”

贾秀姑一个箭步上前用脚踩着汉子的胸口，呵斥道：“快快起来回大人的话！”

傲慢的汉子猝不及防，被贾秀姑抽得满面流血，马鞭也不知道甩到哪里去了，右手捂住左眼，左手撑地，没有了刚才的威风。

只听有人喊道：“保护大掌柜！”七八个喽啰手持大刀一齐拥上前来。

只见杨绍芳在马上双脚一蹬身体腾空，顺手抽出腰间长剑迎上前去，只见银光四闪密不透风，瞬间众喽啰纷纷倒地哀号求饶！

贾秀姑见几个喽啰虽然受伤，却并未伤及要害，不禁脱口赞道：“杨公子，好剑法！”

杨绍芳收住剑，对着地上的人正色道：“你姓甚名谁，为何强占贾家牧场？”

汉子捂住受伤的左眼，哆哆嗦嗦地言道：“本人王大雄，奉朝中刘大人之命，征用贾家沟牧场。”

杨绍芳又问道：“朝中哪个刘大人，据实说来！”

王大雄嘴硬，说道：“我劝你还是不要问的为好，说出来吓死你！”

贾秀姑见王大雄耍泼举鞭欲打，被杨一清止住：“贾姑娘且住手。”

乔宇说道：“杨大人乃是皇上御封御史兼理陕西马政的总管，这

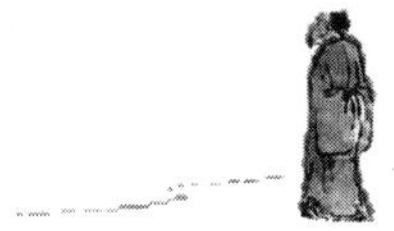

陕西全省之马政皆由我们杨大人署理，哪里又冒出一个刘大人？”

王大雄以守为攻，狡辩道：“你等说是朝廷大员，口说无凭，我又如何信得过？”

乔宇翻身下马，从包袱中取出金牌递过去。

王大雄一看心中一惊，知道今天遇到真神了。

乔宇道：“王大雄看清楚了吗？你私自霸占民有牧场和马匹，今日还妄图刺杀朝廷命官死罪难饶！还不从实招来！”

王大雄正在犹豫之际，远处一匹马飞奔而至，来人滚鞍下马向王大雄耳语几句，顿时王大雄脸色大变，喊了声：“都他妈给我撤！”

王大雄在几个喽啰的搀扶下狼狈逃窜。贾兴义等牧民们一阵欢呼。

贾秀姑走向杨绍芳问道：“杨公子，你没事吧？看不出你一个白面书生倒还有些豪气！”

杨绍芳插剑入鞘，说道：“贾姑娘过奖了！”

杨一清下马与贾兴义等人刚欲进牧场，却见西北角来了一队人马，约莫二三十骑，众牧民一阵惊慌，有人喊道：“王大雄贼人又杀回来了！”

杨绍芳大声喊道：“乡亲们不要慌张！”

乔宇亦拔剑护住杨一清。

骑兵队由远而近，杨一清看清楚却是一队官兵。

领头的人翻身下马拱手问道：“请问可是左副都御史陕西马政总管杨大人？”

杨一清一看，见是一位身材魁梧的年轻军官，头戴白色毡笠后缀红缨，左边挂着剑，身背一张大弓，斜挎黑漆箭囊。

杨一清虚手一抬，说道：“本官正是杨一清。请问你是何人？”

年轻军官道："末将仇钺。"

杨一清道："好啊，钺，利器也！"

仇钺何许人也？

仇钺，字廷威，镇原（今甘肃镇原县）人。他本是一个孤儿，年轻时入伍，在宁夏总兵府充做养马卒。说来也巧，他的主管是会都指挥佥事，正好与他同姓，名为仇理。仇钺年轻力壮，干活不惜体力，除了养好牲口，对仇理的生活照护有加。仇理十分喜欢这个小伙子，自己无后，便将仇钺认为嗣子。仇理是江都（今扬州市江都区）人，从此以后仇钺便自称为江都仇氏。仇理将仇钺视为己出，把他转调至亲兵营，并将自己一身武艺和一生战法悉心传授予仇钺。这仇钺精干聪明，几年之后，便从一个默默无闻的马弁成为军中的佼佼者，在几次战役中屡立战功。仇理病危之际上书朝廷，期望准予仇钺袭其世职，皇上为褒奖仇理征战一生，授仇钺为宁夏前卫指挥同知，尔后其再立战功，升迁为会都指挥佥事。

杨一清问道："仇将军，你等如何寻到此地？"

仇钺道："回大人，前几日接兵部文牒，知大人赴陕就任，这贾家沟是通往马政总管驻地平凉的必经之路，但此地距离黑风山较近，常有土匪出没，担心大人一行安全，故末将等人前来迎奉。"

杨一清道："仇将军辛苦你了！"

贾兴义道："难怪刚才王大雄一伙贼人慌乱逃跑，定是知道官府援兵将至！"

众牧民异口同声道："这下可好了！"

正当众人有说有笑的时候，路边草垛子后面跑出两个手持大刀的人拦住去路，乔宇眼尖，以为是残匪行刺，立马抽出剑来指着问道："你们是什么人？"

两个男子慌得丢掉手中大刀纳头便拜，其中一人哆哆嗦嗦地说道：“小人有话禀明。”

乔宇收住手中的剑，说道：“起来说话。”

中年汉子说道：“我俩是泾州（今平凉市泾川县）皇甫店人氏，我叫皇甫平，他是我的兄弟皇甫安，我们皆以放牧养马为生，前年被黑风山王大雄胁迫入伙，替他们养马贩马。”

仇钺说道：“黑风山？那不是土匪窝子吗？”

皇甫平回道：“军爷所言极是，那王大雄正是黑风山的大掌柜。”

仇钺转向杨一清说道：“大人，这黑风山匪穷凶极恶，时时祸害乡里，我们虽然曾经数次清剿，但他们仗着地形熟悉，屡次得以逃脱。”

皇甫平言道：“我兄弟二人不想继续为匪，只愿回家做个良民，今日得以逃脱。”

杨绍芳问道：“皇甫兄弟我来问你，刚才那王大雄曾说他们已经被朝廷什么刘大人收编了，那个刘大人究竟是什么人？”

皇甫平拱手道：“回这位大人的话，小人不敢说。”

贾秀姑上前说道：“这位大哥尽管直说，有几位大人替你做主哩，你就不要吞吞吐吐了！”

一旁的皇甫安催促道：“大哥，你就直说了吧。”

皇甫平一跺脚，一咬牙，说道：“横竖是个死，今天我就豁出去了！众位大人，那王大雄之所以心狠手辣狐假虎威，主要是依仗朝廷中的刘瑾刘大人。”

杨一清心里一震：王大雄的后台竟然是刘瑾！

皇甫平继续说道：“王大雄自从认刘瑾为干爹以后，更是肆无忌惮，他们打着朝廷的旗号，四处霸占牧民牧场，不仅为刘瑾私养战马，还通过贩卖马匹赚取钱财贿赂那个刘瑾。”

杨一清心里想原来如此，但此时他并未吱声。

杨绍芳一听义愤填膺：“可恨这帮贼子，我带兵灭了他！”

杨一清不动声色，平静地问道：“皇甫兄弟，本官倒有个建议不知可否？”

皇甫平、皇甫安拱手道：“小民恭听！”

杨一清道：“你兄弟二人脱离黑风山欲返回乡里，只恐王大雄难以放过你们，莫如随我去平凉编入仇将军的苑马寺恩军，继续发挥你们养马的一技之长，一来养活自己，二来可保平安，你二人觉得如何？”

皇甫平、皇甫安听罢大喜过望，跪地拜谢：“大人考虑周全，小人愿意前往！”

杨一清扶起皇甫平、皇甫安，说道：“二位不必多礼。”

三日过后，仇钺向杨一清请示：“现今贾兴义等众牧民安顿已毕，请问大人何时动身前往平凉府？”

杨一清说道：“仇将军，我是个舞文弄墨之人，要说识文断字还可以，这养马之道啊却是门外汉，我想在这贾家沟多住些日子，好向贾兄弟他们讨教如何管理马匹。”

仇钺抱拳道：“那末将就先行一步。”

杨一清道：“仇将军，本官命你回到平凉府后，组织三队人马，分别对全府所辖泾州、静宁州、固原州三州七县进行巡查，一旦发现有违法侵占民有牧场者，无论何人立即逮捉至马道衙门，待我回来仔细审查，不得有误！”

仇钺直身拱手道：“末将遵命！”

仇钺走后，杨绍芳问道：“父亲，为何不追捕王大雄一伙贼人？”

杨一清无可奈何地叹了一口气："投鼠忌器啊，刘瑾权倾朝野，即便逮了王大雄，如果他抵赖矢口否认，我们没有确凿证据，岂不是打草惊蛇？"

第十九章　自取其辱

几天之后，当王大雄匆匆忙忙赶到京城，已经是掌灯时分，顾不及长途奔逃，敲开了刘瑾府邸的大门。

刘瑾听说是王大雄觐见，以为这个干儿子又给他送金银财宝来了，欣喜异常，但是听完王大雄的哭诉，刘瑾这才知道，杨一清在平凉府收缴了自己非法霸占的千余亩牧场和数千匹良马，那可是几万两银子啊，不仅断了财路，更是毁了自己今后图谋大事的基地。刘瑾恨得咬牙切齿：这个该死的弼马温！

刘瑾知道要成大事，不仅要依靠那些狐朋狗友、爪牙喽啰，还要网络一些知名度高的文臣。杨一清在朝中虽然职位不高，也就是个三品御史，但其才学渊博，清高孤傲，影响极大，如果能归顺自己，利用他御史的特殊身份和名望，可以为自己摇旗呐喊，为了拉拢杨一清，刘瑾可谓煞费苦心。

一次刘瑾到南京办差，便亲自登门拜访，欲送上豪宅一座，却被杨一清婉言谢绝，封官许愿又被严词拒绝。好个软硬不吃的杨一清！想满朝文武大臣都要看我刘瑾的脸色行事，多少封疆大吏无不拜在我的门下，就连当今皇上也要让我三分！只是这个杨一清从来做事小心谨慎，目前尚未拿住他的把柄不好下手，只得从长计议暂且忍耐一时。

刘瑾告诫王大雄："今后在陕西地界须谨慎从事，特别要留意防范那个刺儿头杨一清。"

王大雄点头诺诺："孩儿记下了！"

王大雄走后，刘瑾心中烦闷。年初时，刘大夏推荐杨一清出任陕西马道总管，当皇上征求刘瑾的意见时，刘瑾也就附议了，为的是让这个多嘴多舌的小御史远离京城，免得他不断找自己的麻烦，没想到杨一清不仅不领情，远在西北竟然还敢与自己作对。

刘瑾苦思一阵，眼珠一转计上心来，下个月是自己的四十大寿，不妨借此机会邀请杨一清回京，目前他在平凉履职，若他前来则可定他一个擅离职守之罪；倘若不能赴宴则是礼数不周，藐视我这个权倾天下的司礼大太监，让他吃不了兜着走！刘瑾自言自语道："真是一条天衣无缝的妙计，杨一清啊杨一清，我倒要让你看看我刘瑾的手段！就这么办，我要让你死无葬身之地！"

这日，杨一清正与杨绍芳、仇钺等人查看牧草长势，乔宇骑马来到，将帖子呈予杨一清，说道："先生，这是司礼太监府送来的请柬。"

杨一清打开一看，哈哈大笑。

杨绍芳问道："父亲，是何等好事看把您乐得。"

杨一清用手指弹了弹请柬，说道："这赫赫有名的刘瑾刘公公要请我喝酒哩！"

杨绍芳拿过请柬看后，劝谏道："这明摆着就是鸿门宴嘛，父亲切莫落入陷阱！"

乔宇说道："记得那年，刘瑾矫旨让各地巡抚入京受敕，实是向众官索贿。延绥巡抚刘宇不肯前往，刘瑾便以抗旨不遵为名，将刘宇逮捕入狱。宣府巡抚陆完稍微晚到，刘瑾便欲治罪，陆完无奈只得送上重金方得复职视事。"

杨绍芳不无担忧："父亲性情耿直，不送礼金定会惹祸上身。"

仇钺一听也急了，说道：“这刘瑾没安好心，大人私自回京按朝廷例律那可是死罪啊！”

杨一清微微一笑，道：“我自有办法，我们就此打道回府。”

回到府衙，乔宇忙着烧茶，杨一清边洗脸边吩咐：“乔宇啊，给我准备些纸笔，绍芳，你再找些颜料来。”

杨绍芳应道：“哎。”

乔宇送上茶，问道：“先生您这是要作画吗？”

杨绍芳拿来颜料，嘴里嘟嘟囔囔：“都火烧眉毛了，还有闲情雅致。”

杨一清道：“少安毋躁。我要给那位刘公公送寿礼，这叫作来而不往非礼也。”

杨绍芳、乔宇两人仍然是丈二和尚摸不着头脑。

乔宇在桌上铺好纸，再用镇纸石压住上端，杨绍芳将调好的颜料放在一边。杨一清端起茶盏呡了一口，气定神闲，撸起衣袖，勾勒几笔初显轮廓，接着用赤橙黄绿青蓝紫各色走笔点染仔细描绘，半个时辰画毕，工工整整题下四个大字。

杨绍芳、乔宇两人张着嘴，看得目瞪口呆。

杨一清放下手中毛笔，说道：“绍芳，还愣着干什么，快取印章来。”

杨一清按了印泥，在落款处尾押了两枚印章，看了看自己的作品，满意地笑了。

杨一清问道：“司礼太监府来人现在何处？”

乔宇回道：“正在驿馆等候先生回复哩。”

杨一清道：“你去好生款待，我这里还要修书一封，做得体面一些。”

乔宇回道："是。"

吉日已到，刘瑾的寿宴如期举行。

刘瑾私邸内外张灯结彩喜气洋洋。硕大的朱门外鼓乐声、鞭炮声混杂喧天，车水马龙，熙熙攘攘，人流如织，等待送贺礼的人连绵不绝，足足排了四五里。十多个大小太监在接受礼品，忙得不亦乐乎，司仪太监扯着公鸭嗓唱喏送礼人员的官职与姓名，好一派热闹。

刘瑾今天精神焕发，神采奕奕，满面笑容，头戴大红帽，身着大红袍，斜挎红色绸子大花，活脱脱像一个戏文里的新郎官。

记账太监捧着一本册子走到刘瑾身边，说道："大爷，客人到得差不多了。"

刘瑾问道："刘健、李东阳、谢迁、刘大夏来了吗？"

"刘健、李东阳两人说是奉皇上之命出京，谢迁、刘大夏两人称病未到。"

刘瑾做寿一方面是借此敛财，更重要的是趁机收拾他的几个死对头。刘瑾听罢骂道："皆是老狐狸，可恶至极！"

刘瑾又问道："那杨一清呢？"

太监回道："也未到来。"

刘瑾正要发火，太监安慰说："杨一清人虽未来，却回了书信并附有贺礼。"

刘瑾转怒为喜："这小子还算知趣。"

刘瑾又问道："他所赠何物？"

"小的看是一幅包装精美之画。"

刘瑾大喜过望，这杨一清是当朝文学大师，又是丹青高手，倘傥不拘，自己曾经向其讨要过书画却遭到白眼，如今他终于屈从于自己的权势送了画作。此时刘瑾的自尊心得到了极大的满足，待会儿还可以在众人面前炫耀一番，这将在众人面前起到极大的示范作用，刘瑾心里一阵窃喜。

司仪太监站在大堂左侧，高声宣唱："吉时已到，众人向刘公公拜寿！"

来客中，有趋炎附势、心甘情愿的谄媚小人，也有迫于淫威无可奈何的违心之人，此时人群齐刷刷双膝跪地，三拜欢呼！

刘瑾乐得嘴都笑歪了，装模作样笑盈盈地说道："诸位请起，请起，大家同朝为官侍奉皇上，我刘瑾何德何能焉敢受如此大礼啊。"

众人起立垂手恭立。

司仪太监宣唱："众人跪，请刘公公接皇上赐匾！"

右厢礼乐又起，只见左厢两个小太监吃力地抬着一块盖着红绸的木匾来到中央。刘瑾整理衣冠稳步上前，双手轻轻揭开红绸，四个金光灿灿的大字映入眼帘：劳动功勋。

众人跪地，有人欢呼皇上万岁万万岁！有人欢呼刘公公万寿无疆，福如东海，寿比南山！

司仪太监拖长声音宣唱："升！"

七八个太监手忙脚乱地将牌匾装在大堂横梁正中。

刘瑾清了清嗓子，说道："今个儿巧了，除了皇上赏赐，当朝丹青高手杨一清给咱家送来一幅新作，诸位想不想一饱眼福啊？"

记账太监走过来提醒道："还有一封书信。"

刘瑾接过信展开念道："刘公公瑾台鉴，适逢寿诞，本应前往拜贺，却因天公不作美，暴雨连降七日，横河、湫峪河、泾河骤涨冲毁牧场，一清心忧马无草而民不得食，故不敢远离值守之地，附上拙作望乞笑纳，书不尽言，言不尽意。”

刘瑾一口带陕西腔的官话，把信中的“台鉴”念成“太监”，人群中一些人听得掩口而笑，只是不敢发声。

刘瑾心中不悦，本人诞辰，这杨一清却胡说乱讲些洪水泛滥凶恶不吉之言，一看就知道是在找借口，但却无奈。一转念，笑着说：“这杨一清为国为民抢险救灾，是朝廷大大的良臣，诸位都应该效仿杨御史啊！”

众人一阵附和。

刘瑾说道：“诸位都来观赏杨一清的佳作吧。”

一太监手捧画卷上来，刘瑾亲手解开红丝线徐徐展开，首先在画面的右上角露出刚劲有力的四个大字：雄鸡报晓。众人欢呼：好书法！好字！

待画面全部展开，刘瑾瞟了一眼即带头鼓掌：“好一只威武雄壮的大公鸡！”

众人附和，又是一片喝彩，一通掌声！

人群中有个年轻官员却喊道：“刘公公，这哪是大公鸡，明明是一只被阉了的公鸡！”

刘瑾回身定睛仔细观看，画面左侧背景是一轮灰黄的残月，中间一只鸡昂首挺立，眼睛炯炯有神略露凶光，脖颈呈金黄色，翅膀上红黑相间，高高翘起青色的尾巴，栩栩如生。

刘瑾呵斥道：“不得胡说！”

年轻人不服气走上前来，用手指着画说：“公公请看，这鸡冠小如母鸡，定是阉鸡。”

刘瑾一看果不其然，一时间尴尬万分，这杨一清竟敢以画戏弄自己！恨不得即刻将他碎尸万段！只是当着众人之面，不好当面发作，哑巴吃黄连有苦说不出，只好忍气吞声。

这刘瑾是何等机敏之人，转而满脸堆笑，自我嘲解道："知我者应宁也！老朽在朝中，说好听的称为中官，其实就是侍候皇上的奴才，每日里起得比鸡还早，睡得比狗还晚，老朽就是这只鸡啊！"

众人唯唯诺诺："刘公公辛劳！"

散场之后，刘瑾耿耿于怀，他要寻找机会整治羞辱他的杨一清！

虽然杨一清用他的睿智与机敏羞辱了刘瑾，但未伤及他的对手，这一个回合两人打成平局，更加深了彼此间的矛盾。

第二十章　茶马互市

弘治十五年（1502 年），杨一清以副都御史督理陕西马政，他改革陕西养马中存在的“监牧非人，牧养无法”的状况，根据马匹数量、牧场肥瘠，将监、苑分为上、中、下三等，采取了一系列有效措施，成绩斐然。针对军民侵占牧地，而监苑官及卫所官吏懈怠，甚至故意放纵的失职做法，通过卷册记录进行核对并丈量清理，将陕西苑马寺牧场内被侵占的土地进行遣还，申明禁例追补马匹。他开荒垦田，益市民马，一时称美。四镇苑寺所养马匹，供给陕西、延绥、宁夏、固原三边四镇作为军马。

杨一清督理陕西马政成绩斐然，但他认为目前无论马的数量和品质，都远远不能满足需求。甘肃洮州、河州之地，羌戎杂处，番汉同居。吐蕃人、鞑靼人那边就有许多良马。

虽然间或通过番夷朝贡获得一些马匹，但是为数甚少。特别是民间存在严重的走私活动。如果能够开放茶马互市，不仅可以得到大批战马，而且还可以互通有无，缓解双方紧张的关系，促使番夷归向之心。

杨一清奏请朝廷：“臣观三边茶马私贩盛行，虽有抚察之官，但莫能禁止，将坐失茶马之利，建议恢复茶马互市。”并说：“双方互市如身之使臂，臂之使指，凡所调遣，莫敢不服。”

“收胡马”主要是通过朝贡和互市等以货易货，解决战马需求问题。互市包括茶市和马市，前者主要是与吐蕃人进行，后者则主要与鞑靼人进行。吐蕃人居住在高原地区，长期食用牛羊肉，需要大量中原地区的茶叶，鞑靼人用马匹可以换取汉人的粮食、纺织品和其他物品，互通有无满足双方的不同需要。

得到朝廷的批准，杨一清一方面在陕西河州、西宁等处设立茶马司，对茶马互市进行管控，另一方面不遗余力积极招徕商贾，推动商品交流，并制定政策准许商人出资买茶，规定转运茶司每升给价银五十两，每万两可得马三千余匹。不愿领价的商人可与茶司对半分茶，商人自行贩卖并为常例。

关隘开放立即起到立竿见影的效果，一时间边境地区茶市马市兴旺盛行。杨一清站在一个土丘上放眼望去，一望无际的草甸上黄尘滚滚，驼队、马队来来往往络绎不绝，汉人和穿着汉服的胡人、羌人、吐蕃人混杂其间，摩肩接踵，讨价还价，人声鼎沸，一派繁忙景象。杨一清不禁吟道：

弦诵早闻周礼乐，羌胡今着汉衣冠。

杨一清将所获得的数万匹茶马、番人贡马，悉数收入寺苑放牧，极大地补充了三边明军战马的数量与质量。

盐法的施行和改革是明朝边政的重要内容之一。太祖时，“即立盐法，置局设官，令商人贩卖，二十取一，以资军饷”。明朝发展盐政的目的是为了解决饷银以资边军，即所谓“盐法边计，相辅而行”。为此，明朝在两淮等产盐地设管盐机构及官吏，其中陕西设河东都转运盐使司、五井盐课提举司、灵州盐课司，管理和经营陕西盐政。陕西有大、小盐池，又有漳县、西和盐井，两淮、两浙输边盐在陕西、延绥、宁夏、固原均设堡储之。盐法中，最为广泛推行的就是“开中”，即招商人输粮中盐以为边储。杨一清督理陕西马政期间，“并理盐茶”，四年后“灵州、盐池增得五万九千引，储庆阳、固原库”，不仅足充边备且有库存。杨一清奏请“疏通盐法以足边储”，为此他“奏拟河东运司盐例，每引收银七钱五分，增课五万二千引有零”，政府获得大利，边商的利益也得到提高。

明朝将盐茶列为特殊商品，虽然允许商人自行贩茶，为防止奸商违法图利，商人贩茶需要事前向茶马司申请茶引。

这日，杨绍芳向杨一清禀报一个反常的事情。

杨绍芳说道：“父亲，孩儿奉命在河州值守两月，发现有一个号称‘三义茶庄’的商家，多次出关且货物数量较大，更为奇怪的是，这个商家所持的却是西宁茶马司批准的茶引，不知道他们为何要舍近求远。”

杨一清道：“此事确实有些蹊跷。”

杨一清沉思一阵说道：“绍芳，你去一趟西宁问一问乔宇，他那里是不是也出现了同样的情况。”

杨绍芳道：“孩儿这就去。”

不几日杨绍芳返回。

杨绍芳说道：“果然不出爹爹所料，据乔宇说，西宁那边也是同样的商家，反而持河州茶马司的茶引，看来是有意为之。”

杨一清微笑道：“好一个暗度陈仓！也怪我事前考虑不周，以致留下漏洞。”

杨绍芳着急问道：“父亲，当如何处之？”

杨一清道：“你再去西宁，嘱咐乔宇留心观察，尔后你随即赶回河州，我不日便到。”

杨一清、杨绍芳在河州关守候三日，只见十几辆插着“三义茶庄”旗号的大车缓缓来到关口。

杨绍芳站在路中，抬手示意道：“停车验乞茶引！”

车队中走出一人，口中大喊大叫：“是谁竟敢查验爷爷的货物？”

杨绍芳大喝一声：“本人奉陕西马道杨一清杨大人之命，依例检查！”

正当两人僵持不下之时，商队中走出一大汉，拱手说道：“这位军爷息怒，只怪小伙计不懂事。”说着从衣兜里取出茶引，恭恭敬敬送到杨绍芳手中，说道：“军爷，这是敝号的茶引文书。”

杨绍芳抬眼一看，这大汉头戴篾帽遮盖半边脸面，听声音好像有些耳熟，却一时又想不起来究竟是何人。

杨绍芳看了茶引，故意大声道：“哦，是三义茶庄啊！”

大汉弓腰低头道：“正是。”

杨绍芳道：“请问大掌柜贵姓？”

大汉道：“免贵，免贵姓陆。”

杨绍芳道：“哦，陆掌柜辛苦。”

大汉道：“军爷辛苦！”

杨绍芳一边说一边望混杂在士兵中的父亲，杨一清向杨绍芳使了个眼色，杨绍芳会意，说道：“放行！”

大汉如释重负，说了声：“谢军爷！”连忙吆喝伙计们赶路，刚到城门洞，只听见后面喊道：“请转回！”

大汉心下一惊：莫非出了什么纰漏？一时不知所措呆站在原地。

杨绍芳上前问道：“陆掌柜，刚才忘了问，您这茶产自何地？”

大汉说：“回军爷，所贩之茶产自福建安溪。”

杨绍芳道：“安溪茶好啊，可否留下少许让兄弟们品尝品尝？”

大汉连忙不迭道：“好说好说。”立即吩咐伙计从车上卸下一麻袋。

杨绍芳拱手道：“谢过掌柜的！”

三义茶庄车队走后，杨绍芳问道：“父亲，刚才那人可能就是黑风山的王大雄，为何不将其截留？”

杨一清道：“你能确认？”

杨绍芳道：“看得不真切。”

杨一清道：“我预计这伙人定会故技重演，不妨让贾秀姑也来辨识辨识。”

又过半月细作来报，三义茶庄将要出关，杨一清对杨绍芳、贾秀姑如此这般交代一番。

三义茶庄掌柜那日闯关成功，自以为官兵都是贪财之人，这天又带领车队大摇大摆地从关外入关。

杨绍芳上前问道：“陆掌柜回来了。”

大汉低头拱手道：“军爷辛苦！”

杨绍芳道：“发财了吧，看这车装得满满的货。”

大汉道：“托军爷的福。”

大汉边说边从衣兜里掏出一锭银子塞给杨绍芳急着要走。

正在这时，城门外涌出一群马匹直往前冲，守关的士兵喊道：“停下！停下！还没有验关哩！”

马群停不下来径直向前。

面对突发情况，大汉与众伙计下意识地闪身让路。

只见一匹白马腾空而起，骑手挥动长长的驯马鞭，随着一声鞭响、一道黑影，大汉头上的篾帽掉落地上，紧接着又一声鞭响，随着又一道黑光，大汉应声倒地。只听马上之人大呼：“果然是你！”

杨绍芳上前一看：王大雄！

骑手正是贾秀姑。

躺在地上的王大雄左眼戴着眼罩，他这只受伤的眼睛就是被贾秀姑在牧场用鞭子抽打所致。

贾秀姑道："贼子，你以为乔装打扮，姑奶奶就认不出你了？"

杨绍芳大喝一声："士兵们，将这伙人给我绑了！"

众士兵迅速上前将王大雄及众伙计捆了个结实。

马道衙门体国堂威武肃穆，衙役手执水火棍分列两旁。

杨一清一拍惊堂木，大声喝道："王大雄，你伪造官文，走私武器，证据确凿，还不快快招来！"

五花大绑跪在地上的王大雄挺直腰板，说道："杨一清，我劝你莫要多管闲事，否则让你吃不了兜着走！"

杨绍芳大怒："好个贼子，事到如今还敢如此猖狂！"

一旁的贾秀姑怒不可遏，举鞭欲打。

杨一清挥挥手道："不劳贾姑娘动手，来啊，大刑伺候！"

众衙役应声将王大雄按倒在地，噼噼啪啪一阵猛打。王大雄虽是悍匪，但也禁不住这如雨点般的棍棒打击，不一会儿便招认了。

王大雄将自己受刘瑾指使，如何伪造官文，欺行霸市压低茶价，再运送出关换取胡人刀剑之事一一交代。

杨一清问道："刘瑾乃是一太监，他要刀剑何用？"

王大雄嗫嚅不敢回答。

杨一清厉声道："王大雄，你若说出实情，本官可饶你不死，否则定斩不赦！"

王大雄虽是亡命之徒，但他寻思，今日落在杨一清之手，招不招横竖是死，只得和盘托出。

第二十一章　欲擒故纵

王大雄叹了一口气，道出了一桩惊天动地的大事。

王大雄断断续续地说道："刘公公组织了一个三义堂，说是关羽关帝爷托梦于他，称其命里注定将登基做新皇帝，故在全国十三省设立三十六个堂主，蓄养死士囤积武器，收敛财物图谋大事，黑风山便是他在陕西所设的堂口之一。"

杨一清听罢倒吸一口凉气，惊得目瞪口呆，这可是篡位夺权逆反之大事啊！

杨绍芳记录完毕，将供状送到王大雄面前，说道："算你还聪明，画押吧！"

夜已深，书房红烛跳跃。杨一清手拿王大雄供状来回踱步。贾秀姑送上茶盏，杨一清手握茶盏似千斤沉重，他看不惯刘瑾阿谀奉承之举，痛恨其恣意妄为陷害忠良，原想刘瑾专权干政为的只是私利，没有预料到竟然包藏祸心意欲僭越谋反，而这个阴谋却是自己先期获得，而且证据现在就在自己手中。

杨绍芳问道："父亲，前者王大雄与刘瑾狼狈为奸侵占民家牧场，已经放过他一次，如今如何处置？"

杨一清道："容我再考虑考虑。"

贾秀姑激动地说："大人，杀了这个贼子替民报仇！"

杨一清呡了一口茶，放下茶盏道："秀姑，我知道你此刻的心情，但是目前还不能杀他。"

贾秀姑道："为什么？"

杨绍芳道："父亲之意是留下王大雄作为弹劾刘瑾的罪证？"

杨一清道："不能弹劾刘瑾。"

杨绍芳道："父亲不仅是陕西马道总管，还是左副都御史，有权直接向皇上弹劾这个祸国殃民的贼子！"

贾秀姑道："绍芳哥说得对。"

杨一清冷静地说道："你们考虑过后果吗？"

杨绍芳道："铁证如山，机会不容错过！"

贾秀姑眨眨眼睛，问道："后果严重？"

杨一清道："事情不像你们想象的那么简单啊。"

杨绍芳说道："请父亲为我们解惑。"

杨一清道："想这王大雄是一惯匪，且系刘瑾的心腹，如果杀了他，我们便没有人证；如果将他拘留过久，刘瑾必然前来要人；倘若将王大雄交予刑部，万一他当堂翻供，我们岂不是落得一个栽赃诬陷的罪名？刘瑾在朝中的党羽盘根错节，又是皇上身边的大红人啊。"

贾秀姑急得直跺脚："杀不得，拘不得，难道要将他放了不成？"

杨一清手捻胡须，说道："不仅放了他，而且还要将他交还给刘瑾。"

杨绍芳大为惊讶："父亲，这岂不是放虎归山？"

杨一清道："就是这个主意！"

杨绍芳、贾秀姑两人一头雾水。

杨一清见杨绍芳、贾秀姑疑惑，便说道："杀王大雄易如反掌，我欲将这个烫手的铁球扔给刘瑾，看他如何处置。"

杨绍芳、贾秀姑两人方才恍然大悟。

杨一清提笔修书一封交给杨绍芳说："你二人明日便启程去京城，将王大雄交还给刘瑾，一路之上须要小心。"

翌日，杨绍芳、贾秀姑带领五六个士兵押解王大雄上路。

杨绍芳、贾秀姑担心黑风山的残匪半路劫道，一行人途中不敢多停留，时时警惕，半个月后顺利来到京城。

杨绍芳、贾秀姑一行人来到刘瑾私宅前，杨绍芳向门卫递上名刺。

刘瑾听说是杨一清的儿子杨绍芳求见，甚觉奇怪，一向多疑的刘瑾用眼睛滴溜打量贾秀姑，问道："这位小兄弟眼生得很。"

杨绍芳指着换上马道亲兵服的贾秀姑，说道："此是我的随从贾小兴。"

刘瑾道："小兄弟长得俊俏，像是个女孩。"随即又拖长声音问道："哦，杨公子远道而来有何事啊？"

杨绍芳拱手说道："小人在河州关卡缉得一走私茶叶之人，名唤王大雄，称其是替刘公公走货。父亲大人言道，刘公公何许人也，声名显赫的司礼太监，断不会为这蝇头小利而为之，定是有人冒名顶替。故遣小人将此走私之人交予刘公公核实，家父说莫要坏了刘公公之名声。"

杨绍芳说完，喊了一声："来啊，将王大雄押上来！"

刘瑾瞥了一眼被捆绑的王大雄，满脸尴尬地干咳几声，说道："杨公子辛苦了，不瞒你说，这王大雄的确是咱家的门徒，想是生活拮据冒名而为，待咱家查实再给公子一个交代。"

杨绍芳道："还望刘公公尽快处置，小人好回去交差，我等您的回话，就此告辞！"

杨绍芳、贾秀姑回到驿馆歇息。

贾秀姑兴奋地说："杨大人这一招绵里藏针真是厉害，看他刘瑾老贼如何处置？"

贾秀姑不无担心地又问杨绍芳："如果刘瑾把王大雄私自放了，我们岂不是没了证据？"

杨绍芳道："王大雄画押的供词还在我们手中，另外他们走私的那些兵器尚在库中封存，几个喽啰也在狱中关押，人证物证俱在，现在我只担心一件事。"

贾秀姑问道："杨公子担心什么？"

杨绍芳道："我只担心刘瑾拖延时间与王大雄串供。"

贾秀姑道："是啊。"

杨绍芳和贾秀姑两人的担忧是多余的，隔日午后一个小太监来到驿馆传话，说是刘公公有请杨公子到府上议事。

杨绍芳、贾秀姑跟随小太监进了刘瑾的私宅，来到后花园。

刘瑾从太师椅上起身，迎上前来满脸严肃，说道："咱家连夜审问王大雄，这贱人已经招供，确是利欲熏心冒名顶替，假借咱家名义走私谋利，拂晓咱家又赶去服侍皇上上朝，刚刚回转便请杨公子过府，商议如何处置王大雄。"

杨绍芳心想，果不出父亲所料，拱手道："小人来前父亲便吩咐，相信刘公公自会处理妥帖。"

刘瑾合拢手中纸扇，言道："国有国法，家有家规，王大雄既犯国法又违家规，罪在当诛！"

杨绍芳拱手称赞道："刘公公高风亮节，不徇私情，在下钦佩之至！"

刘瑾道："杨公子，咱家有一事相求，不知可否？"

杨绍芳以为事情已经了结，不知刘瑾又要耍什么花招，便说：

“刘公公请讲！”

刘瑾道：“这王大雄是我三义堂门徒，咱家欲按家法从事。”

杨绍芳道：“依刘公公之意，王大雄不送官衙？”

刘瑾道：“正是此意，还请你回禀杨大人，就算是给咱家留个面子嘛，毕竟家丑不可外扬啊。”

杨绍芳心下一想，借他之手杀了王大雄，既为民除害，又剪除了刘瑾的一个帮凶，如果硬要解送官府，事情弄僵倒增加一些麻烦，便说：“全凭刘公公做主。”

刘瑾大喊一声：“来啊，将王大雄押上来。”

两个头戴红色头巾、身着红色衣裤的大汉，押着一个五花大绑、戴着黑色头罩的人从花园门洞出来。

刘瑾道：“请杨公子验明正身。”

杨绍芳上前掀开黑色头罩一看，果然是独眼龙王大雄。杨绍芳又招呼贾秀姑过来观看，贾秀姑望了望那张可憎的脸，向杨绍芳微微点头示意。

杨绍芳转向刘瑾说道：“刘公公做事，小人哪里有不放心的。”

刘瑾道：“王大雄，你坏了堂规，如今还有什么话要讲？”

王大雄伸直腰板，大声道：“弟子无话可说，只愿下辈子再做您的徒儿！”

刘瑾道：“上酒。”

一个小太监将一碗清酒喂在王大雄口中。

刘瑾一摆手袖，说道：“送王大雄兄弟上路吧。”

一个红衣壮汉右手反握尺余长短刀，走到王大雄左侧，轻轻划了一道弧线，只见鲜血喷出溅在一旁雪白的菊花上，王大雄扑通倒地气绝身亡。

壮汉杀人的动作如此快捷麻利，一旁的贾秀姑惊得目瞪口呆！

杨绍芳上前蹲下观看，那利刃不偏不倚刚好割开王大雄脖颈的大动脉，再仔细一看，这活做得干净，伤口竟只有豆粒大小！他即刻想起王大雄说的话：刘瑾蓄养死士。

杨绍芳起身，对刘瑾拱手道："王大雄既已伏法，小人这就返回平凉复命，就此告辞！"

刘瑾欲拱手回礼，却不慎将手中扇子跌落在地，杨绍芳上前拾起，只觉得手中沉甸甸的，有些分量不似一般的纸扇，出于礼貌不及多看多想便递还给刘瑾。

刘瑾连忙接了扇子冷冷地说："不送。"脸上露出一丝不易察觉的神色。

杨绍芳、贾秀姑刚走几步，只听刘瑾说道："杨公子且留步！"

杨绍芳转身问道："刘公公还有何吩咐？"

刘瑾上前笑吟吟地说道："此次承蒙尔父与你通力相助，除了王大雄，替咱家保全了脸面，理当感谢才是。"

刘瑾边说边从腰间解下佩件递给杨绍芳，说道："此乃咱家随身之小物件，现送予杨公子略表谢意。"

杨绍芳仔细一看，见是一个翠绿透亮的小玉盘，上面雕着个兔儿，却是精巧。

杨绍芳不好推辞，说道："刘公公既如此说，却之不恭，在下收下便是。"

返回平凉的路上，杨绍芳、贾秀姑两人有说有笑，杨绍芳想着王大雄已死心中解气，父亲一定会对自己夸赞几句。待将事情禀报完毕，杨一清拍案道："中计了！"

杨绍芳道："父亲，我们有何失误之处？"

贾秀姑问道：“究竟为何？”

杨一清叹了一口气，道：“我们遭刘瑾算计了！我原以为刘瑾担心事情败露不敢报官，或许会私自放走王大雄，如果这样我便可以弹劾他，想不到刘瑾会对王大雄动私刑。”

杨绍芳恍然大悟：“父亲是说刘瑾老贼杀人灭口？”

杨一清道：“正是。”

贾秀姑道：“哦，刘瑾老贼忒狡猾了！”

杨一清悻悻说道：“又让他逃过一劫，但这笔账终究要清算！”

这一个回合，杨一清与刘瑾打成平手。

第二十二章　心心相印

只说两三年来，杨一清在三边清理牧场，收回被士绅巧取豪夺占用的草场，宜耕则耕宜牧则牧，或退耕还牧，因地制宜恢复旧苑垦殖大马营草场十三万三千七百余顷，牧马草场起于陕西北部、宁夏南部直到陇西草原河谷广大地区，三边马政的生存空间第一次大规模得以扩展。重建大马营城堡及大草滩各牧马场的公署（场部）、住房及马厩，招募牧马军人，每场多达两千名牧夫，圈养战马四万余匹。购置种马推行马种改良，把阉割术、调教法、饲养术结合起来，定任务繁殖马匹。建城堡马厩营房保证人、马有所依栖。夏秋草肥，马匹就在野外牧放，寒冬时节便收入城堡喂养。一旦有烽火传报，马匹可立即收营。马营城堡的兴建，操夫的设置，收到了很好的效果。又选壮丁给盔甲弓矢，平时牧马，闲时练骑术，战时出战。鞑靼人曾几次侵扰，声言要抢官马，入境之后，但见高墙深堑，以为处处屯兵不敢轻动，各苑万余匹官马安然无恙。呈准朝廷动用国库银两，通过茶马互市补充所需马匹，以供四镇调用。经过不懈努力，当地的苑监、官牧出现了水草丰茂、膘肥马壮、军威复兴的局面。杨一清感叹赋诗：

千里关河入望微，四山烟雨翠成围。
蒹葭浅水孤鸿尽，苜蓿秋风万马肥。

草原的夏天是迷人的，蓝蓝的天空清新纯净高远深邃，飘浮的白云一会儿似盛开的白牡丹，一会儿似奔腾的骏马，一会儿似展翅的苍鹰，一会儿又无影无踪湛蓝一片。嫩绿的小草无声无息地滋生，黄的、绿的、红的、紫的野花点缀着美丽，唤起大地一片生机勃勃。涓涓流淌的小河清澈见底，倒映着蓝天白云。一群群马匹甩动着尾巴，怡然自得地在啃食青草，一匹小马驹跟随它的母亲不离不弃，一切的一切是那么静谧那么安详。

贾秀姑骑着她心爱的白马巡视马群，遛了一阵跳下马来到小河边，脱了满是汗渍的短衣小裤，赤条条慢慢潜入水中，像一条鱼儿在水中自由翻腾扭转，将身与心融入碧水。

不一会儿，贾秀姑双臂伸展跃出水面，她抹抹脸，睁眼看着挂满水珠的丰满酮体，自我欣赏一番。她想到自己已经是十七岁的大姑娘了，特别是这小半年来，她发现不仅身体发生了微妙的变化，而且心理也莫名地悄悄变化，想的事情比以前多了，每当屯里小伙子的眼睛在自己身上打转的时候，她就耳热脸红。夜深人静的时候，躺在床上会有一种兴奋燥热的感觉，母亲早逝使她失去了可以讲心里话的亲人，她羞于启齿不好意思向爹爹言说。更奇怪的是，自己在梦中经常会与某个小伙子相遇，时而清晰时而模糊，她认定那个拉她的手的人竟然是杨绍芳！梦醒时分，贾秀姑心慌意乱不知所措，抑或激动兴奋异常，抑或惆怅茫然。

贾家沟是一个封闭的圈子，姑娘家家的事情无法与别人沟通交流。贾秀姑小的时候听大人唱歌，只觉得是欢快高兴，现在再听那民歌，特别是男女对唱“拉拉手”“亲亲嘴”，贾秀姑从中嗅出了男女情爱的朦胧感觉，这种感觉，启迪了她心中渐渐萌发的那种对异性虚幻潜意识的渴求。贾秀姑在想，自己难道就是情歌中所唱的少女怀春吗？

朦胧中的贾秀姑觉得，自己似乎已经爱上了杨绍芳。起初，她认为杨绍芳是一个弱不禁风的书生，但见他危急时刻毫不迟疑出手相援，与王大雄等人交手虎虎生威身手不凡，儒雅之间不乏阳刚之气，倒像一个敢作敢为的男子汉，这正是自己倾心所爱之人。杨绍芳的一举一动已然深深嵌入她的脑海，他的相貌总在自己眼前挥之不去，但此情此爱却无法表白。贾秀姑为了寄托自己心中的忧郁与爱恋，便偷偷地学唱了几首情歌。

贾秀姑沐浴完毕，穿上衣裤挽起裤腿站在水中，专心致志地给她心爱的白马洗澡，手中的刷子从上到下小心翼翼，像在精心打扮一个即将出嫁的姑娘。眼看荒郊野地四下无人，便引吭高歌：

说下的那个时辰定下的话，
你这几天不来在做甚，
呲拉拉滚水下进格面，
人人都有就短你。
野鹊鹊落在羊圈咋，
一定给妹妹捎来话。
锅盔香香葱五棵，
总总想你半月多。
蔓蔓开花小苗苗旺，
妹妹就拴在你身上。
黄河里流水九层冰，
看你十回回九回空。
天天那个刮风天天下雨，
天天那个不见拉不上话。
大白兔来红耳朵，
想谁也不像想哥哥。

心上的话儿嘴里唱，
哥哥想咱都一样。
三封书来两道信，
知心人不来你为甚。
有朝一日见了你的面，
知心的话儿都拉遍……

悠扬高亢的歌声飘荡在空中……

扑通一声，突然一颗石子投入河中，正在俯身弯腰的贾秀姑被水花溅湿了衣裳。

贾秀姑扔掉手中的刷子直起身来，警觉地喊了一声："是谁?"

大树后面转出一个人。

"绍芳哥!"贾秀姑意外惊喜脱口而出。

"唱得真好听!"

杨绍芳装模作样打躬作揖，抬眼望见眼前的贾秀姑一头秀发飘逸披肩，白里透红的脸颊，两臂如同香藕，修长的双腿宛若白玉，白色短袖单衣胸前勾勒出凹凸曲线，散发出诱人的青春气息。一瞬间杨绍芳被惊呆了，平时里见到的贾秀姑是一个风风火火的野丫头，如今却是一个婀娜多姿的曼妙少女!

青葱的杨绍芳早已暗恋贾秀姑，初到草原与贾秀姑邂逅，他的眼睛一亮，这个女孩不仅娇巧俊俏身手矫捷，而且热辣率真敢恨敢爱，毫无扭捏造作之态。他感叹三边黄土高原的小米高粱、山泉河水竟养育了这么个美人！他喜欢她野性的美，喜欢她爽朗的性格，此后每每再见到她，便有一种异样的感觉，她的一颦一笑总能引起他的冲动与遐想，甚至连她脸上的雀斑，他也认为是顽皮可爱的美，在他的眼中她就是自己朝思暮想的女神。苦恋相思像盘根错节的树藤紧紧缠绕心际，他苦于没有机会向她表明自己爱恋的心迹，今天，就在今天，他见到了质朴如玉自然天成的心中爱人。

贾秀姑见杨绍芳的眼睛直勾勾地望着自己，低头看见略略敞开的胸怀，不禁双颊飞红娇嗔道："你真坏！"边说边举起双手去扑打杨绍芳。

贾秀姑颠颤起伏的胸脯，白皙丰腴，若隐若现，杨绍芳顿时呼吸急促，血脉偾张，期期艾艾地说："秀姑，你，你真美！"

贾秀姑问道："老实说你刚才看见我……"

杨绍芳红着脸支支吾吾道："没，没有啊。"

贾秀姑笑骂道："你撒谎，你真坏！竟敢偷看女娃洗澡！"

杨绍芳拢了拢贾秀姑额前的几缕青丝，说道："过几天回平凉就给爹爹说我要娶你，明媒正娶娶你为妻！"

杨绍芳取下佩戴的长命锁替贾秀姑挂好，说道："这把长命锁原是祖父、祖母送给父亲的周岁礼物，在老家时父亲又转送于我，如今再交予你，以明我心。"

贾秀姑默默点头。

沉默一会儿，贾秀姑问道："绍芳哥，你如何有空来到贾家沟？"

杨绍芳说道："三边养马成绩斐然，得到朝廷的首肯，便下旨命令陕西马道上缴百匹战马。"

贾秀姑问道："上缴战马到京城？"

杨绍芳道："父亲认为陕西马道历来不上缴战马，然而兵部回复说，朝廷今年准备在京城举行秋操演练，九边各镇皆要贡献良马，不得有误。"

贾秀姑道："这么说，杨大人要选调我们贾家沟的马匹，就让你来了。"

杨绍芳道："你说得不错。父亲叫我不要整天待在衙门里，让我借此机会到贾家沟历练历练，向贾大爷和你多学学吊马、遛马、饮马、驯马，还有如何接生马驹哩。"

杨绍芳又说："此次选调马匹朝廷要求甚严，不仅要膘肥体壮，而且要训练有素，距入京还有两个月，因此我可能要在贾家沟待一段时间。"

贾秀姑搂着杨绍芳的肩膀兴奋地说："好啊好啊，这样我们就可以在一起了！"

杨绍芳叹了一口气："父亲说，这次调马入京可能又是刘瑾老贼的一个阴谋。"

贾秀姑回道："哦。"

杨绍芳不无担心地说："刘瑾撺掇皇上，凡选调的马匹只要有一匹不合格而影响秋操，即按军法从事。短短两个月我们能够做到万无一失吗？"

贾秀姑笑了，安慰道："看把你愁得，有爹爹和我在，我的小亲哥哥你就一百个放心吧！"

第二十三章　风雨兼程

贾兴义十分奇怪，他发现最近女儿发生了很大的变化。越来越喜欢打扮了，每天早晨洗漱完毕，总要坐在铜镜前仔细梳妆打扮一番，外出时对衣服总要挑三拣四，赶集时便要挑拣几块鲜艳的布料，做两身新衣服。原来不施粉黛，现在却偷偷用上了胭脂香粉，梳完头还要抹一点香油。一边做饭嘴里一边还哼着小曲。除了放牧时依旧扯着嗓子吆喝牲口外，回到家里又送茶水，又帮自己装烟袋，说起话来轻声细语嗲声嗲气。

贾兴义还发现，女儿有事无事总喜欢往官府的军营跑，隔三岔五带一些衣服回来浣洗，问她便说绍芳哥忙着驯马，没时间做这些杂事。原来称杨绍芳为杨公子，现在却是左一声绍芳哥右一声绍芳哥，叫得那个亲热劲。每每与官兵一起驯马，她总是找机会去与杨绍芳聊天，看她那兴高采烈的样子。

杨绍芳也经常到家，借口让贾秀姑教他练习鞭法和驯马，打个招呼未说几句话，两人便一溜烟跑了，及至黄昏才有说有笑地回来。吃饭时她老是把鱼啊肉啊，往杨绍芳的碗里夹，饭后洗刷完毕，两个人又喝茶聊天，月上树梢杨绍芳才离去。开始贾兴义觉得两个年轻人的往来十分正常，慢慢地他发现有些不对劲，女儿对杨绍芳格外殷勤超乎了对待客人的态度，尤其是她看杨绍芳那别样的眼神，流露出一种明显的痴情。

这一切自然瞒不过贾兴义的眼睛，他想，女大十八变啊，女儿长大了有自己的心事了，是该谈婚论嫁的时候了。

这晚杨绍芳走后，贾秀姑兴高采烈，提了马灯正准备去马厩添夜草。贾兴义说道：“娃啊，爹想与你聊聊。”

贾秀姑“哎”了一声，把马灯挂在木柱上，转身坐在小木桌旁。

贾兴义取出烟袋装上烟丝，贾秀姑打着火镰替父亲点火。

贾兴义吧嗒吧嗒抽了两口旱烟，一团青烟慢慢散开。

贾兴义说道：“娃啊，平时爹只顾打草放牧，倒是对你少了些关心，最近你好像有心事哟。”

贾秀姑眨了眨眼睛，说道：“没，没有啊。”

贾兴义说道：“你就别瞒爹了，你是不是看上杨公子了？”

贾秀姑一阵耳热脸红，心中怦怦直跳，低头羞怯地说：“爹……”

贾兴义道：“杨绍芳倒是一个好小伙啊。”

贾秀姑心中一阵兴奋，还是爹最体贴自己。

贾兴义吧嗒吧嗒又猛抽了几口旱烟，叹了一口气：“可惜啊……”

贾秀姑连忙问道：“难道您对他还有不中意的地方？”

贾兴义用手捏熄了烟头，将烟袋在鞋底敲了敲，缓缓地说：“娃啊，你选错了人。”

贾秀姑惊愕地睁大眼睛：“选错了人？您刚才不是说他是一个好小伙吗？”

贾兴义又长叹一声：“自古婚姻讲究门当户对啊，想我家只是偏远草甸卑微低贱的牧民，那杨绍芳却是大户官宦人家的子弟，天下哪有乌鸦配凤凰之事啊？”

贾秀姑据理力争：“爹爹之言差矣，我与绍芳哥情投意合两情相悦有何不可？再说杨绍芳不是那种势利小人。”

贾兴义耐心劝说：“年轻人意气用事感情一时冲动而已，你看哪一个官宦人家的男人不是三妻四妾？哪一个不是朝三暮四喜新厌旧？爹是担心你今后蒙受欺辱啊。”

贾兴义的一番话如同一桶冰水，把贾秀姑从头到脚浇了个透凉，她像木雕一样呆呆地坐在椅子上。

贾兴义走到贾秀姑身边，轻轻地拍拍她的肩，说道：“娃啊，你还是找一个庄稼汉，踏踏实实地过日子为好。”

见贾秀姑沉默无语，贾兴义又说：“娃啊，爹看啊，皇甫平那小伙子就挺不错，脚勤手快为人老实。”

贾秀姑眼角渗出泪水，看来父亲是不同意这门亲事。她仔细一想，觉得父亲说的有道理，尽管杨绍芳信誓旦旦，但官家子弟啊，总是心猿意马，自己的憧憬与期盼，可能只是水中月镜中花。想到这里，贾秀姑一咬牙，下决心割断缠绵的情丝。但是她给父亲留下了一句狠话：“今生今世我谁也不嫁！”说完取下马灯拉开门走了。

这段时间杨绍芳的心情好极了，回平凉向父亲禀告，在贾大爷的帮助下，经过月余的努力，已经挑选了一百五十匹骏马只待再次训练筛选。使他更高兴的是，父亲竟满口答应了他的婚事，连声说，秀姑是个打着灯笼没处找的好姑娘。杨绍芳大喜过望，三天后便匆匆返回了贾家沟，他要把这个好消息尽快告诉秀姑。

可是一连好几天，贾秀姑都没有再到军营，杨绍芳心下奇怪，莫非她生病了？前些天还说要跟自己学习剑术，怎么就无踪无影了？

隔日，杨绍芳来到贾秀姑家，只见贾兴义蹲在木屋前抽烟烤太阳。

寒暄之后，杨绍芳问道：“贾大叔，秀姑在家吗？我们还等她去驯马哩。”

贾兴义回说：“呵，呵，她啊，一大早就去遛马了。”

杨绍芳别过贾兴义，转身上马疾驰而去。

杨绍芳远远看见草地上飞驰的白马，挥手大喊：“秀姑，秀姑！我回来了！”

贾秀姑只管扬鞭催马向前一阵狂奔。

杨绍芳双腿一夹，抖动缰绳，口中喊一声：“驾！”抄近道急追过去。

双马并辔，杨绍芳伸出右手紧紧拉住白马的笼头，口中喊道：“吁！”

两人下马，杨绍芳紧紧拉住贾秀姑的双臂，说道：“秀姑，我回来了！”

满头大汗的贾秀姑，轻轻地将杨绍芳的手掰开。

杨绍芳激动地说：“秀姑，你知道吗，父亲同意我们的婚事了！他老人家说过几天就亲自来向贾大叔提亲哩！”

贾秀姑颓然坐在地上一脸木然。

杨绍芳道：“秀姑，秀姑，你怎么了，你倒是说话啊！”

贾秀姑慢慢取下长命锁，将它放在杨绍芳的手中。

杨绍芳急切地问道：“秀姑，究竟发生了什么事情？”

贾秀姑用衣袖擦了擦额头上的汗珠，轻声说道：“绍芳哥，我永远都是你的好妹妹。”

杨绍芳激动地说：“这是为什么？这究竟是为什么？”

贾秀姑幽幽说：“只怪我自己痴心妄想攀附高枝，想那京城中皆有无数娇艳妩媚之女，你这个公子哥儿能娶我这个山野村姑吗？”

杨绍芳正色道：“你把我看成一个花花公子了吗？我杨绍芳堂堂正人君子，如若喜新厌旧则天打五雷轰不得好死！”

贾秀姑眼眶噙泪说道："绍芳哥，你别说了，这就是命，我们今生有缘无分 ，秀姑认命了。"

杨绍芳道："可是，我们已经……"

贾秀姑莞尔一笑："你给了我幸福，此生我已心满意足。"

杨绍芳跪在地上仰天狂吼："这难道是老天对我的惩罚吗？"

贾秀姑起身跃上马背猛挥一鞭，白马受惊箭一般向前，一转眼蹚过小河，溅起一片水花，消失在草地深处。

天空飘来一片乌云，远处传来一阵阵滚雷……

日上三竿，贾秀姑还懒散地躺在床上，一夜之间她憔悴了许多，头发散乱眼睛布满血丝。她在沉思，她在问自己，究竟是谁造成了这场悲剧？是父亲狠心地将他们生生拆散吗？父亲，多么慈祥的爹爹，他怎么能够让自己心爱的女儿跳进火坑？他是殷殷切切地担心，是隐藏善良私心真真切切地爱！要怪，就怪这不公平不合理的世俗。父母之命媒妁之言门当户对，像一具沉重的枷锁，一块千钧巨石，一道万丈沟壑，封锁压迫阻断分隔了人世间的多少自由真爱……

隔壁传来说话的声音。

"贾大叔，您好。"

"哦，杨公子来了。"

杨绍芳说道："贾大叔，昨日接到兵部通告，催促我三边尽快入京献马，欲请您一同前往，途中好照看这些马匹，不知您意下如何？"

贾兴义道："哦。"

"还是我去吧！"贾秀姑从里间走出来。

杨绍芳道："秀姑！"

贾秀姑道："父亲前几日狩猎，不小心崴了脚不能远行。"

贾兴义道："娃啊，眼看就要入秋天气渐凉，一路千里迢迢，你这身子骨能行吗？"

杨绍芳仔细一看，贾秀姑头发散乱，脸色蜡黄，眼神无光，两只眼睛肿得像核桃一样，没有了往日的风采。杨绍芳心里一阵酸楚，他无法再面对残酷的现实，不愿意再让她去吃苦受累。他说道："谢谢秀姑妹妹的一番好意，此番我自己一人前去就是，就此告辞！"

贾秀姑拢了拢披着的衣服，浅浅地说道："这批马仅仅驯了一个多月，绍芳哥驯术不精，万一路上出个差错，不好向朝廷那边交代，或又让刘瑾那老儿无端找碴，还是我随你去吧。"

贾兴义道："杨公子，秀姑说得有理。"

此时此刻无须再多的语言，任何解释或感激的话都是苍白无力的，杨绍芳只有在心中默默念念：多好的姑娘啊！

秋风初起，杨绍芳、贾秀姑带领五十名士兵，赶着精心挑选的一百二十匹战马向东北方向逶迤前行。

一路之上，贾秀姑寡言少语郁郁寡欢，她只希望能够帮助杨绍芳顺利地完成任务，不要让杨一清大人丢脸。杨绍芳从侧面望着不苟言笑的贾秀姑，像一尊圣洁肃穆的雕塑。他的眼前仿佛又看见那繁花似锦绿茵如盖的草地，耳际传来高亢悠扬的歌声：知心人不来你为甚，有朝一日见了你的面，知心的话儿都拉遍……仿佛看见似出水芙蓉的那个窈窕淑女……他想拉回时间，让时间凝固定格在那美好的一分一秒。杨绍芳暗自叹息，深恨自己身为官家之人，摆脱不了荆棘密布的世俗藩篱，无法向心如石坚的贾秀姑表明自己的心迹。

每当夕阳西下，贾秀姑便忙前忙后，指挥士兵们搭建临时马厩安置马匹。夜幕降临明月孤悬，她提着马灯又忙着往马槽里添加精饲料，生怕马儿掉了膘。而后独自一人静静地坐在篝火旁若有所思。

一个月之后，天气渐凉，居庸关遥遥在望，杨绍芳轻轻地舒了一口气。不想这晚电闪雷鸣秋雨骤然而降，秋风吹动秋雨熄灭了营盘的篝火，马儿受到突如其来的惊吓四处奔散。

正当杨绍芳与士兵们手足无措之时，只见闪电之下一个矫健的身影冒着瓢泼大雨，舞动长鞭急速追赶那匹枣红色的头马！

杨绍芳脱口而出："秀姑！"那是他再熟悉不过的身影！

镇定下来的杨绍芳一边大声喊叫指挥士兵，一边跃身上马协助贾秀姑阻拦马群。

风雨交加中，贾秀姑一边挥动鞭子，嘴里不断发出"哦、哦、哦"的声响，头马似乎听见了亲切的召唤，慢慢地停下步伐，其余乱窜的马儿渐渐地向贾秀姑聚集靠拢。

一场骚动终于平息下来。

筋疲力尽的贾秀姑从马上重重地跌落在泥地上。

杨绍芳滚鞍下马，跪在地上抱着浑身湿透面色如灰的贾秀姑，摸摸她滚烫的额头，大声喊道："秀姑！秀姑！秀姑……"

西三边的马队如期抵达京城南苑校场，经过检点途中仅损失十匹，一百一十匹马则安然无恙。刘瑾的阴谋又一次失算了。皇帝获悉龙颜大悦，下旨褒奖陕西马道，杨绍芳却高兴不起来。

第二十四章　轻骑闯营

又是一年秋风劲，远近牧草被秋风吹得此起彼伏，一群马正在啃食青草，另一群马在小溪边悠然自得地饮水。

夕阳之下，望着健硕的战马，杨一清兴奋异常，这几年的辛苦没有白费，想到这里诗兴大发，不禁吟道：

独立西风卧斜日，长嘶要蹴昆仑碧。

边城战马身带刺，长秸短豆空萧瑟。

吟罢，杨一清转身拿着地图指指点点，正在与仇钺、时源、戴钦等人谋划扩建马场，只听传来一阵阵踢踏踢踏的声音，只见远处两匹马飞奔而至，待至近前杨一清看得清楚，是贾兴义与贾秀姑父女。

两人滚鞍下马，汗流满面的贾兴义气喘吁吁地喊道："大人，大人，大事不好……"

贾兴义只顾大口喘气，一时说不出话来。

杨一清扶住站立不稳的贾兴义，说道："兴义兄弟有何急事，慢慢说来。"

贾秀姑用衣袖一抹额头上的汗珠，说道："大人，我父女俩前几日去往花马池，想买些盐巴回来，不想被鞑靼兵截住抢了盐巴，还要让我们带路前往固原，半途中我们趁其不备，逃出魔掌赶回来报信。"

仇钺惊呼："鞑靼兵这是要偷袭固原啊！"

杨一清“哦”了一声：“如此固原危矣！”

时源言道：“只恐固原总兵曹雄尚蒙在鼓里！”

戴钦亦说：“现在我们也无法给曹总兵传递消息啊！不等消息传到，可能固原早已经失守。”

戴钦说的是实话。

固原（今宁夏回族自治区固原市）明朝时属陕西，古称大原、高平、萧关、原州。《诗经》中的《采薇》，号称中国第一首边塞诗就产生于固原。唐朝著名诗人王维的“单车欲问边，属国过居延。征蓬出汉塞，归雁入胡天。大漠孤烟直，长河落日圆。萧关逢候骑，都护在燕然”，便是描写固原的风光。景泰三年（1452 年），在旧原州城的基础上设置，成化四年（1468 年）由守御千户所升为卫所。弘治十五年（1479 年）设置为州。固原位于平凉西北面，两地相距一百七十余里。

杨一清问道：“你们知道鞑靼人领头的是谁吗?”

贾秀姑回说:“好像是一个叫亦不剌，另一个叫阿尔秃斯，怪别嘴的。”

杨一清“哦”了一声。

贾兴义见杨一清等人踌躇不决，跪地哀求道：“杨大人，众位大人，求你们快快发兵，救救固原的老百姓吧！”

杨一清扶起贾兴义，说道：“老兄弟快快请起，你不知晓我有为难之处啊！”

贾秀姑说：“俗话说救人如救火，人命关天，杨大人您是朝廷的大官，还有什么为难的?”

杨一清蹙眉，说道：“秀姑，我这个官啊，是朝廷派来专门负责养马的官，手下不过千余人，有的管牧场草料，有的管营房建筑，有的是兽医，总之不是正规的作战军队哟。”

贾秀姑又问：“您可以调动卫所的兵马呀。”

杨一清苦笑道：“你是有所不知，调动军队需要报奏朝廷，兵部核准授权，此外还需有兵符啊。”

贾兴义道：“如此一来二往将贻误战机，固原的老百姓只能任鞑靼人杀戮了。”

杨一清陷入深思：若固原失陷不仅百姓生灵涂炭，而且西边门户洞开，平凉也难以保守，鞑靼人侵占牧场掠夺马匹，我军何以为战？如果任其长驱直入将酿成祸端！倘若自己竭尽全力，举手下弱旅之兵强行救援，便违反朝廷用兵法度，自己违反军令定个死罪倒也值得，只是将要连累手下将士，他们身后尚有家庭和无辜的妻儿老小！

杨一清抬头望了望天边飘过的黑云，心头越发沉重焦虑万分，自己的职责是养马并非带兵之将，完全可以明哲保身作壁上观，只是固原数千百姓的性命，大片土地将沦陷，我杨一清将成为历史的罪人！

时间一分一秒过去，杨一清觉得贾兴义和贾秀姑说得对，救人如救火，不能再犹豫。苦苦寻思一阵想得一计，莫如自己带领百余轻骑突袭敌寇，虽然这是一着险棋，或许成功或许失败，事已至此只得冒险一试！

杨一清转身命令仇钺、时源、戴钦三人，速速挑选百余名将士组成敢死队，每人配备两匹壮马，若马累死则换马，务必半日内赶到固原。

贾兴义道：“大人，小民经常往来平凉与固原之间，知道有一条小道直通固原，虽然崎岖难行，但却是条捷径，可省却许多时间，刚才我们便是经此路返回，不曾有鞑靼人防备，我可以前往带路。”

杨一清大喜：“有兴义兄弟帮助无忧也！”

贾秀姑说：“我爹爹来回奔波已是劳累，还是我替爹爹前往！”

杨一清听了贾秀姑的话，不禁肃然起敬，跷起大拇指，赞扬道：“秀姑真乃巾帼英雄！”

傍晚，太阳徐徐落在草原地平线下。

杨一清一身戎装，威风凛凛地站在队伍前面，贾秀姑英姿飒爽与仇钺、时源、戴钦、乔宇站立前列，后面是满脸涂抹炭黑的百余名敢死队员。

杨一清举起手中酒碗，大声道：“昔日三国东吴甘宁百骑闯曹营，今天我等为救固原也要故技重演，杀敌寇一个措手不及，成败在此一举，拜托诸君了！”说完一饮而尽，将酒碗狠狠地摔在地上。

众人亦举起酒碗一饮而尽，将酒碗狠狠地摔在地上。挥舞手中大刀，齐声回应：“英勇向前，击溃敌寇！英勇向前，击溃敌寇！”

杨绍芳清理好粮草回到大营，闻听父亲要亲自上阵，急忙上前拦住马头，劝谏道：“大人乃是马道主管，怎可孤军深入，万一有个闪失如何向朝廷交代？”

杨一清举起手中马鞭朝杨绍芳头上挥去，大怒道：“救人如救火，倘若固原失守，则平虏、红古二城危在旦夕，箭在弦上不得不发，竖子休得多言扰乱军心！”

杨一清摘下头盔，卸下铠甲扔在地上，大喊：“此次奔袭贵在神速，各位立刻卸去多余物件，每人只许携带一日干粮与一壶饮水，即刻出发！”

敢死队员纷纷仿效主帅，抛弃多余之物，身上仅穿一件单衣，颈上扎一块红巾，一派悲壮。

杨一清带领轻骑兵，消失在茫茫旷野中。

杨一清一行快马加鞭，翻越六盘关，黄昏时分来至固原城外。杨一清、仇钺、时源、戴钦、乔宇、贾秀姑在高坡勒马眺望，已经看得见城外的敌营，冒着阵阵炊烟，估计是鞑靼人正在忙于埋锅做饭。杨一清命令马队隐蔽于山坳，让将士们稍做歇息，清点人数竟无一人落伍，仅损失马七八匹。看着这些疲惫不堪、口干舌燥、忠勇的将士将节省下来的饮水给马饮用，自己则艰难地啃食干粮，杨一清心中无限感慨。

天助明军，三更过后风高夜黑，刮起一阵大风，正是进攻的好时机。杨一清唤醒众人，将士们重新放置马具，整理兵器准备火种，人人跃跃欲试。

杨一清见贾秀姑欲跨马，说道："秀姑你一个女娃子，上阵杀敌不是你的事，你且在山上暂避一时。"

贾秀姑极不情愿地下马。

杨一清一个手势，众将士一齐上马，从高坡之上顺势而下齐声呐喊直向敌营冲锋。

杨一清身先士卒一马当先冲在最前面，仇钺、时源、戴钦、乔宇紧随其后，将士军心大振，个个高擎火把，挥舞大刀，奋勇当先。大风呼啸，战马嘶鸣，马蹄声声，杀声震天。杨一清一瞥眼却发现贾秀姑混杂在冲锋的人群中，杨一清无法阻止只顾奋勇向前。

此时鞑靼人尚在美梦中，想着天明破城后成堆的金银和大群的女人，怎想神兵天降，明军的勇士们横冲直撞如入无人之境，他们向帐篷、马厩、粮库抛掷火把，顿时火光冲天烟雾滚滚。高头大马惊恐嘶叫四散奔逃，蒙古包燃起熊熊大火，鞑靼士兵从梦中惊醒，分不清明朝援军有多少人马。许多人身上着火遍地打滚，可怜混乱之中，相互拥挤踩踏死伤许多，主将只得率领残兵败将仓皇突围。

天刚破晓战斗结束，时源向杨一清禀报歼敌三百余人，我方仅死伤十余人。

固原总兵曹雄先前见敌营起火，以为是敌方有意诱其出城之计，便不敢轻举妄动，待见敌军退去，知道朝廷救兵已到，便打开城门迎接。

曹雄向杨一清跪拜，称道："满城百姓盼朝廷救兵如大旱望云霓，若非大人及时救援，我辈早已命丧黄泉矣！"

杨一清道："今虽小胜，全仗将士用命侥幸也，本官也是情急之中不得已而为之。只是这敌虽败仅断其一指，并未伤其筋骨，我料定这股敌军还会窥测他处伺机骚扰，不可轻敌啊。"

曹雄拱手道："大人所言极是，末将愿意听从调遣！"

杨一清率小队人马进城休整，吩咐为受伤将士疗伤治病。

固原保住了，早有线人将战事报告刘瑾，这给刘瑾找到惩治杨一清的机会与口实。

刘瑾向朱祐樘奏说："固原解围侥幸也，杨一清未奏报朝廷私自用兵违反祖制，倘若此例一开其他臣工、藩王等纷纷仿效，朝廷失去节制则天下大乱矣！"

朱祐樘问道："依你之见杨一清该当何罪？"

刘瑾硬邦邦地抛出两个字：死罪。

刘大夏等人竭力辩解，当时事发突然，杨一清临机处置身先士卒，解了固原倒悬之危，功莫大焉。

刘瑾毫不退让，非要将杨一清置之死地而后快，说道："陛下，奴才知道刘大夏与杨一清私交甚密，故而为其开脱，望皇上明察。"

朱祐樘觉得双方说的都有道理，一时左右为难。

杨一清见皇帝犹豫不决，慷慨说道：“臣私自用兵虽仅马道所属百骑，却是违反朝廷法度，今日一清无话可说，自愿接受惩戒。”

皇帝沉思一阵，为了缓和矛盾平衡关系，说道：“诸位爱卿说的都有道理，应宁功过相抵，留任陕西马道总管吧，今后须谨慎从事。”

刘瑾虽恨恨不平，眼见众大臣反对，皇帝和稀泥，只好作罢。

杨一清道：“陛下，臣有话要说。”

朱祐樘道：“你且说来。”

杨一清道：“此次战事如说有罪，罪在臣一人，解救固原全凭将士用命，臣举荐仇钺、时源、戴钦等人，望乞褒奖，莫冷了将士之心！”

朱祐樘道：“准奏！”

仇钺遂擢升为宁夏游击将军，时源升迁为延绥东路右参将，戴钦获封游击将军。

此一回合刘瑾稍占上风。

第二十五章　临危受命

弘治十七年（1504年）冬，鞑靼部达延汗（《明史》称为“小王子”）得知三边总制秦纮调任户部尚书离开固原，三边处于群龙无首之状态，于是从宁夏拆墙入境，攻入西北要塞花马池并大肆劫掠。警讯传至京城，许多朝臣议论纷纷莫衷一是。兵部尚书刘大夏力排众议，他言道：“即便朝中有良臣猛将，千里迢迢也难以解困。”

朱祐樘道：“难道就让鞑靼人为所欲为？”

刘大夏道：“陛下无忧，臣举荐一人即可退敌。”

朱祐樘道：“哦，你且说来。”

刘大夏道：“杨一清在陕西督理马政成绩斐然，其谙熟边情，多才勤学，多谋善断。请任命其为陕西巡抚经略边务，边事可解。”

朱祐樘紧张的心情顿时放松下来，即命杨一清为陕西巡抚，仍督马政。

杨一清接到圣旨感慨万端，昔日手中无兵权，制约了自己保民卫边的宏愿，如今可以一展身手为国分忧，于是欣然作诗二首表达激动的心情。

其一：

督诸军赴边

序：弘治甲子冬十二月，北虏大举入寇。有诏臣一清经略防御兼理巡抚。受敕之明日，督诸军赴边。

拜罢纶音便启行，边头豺虎正纵横。

非才敢道宽西顾，仗节安能避北征。

将士几人称善战，关山何地是长城。

主忧臣辱心应苦，愧有涓埃答盛平。

其二：

一清既被命巡抚仍不妨马政

经略官仍马政兼，腐儒偏荷宠恩沾。

锦云尚愧秦非子，兵甲难希范仲淹。

一篑远随行处进，千钧重觉担头添。

不才遭际真逾分，物论于人恐未厌。

杨一清既履任新职，即厉兵秣马，顶风冒雪分三路进军，此次达延汗是乘虚而入，采取偷袭战术，没想到明朝短时间就任命了主将，行动如此迅速，只得带着抢掠的少量物资悻悻而归。杨一清率军趁势收复花马池等地。

弘治十八年（1505 年）五月，孝宗朱祐樘驾崩，朱厚照即位，是为武宗。改年号为正德。

正德元年（1506 年）正月，兵部尚书刘大夏说道："自弘治十七年（1504 年），总制秦纮升任户部尚书离开固原，各镇总兵巡抚失去统一指挥，一时边备松弛，致使鞑靼人分道侵入，关中大扰。"

朱厚照问道："如今计将安出？"

刘大夏回道："望陛下早日任命总制统驭三边。"

朱厚照道："朕知道三边总制责任重大，须有通便之才，坚韧之性，奋迅之志，现今何人能够胜任？"

刘大夏回道："臣领衔并六部具署，推荐左都御史陕西巡抚杨一清出任三边总制。"

朱厚照问道："卿等为何举荐杨一清？"

刘大夏道：“杨一清现任陕西巡抚胸有韬略，他早在弘治年间就曾向朝廷建议，以延绥、宁夏、甘肃有警不相援，患无所统摄，请遣大臣兼领之，只是孝宗皇帝晚期无暇顾及。”

朱厚照听了觉得有理，便说：“卿等言之有理，准奏。着即拟旨，任命杨一清总制陕西、延绥、宁夏、甘肃军务兼理马政，赐尚方宝剑、旗牌。”

刘瑾见杨一清升任封疆大吏，心中着实不快，担心其大权在握尾大不掉，只是此时情况紧急，一时间也找不出适当的理由反对，只好隐忍作罢。

正德元年九月，又进杨一清为右都御史（正二品）。杨一清临危受命首任三边总制，时年五十三岁。

杨一清身为文官，为何能够领兵挂帅？明朝统治者总结唐朝安史之乱等历史经验教训，担心武将拥兵自重，便实行“以文制武”的政策以节制武将。明朝第一任三边总制为王越，第二任三边总制为秦纮，杨一清成为第三位三边总制，及至以后的三边总制皆为文官。

朱厚照与刘大夏所言“三边”和“三边总制”究竟是指什么？

明朝洪武元年（1368 年）闰七月，朱元璋命大将徐达、常遇春率明军由临清沿运河北上，连克德州、通州等地。二十八日，元顺帝妥欢帖木儿放弃大都，携后妃、太子及部分官员逃回上都。八月初二，徐达、常遇春率军进入大都，将其改名为北平府。元军残余势力退居漠北，在北方部分地区继续负隅顽抗。此后，蒙古地区分为鞑靼、瓦剌和兀良哈三大部，其中，以鞑靼的势力最为强大，建文四年（1402 年）元臣鬼力赤篡位建国称鞑靼。

鞑靼人不断对中原地区进行扰掠，成为明朝最大的祸患，双方的争斗纠缠一直持续至明朝的末期，从而北部防御问题是明朝政治、军事事务中最为重要的方面。在明朝与残元的关系问题上，起初朱元璋对残元各部采取羁縻和防御并用的政策，认为“君主沙漠，朕主中国，君与臣固执不移”。意在招抚北元，使其成为明朝的一个附属，和平共处。但双方的关系时好时坏，朱元璋、朱棣曾多次率大军征讨，始终不能将其根除，朱元璋叹息道：“胡虏余孽未尽殄灭，终为边患。”他在《皇明祖训》中说：“胡戎与西北边境互相密弥，累世战争，必选将练兵，时谨备之。”他深知“君子防患于未然，苟待祸患已至而欲过之不可得已”。因此，警告诸将不要以为天下已安定而忘记警戒，要居安思危。他强调说：“今重兵之镇，唯在北边。”明成祖朱棣也言：“今西北边备尤为急务。”此后明朝将对鞑靼人的战略改变为“守备为主”。

于是明朝在北部设置九边重镇为屏障，以防鞑靼人南下侵袭。所谓“九边”，是指东起鸭绿江，西抵嘉峪关，绵亘万里的北部边防线上相继设立的辽东镇、蓟州镇、宣府镇、大同镇、太原镇（也称山西镇或三关镇）、延绥镇（也称榆林镇）、宁夏镇、固原镇（也称陕西镇）、甘肃镇九个边防重镇，史称“九边重镇”。其中，延绥、宁夏、甘肃又称为“西三边”。固原位于宁夏镇之南，又处西三边之中，同时又是关中北部重要门户，西三边与固原成掎角之势。所谓“延绥据险，宁夏、甘肃扼河山”。弘治十五年（1502 年），在陕西境置固原镇，治所为固原城。鉴于先前已在陕西境北部设置了西三边，后又增设固原镇，故三边总制的辖区实际为“三边四镇”。

成化十年（1474 年），三边总制设立后，确立了三边总制职官。弘治十五年（1502 年），陕西三边总制复设，并设总制府于固原，谓之“总制衙门”。花马池与固原、宁夏为唇齿，连锁延及榆林、甘肃。而残元南下多从花马池进入，总制府驻固原有“顾东失西”之弊，为此在嘉靖十八年（1539 年），将总制府移驻花马池，嘉靖中期又因弊端丛生再次迁回固原。

明朝管理三边长官的称呼变化较多，正德十四年（1519 年），武宗朱厚照自称“总督军务镇国公”，臣下俱不得再称总督，故三边长官改为总制。嘉靖年间的更改更为频繁，如《陕西通志·职官志》所说：“总督原衔称总制，嘉靖四年（1525 年）以制非臣子所宜，制更曰督。”嘉靖七年（1528 年）“以三边提督军务事权重大，照旧改为总制”。古代一般将皇帝对某事的最终裁决称为“制决”，“制”往往与皇权相联系，因此明代“定边大臣不许称总制”，为避讳“制”字，嘉靖十五年（1536 年），“陕西三边总制亦更名总督，以制非人臣当称”。

第二十六章　筑墙摆边

在古老广袤的中华大地上，各民族世世代代共同繁衍生息，相互间或贸易或和亲联姻。在这块土地上有一条看不见的天然分界线，将这个大家庭自然地分为南北两大板块。这条天然分界线在气象学上称为“等雨线”。等雨线南部年降水量大于四百毫米，雨水相对充沛，气候温湿适于农耕生产。而越过等雨线再往北，则年降水量小于四百毫米，雨水逐渐减少，夏季炎热冬季酷寒，地域广阔草场茂盛，适于游牧式生产生活。长期以来由于地理气候的原因，南北两地分别形成了农耕民族与游牧民族。

大家庭南方的各个农耕族群为求存图强，邻里之间为争夺土地、人口等资源时常发生矛盾与纠纷，甚至不惜诉诸武力，战国时期尤以为甚，列国争强互相攻守，直至秦始皇统一天下，刘邦建立汉朝，农耕民族之间大规模的纷争暂告结束。此后北方游牧民族迅速崛起，他们依靠自身的实力，不断向南边的邻居索取粮食、财物与劳动力，农耕民族与游牧民族两大邻居之间的矛盾上升为主要问题，这种纠缠延续两千余年直至清朝初期。

朱元璋虽然灭了元，但北方的游牧民族仍然觊觎南方，明朝历代统治者曾经多次向北用兵，双方各有胜负。朱元璋、朱棣等明朝高层统治者，总结与反思了汉武帝举全国之力征讨匈奴致国力大衰，使汉王朝逐渐走向衰败留下隐患之教训。此后明朝便将战略重点改变为防御为主。于是他们仿效昔日秦国、赵国等修筑长城，试图抵御北方游牧民族南下，守住农耕民族生产生活的底线。纵观后来修筑长城，东起鸭绿，西抵嘉峪，绵亘万里的走势，除考虑山脉走势交通条件以外，竟然与等雨线基本相吻合。

修筑长城的历史可以追溯到西周时期。长城，在明代称为“边墙”，其与英语 The Great Wall（“大墙”）之意相同，它只是中华民族大家庭中邻居之间为了避免纠纷而设置的一道围墙。明长城西起嘉峪关，东达鸭绿江畔辽宁虎山，蜿蜒六千余千米，故称万里长城。其中，人工墙体的长度为六千二百五十九点六千米，壕堑长度为三百五十九点七千米，天然险长度为二千二百三十二点四千米。险要地段的城墙，用条石和青砖砌成。共设置嘉峪关、山海关、居庸关、玉门关、井陉关、娘子关、雁门关、偏头关、平型关、古北口、喜峰口、榆林塞、黄崖关、瓦桥关、虎山长城、鸦鹘关、牛庄城、分水关等。

明朝统治者既然将防御作为重要的战略举措，修筑边墙自然成为历届三边总制的首要任务，所谓“凡城堡不修，粮饷不济，罪在抚臣，遇虏入寇，地方失事，罪在总兵”。朝廷对三边总制、总兵的职责划分得十分清楚明白。

明朝北部九边沿线各镇分地守御，陕西四镇是其最西边的军事防区。自鞑靼人驻牧河套，三边的御守形势就一直很严峻，因此当地边墙与军镇、卫所相互交织，就成为军事对抗的有力补充手段和北部的巨大屏障，其重要作用自然无可代替。所以陕西各镇“镇戍莫急于边墙”，“筑墙守险”也成为三边总制长期肩负的重任。

明朝时期在充分利用复修秦汉边墙的基础上，拾遗补阙大规模地兴修边墙，总长度约为一万七千里。正统二年（1437 年），镇守延绥等处都督王祯始修榆林一带的营堡共二十五座。成化初，宁夏巡抚徐廷璋筑墙二百余里，“筑墙画守始自巡抚徐廷章”，拉开了大规模修筑边墙的序幕。延绥巡抚余子俊针对三边延、庆地势平夷、利于驰突的特点，主张在沿边筑墙置堡。他在徐廷璋所修基础上继续修治，使榆林“墩堡相望，横截套口……（夹道）东抵偏头，西终宁（夏）、固（原）”，并修筑“东起清水营，西抵花马池”共计一千七百七十余里。三边总制设立后，历任总制尤以此为重。弘治十五年（1502 年），总制秦纮修筑固原边墙，向西延六百余里，向东延三百余里。

杨一清接到圣命自然不敢怠慢，下车伊始便风尘仆仆对庆阳、环县、延绥、定边、花马池、兴武营、清水营，直抵灵州一带防地逐一巡察，对边墙、城堡、墩台、烽台、仓储等均仔细勘察。杨一清虽然机务丛委，戎马倥偬，但不废吟咏兴趣，有古横槊雅歌之风，其间作《将至凉州》诗一首：

雉堞连云十里城，将臣开府此屯兵。
山连虎阵千年固，地接龙沙一掌平。
塞上马嘶春草绿，村中人和凯歌声。
只因边徼无烽火，忘却关山是远行。

考察完毕。这日，杨一清会同陕西巡抚文贵、总兵张安，宁夏巡抚刘宪、总兵李祥等商议修筑边墙之事。

杨一清首先说道：“诸位大人，陕西各边，延绥据险，宁夏、甘肃扼河山，唯花马池至灵州地平宽延，边墙、墩台年久失修损毁严重，鞑靼骑兵出入如履平地恣意侵轶，视若垣途莫能防御，固原、庆阳、平凉、巩昌等地皆受威胁，故此处已经成为我西三边之软肋。”

陕西巡抚文贵道："总制大人所虑极是。"

陕西总兵张安问道："总制大人将如何企划？"

杨一清指着地图说道："我与刘宪、李祥考察两月，依我之意，可以花马池为中心修筑边墙六条、墩台九百座，你等以为如何？"

文贵等人拱手道："总制大人考虑周全！我等无异议！"

杨一清说："因花马池乃宁夏地界，待奏请朝廷准许后，此项工程则由刘宪主领，李祥副之。"

刘宪、李祥二人起身拱手："属下遵命！"

杨一清又吩嘱道："此事务必于秋收之前完成，要预防鞑靼人趁隙而入抢夺秋粮。"

年轻气盛的李祥直身大声回道："末将愿立军令状！"

杨一清见一旁的刘宪有些犹豫，便问道："刘大人似乎有为难之处？"

刘宪说："军情紧急事当如此，只是……"

杨一清见刘宪欲言又止，便说道："刘大人只管将话说开无须多虑。"

刘宪说："众位大人都知道修筑边墙工程浩大，仅说这制作墙砖就是第一件难事。需要民工上山采砂石，而后碾细成粉，添加黏土再打坯成型，最后入火窑焙烧十数日以增加砖块强度。制作数百万块墙砖需要时日，可是如今只有十个月的时间啊！"

杨一清感叹道："人言刘宪老成持重，果不其然！但时不我待，否则百姓遭殃。工程所需资费粮草由本官负责，另外再派仇钺带领万余精兵，另再招募一批民工助你二人。"

刘宪、李祥二人领命而去。

杨一清上奏修筑边墙方略，何处险崖可铲削为边墙，何处宜建城堡、墩台，何处可调拨粮食、马匹，何处采集木材砂石料，如何招募民工等一应俱全。朝廷批准了杨一清的计划，并从国库中拨帑金数十万以做工程经费。

杨一清在花马池设置三边总制临时行营，分派刘宪负责制作墙砖，李祥负责砂石料及黏土，仇钺负责砌墙工作，杨绍芳负责粮草供应。

当地民众闻知杨一清要修筑边墙保护家园，便踊跃参加，短时间便调集征用军民夫役达八万余人。一时间花马池成为一个人山人海、人声鼎沸的建筑大工地。李祥调度运送砂石料、黏土的牛车、马车、独轮车川流不息。数百座火窑浓烟滚滚火光冲天彻夜不停，刘宪灰头土脸仔细窥测窑内火势，不断催促民工添加木柴。崎岖山道上烈日高照，民工们头扎白布羊角巾，用木杆抬着沉重的墙砖，喊着整齐的号子，一步一步艰难地向前挪动，草鞋磨破了双脚，殷红的鲜血留下了一串串印记。汗水浸湿了衣背，许多小伙子干脆脱掉身上的褂子赤裸上身奋勇向前。夜幕降临火把通明，两眼通红的仇钺手握工程图纸，一丝不苟地指挥工匠们砌墙……人们顶风冒雨夜以继日风餐露宿。望着一尺一尺慢慢增高的大墙，他们都有一个共同的心愿：早日建好保卫自己家园的这道屏障。

开始工程进展顺利，却不想仇钺这边出了问题。皇甫平、皇甫安两兄弟爬上正在施工的现场，气喘吁吁地向仇钺禀告："仇将军，库存的糯米不多了！"

仇钺问道："还剩余多少？"

皇甫平回说："仅够三日之需。"

仇钺："三日？"

仇钺为何惊诧？

原来这砌砖所需之黏合剂是由糯米打成浆与石灰、桐油、细沙按照一定比例混合而成。如今缺少糯米将极大地影响施工进度，故而仇钺焦急万分。

仇钺说道："皇甫平、皇甫安，你兄弟俩速去向杨大人禀告！"

皇甫平、皇甫安两人刚要转身，仇钺又将二人唤回，说道："此事重大，还是我亲自跑一趟。"说完将手中的罗盘仪交给皇甫平，说道："你们继续指挥，眼睛给我盯紧了，砌墙别走偏了墨线！"说完急匆匆下了工地。

听了仇钺的紧急报告，杨一清即刻命令杨绍芳前往固原镇、平凉等地征调糯米。

杨绍芳马不停蹄赶到固原、平凉，组织骡马将官库所存千余斤糯米迅速运到花马池工地。

仇钺紧紧握住杨绍芳的手说道："公子辛苦了！"

杨绍芳愧疚地说："紧赶慢赶还是迟了两日！"

仇钺自责道："只怪我这些日子仅关注工地，疏于查看原料库存。"

两人正在说话，一个士兵来报："有一大群老百姓硬要进入工地，我们无法阻拦。"

仇钺道："哦，竟有此事。杨公子，我们一起去看看。"

仇钺、杨绍芳两人来到工地大门口，领头的却是贾兴义与贾秀姑。在他们身后有一长溜马车、牛车、手推车，肩担手提的，甚至还有的人赶着小毛驴和羊驮着一小袋米粮，从四面八方赶来。

仇钺连忙上前问道："贾老爹，您怎么来了？"

贾兴义说道："四镇乡亲闻听工地上因缺糯米歇工，老汉便号召各家各户凑了五六百斤，还望将军收纳。”

贾秀姑插嘴说：“我爹把家里两三斤留作种子的糯米都送来了。”

杨绍芳感慨万千，说：“难得乡亲们一片热心，捐了粮种明年怎么办？再说这修墙筑堡乃是公事。”

贾兴义道：“杨公子此言差矣，虽说修墙筑堡是公事，但却是保我等草民长久平安，公事也是家事，我们仅是尽微薄之力啊。”

贾秀姑道：“杨绍芳，你不是管粮草的官吗，如果觉得现在亏欠我们，那你在播种前，去外地购些还给我们老百姓就好了。”

贾兴义道：“工地上的将士与民夫们流血流汗，今年不吃元宵、粽子能饿着你啊。”

众人大笑。

杨绍芳道：“秀姑说得有道理，仇将军，我们权且收下乡亲们的好意。我这里一一写下欠条，需要现银的乡亲，即以高于市价两成收购；若需要种子的，我保证如数奉还。贾老爹、乡亲们觉得如何？”

贾兴义等众人拱手道：“如此甚好！”

杨一清一边加紧修筑边墙，一边采取“摆边”措施。所谓摆边，即将各镇士马分开布置到鞑靼人可能侵入的各个隘口分别拒守，并在各处设兵严防。“自画以各镇士马，凡虏可入之地，分布之以拒其入。”杨一清充分认识到，仅依靠边墙，是一种消极防御守株待兔的做法，在兵力不足的情况下，将兵马分散在边境上根本不能拒敌，防御也不易做到，需要集中力量重击要害，首动尾应，避免“备东则西寡，备西则东寡，无所不备则无所不寡”的状况。使边墙与驻军紧密结合，更有效地发挥边墙的军事作用。杨一清又于花马池东南铁柱泉、梁家泉、甜水泉、史巴都等水源之地分别命军守备，控制水源，使鞑靼骑兵无饮马之处，同时为农业生产提供了充足的灌溉用水，“诚百世之利也”。另一方面，筑墙修边筑挖壕堑“外以御虏寇，内以卫耕牧”，使荒芜的土地重新得到开垦，改善了边民生活。

眼看垄上的高粱快红了，将是一个丰收之年。临近工期只有两个月，没想到刘宪这边出事了，而且是出大事了。

第二十七章　无风起浪

刘宪在成化初年任副总兵，曾经参加过宁夏巡抚徐廷璋主持的筑墙工程，当时就是负责制作墙砖，他是一个寸量铢称心细如发之人，他深深知道墙砖的好坏直接影响到筑墙的质量。此次受杨一清之命，自然不敢怠慢，他带领手下百十号人，时常穿梭于各个火窑之间检查墙砖的品质。

这日刘宪来到董家堡，照例对墙砖进行抽检，几个士兵抡锤轧下，不想只四五下那墙砖便破碎裂开。连续二三十块均如此。刘宪一脸铁青，指着满地破碎的砖块，对站在一旁的炉窑领班问道："这究竟是怎么回事？"

老实巴交的炉窑领班一脸无辜，回道："巡抚大人，我等皆按照您所规定的火候及焙烧时间啊。"

众窑工一齐跪下说道："董师傅所说绝无虚言，我等皆可担保。"

刘宪耐下性子，蹲下捡起一块碎片仔细观看，然后起身吩咐："你们去取一把手锤来。"

一个年轻窑工迅速拿来一把手锤，刘宪用锤将碎片敲成粉末，用手指轻轻捻磨若有所思，突然说道："是河沙！"转身向众窑工拱手道："本官错怪诸位了！所有砖坯暂停焙烧！"

刘宪大步向前翻身上马，大声招呼随行士兵："去打坯营！"

为方便砖坯转运，打坯营离火窑不远，不一刻刘宪一行人便来到河边的打坯营。刘宪滚鞍下马，径直朝料场走去，眼前的境况让杨一清道："时间虽然紧迫，但若按照刘宪大人原先制定的方案，可保施工按时完成啊。"

跪在地上的李祥无语。

稍停，杨一清又说："俗话说千里之堤溃于蚁穴，修筑边墙亦是如此，倘若敌攻击其处，则百里边墙形同虚设，自毁边防罪不容诛！"

李祥道："末将愿听凭大人裁处。"

刘宪、仇钺等众人群情激愤："大人，杀了贪功冒进的李祥！"

作为三边总制，朝廷赋予对违反纪律的属下官员生杀予夺的权力，特别是眼前的事实确凿无误，杨一清本可当场处决李祥杀一儆百，但是他压住内心怒火，挥手轻轻说道："暂且将李祥收监。"

这夜，窗外晓风残月。

杨一清走出大帐，在清冷的月光下来回踱步思绪顿涌，他怎么也想不明白，李祥如此聪明之人，怎会犯这样愚蠢的错误。万余块伪劣墙砖，瞒得了制坯的民工，还能够骗过老辣的刘宪吗？况且还有仇钺这一关，最后自己还要组织专人验收，看来李祥弄虚作假之事可能没有那么简单。

第二十八章　身陷囹圄

杨一清夜不能寐，牢中的李祥更是惶恐不安。

身穿白色囚衣的李祥望着铁窗外惨淡的月亮，他想或许明日自己将身首异处告别世间，甚至来不及与老母妻儿诀别。他的内心十分痛苦矛盾，觉得对不起恩人杨一清。前几年自己还只是一个默默无闻的参将，远戍距固原家中三百里外的史巴都，不想母亲突然中风危在旦夕，杨大人获悉后即派军医前往救治，母亲方得转危为安。此后自己又在他的调教下，迅速长进屡立战功，年初晋升为总兵。一个月前发生的事使自己走进了万劫不复的深渊……

那日，李祥正在指挥民工采掘砂石料，卫兵禀告有一友人求见。李祥来到工棚见是一个头戴斗笠的人，他给来人倒了一碗茶水。客人摘下斗笠，笑盈盈地说："李将军辛苦了。"

李祥思索片刻竟不识此人。便问道："请问这位兄台尊姓大名？"

来人抬碗喝了一口水，慢吞吞地说道："小的姓名不重要，请将军先看看这个。"说完递过一个腰牌。

李祥接过一看满脸惊诧，换了口气道："您是内厂之人？"

"正是。"

李祥心中忐忑，问道："您找鄙人有何事？"

"小的特来向将军道喜。"

"喜从何来？"

"刘宪老矣，刘大爷将向朝廷举荐将军为宁夏巡抚。"

李祥知道来人所说的“刘大爷”便是权倾朝野的司礼太监兼内厂总管刘瑾。

李祥回说：“在下无功不受禄。”

“而今将军就有一事可为。”

“何事？”

来人并不言语，挽起袖子，伸出食指蘸了碗中茶水，在木桌上写了一个“沙”字。

李祥大惊失色，脱口而出：“依你之意，是用河沙代替山沙？”

来人将碗中茶水泼洒在地上，轻声说道：“对将军而言举手之劳也。”

李祥愤然道：“此乃杀头之罪。”

来人放下茶碗，慢悠悠地说：“小的知道将军是个大孝子，咱家倒是替老夫人安排了一个好住处。”

见李祥将信将疑，来人取出一物放在桌子上。李祥打开丝帕一看，却是母亲平时戴在手上的玉镯！

此时此刻，李祥知道母亲及妻儿已经被内厂的人软禁了，他怒不可遏，用手猛击木桌：“卑鄙，无耻！”

来人面无表情，用手弹了弹身上的灰尘，拿起木桌上的腰牌，扔下一句话：“小的明日听将军的回话。”

李祥彻底崩溃了。他想立即向总制杨一清禀告，可是来人并未留下任何证据，仅凭其只言片语总制大人能够相信自己所说吗？弄不好引火烧身，落得个诬告当朝司礼太监，挑拨杨一清与刘瑾两人关系的罪名。私自潜回固原寻救家人，倘若走漏了风声，内厂那些心狠手辣之人，定会对家人提前下手，这无疑是鸡蛋碰石头。左右为难的李祥最终选择了妥协，落入了陷阱……

身陷囹圄的李祥明白如今已是百口难辩，自己死不足惜，却是连累了杨一清大人，他猛然惊醒，刘瑾老贼设下的毒计是冲着杨大人而来！自己不能死，要到京城揭露刘瑾的阴谋，还杨大人清白！稍后继而一想，莫说刑部，就是六部都是刘瑾所把持，哪里有申冤的地方？左思右想，觉得只有自己早日赴死，承担全部责任才能免却牵连杨大人。这是自己最后能做的事情了。

返工修复边墙虽然按时完成，但经费支出超出原先预算约两万两银子，杨一清如实向朝廷报奏事情原委，并主动承担管理不严之责任。朝廷震怒，下旨命杨一清押解李祥一同回京彻查。

杨一清花了三日向刘宪、仇钺交代诸事后即刻启程。

杨一清一行人走了半日将过城堡，囚车中李祥大声喊道："总制大人，我有话要说！"

杨一清回转马头来到囚车旁，问道："李祥，有话便说。"

李祥两眼含泪："总制大人，罪人一时糊涂铸成大错，自知死罪难脱，自己作孽死而无憾，只是我李祥跟随大人日夜修筑边墙，也曾在这里洒下汗水，只愿最后再登高远望边墙一眼。"

杨一清见李祥动情，触动自己对边墙的一番情愫，此次返京吉凶难料，只恐凶多吉少，何时再返三边？他亦想再观一次自己督建的边墙，再说李祥的这个要求并不过分，乃是人之常情。便说道："本官随你前去。来啊，将李祥身上枷锁去除。"

杨一清、李祥缓缓登上城堡，四五个士兵尾随其后。

朔风劲吹，举目四望，塞外白雪皑皑一片萧瑟寂寥，沿线城堡、墩台、烽台林立，连绵不绝。墙外北面有壕，壕外有窖，明窖暗窖，窖外有栅，木栅土栅，错落有致尽收眼底。

杨一清心中一阵宽慰，一阵遗憾，宽慰的是由于修复加固了边墙，鞑子不敢来犯，保证了老百姓的丰收。遗憾的是，边墙仅修建了六十余里，尚有多处亟待兴建，壮志未酬心有不甘啊。

李祥望了望若有所思的杨一清，寒风吹拂着他的发须，像一座雕塑。李祥一阵心酸，忍不住热泪夺眶而出。是时候了！他向杨一清叩拜三次，哽咽着说：“大人，我李祥来世还做您的兵！”说完迅速脱下囚衣抛向空中，突然纵身一跃跳下高墙！

杨一清哪防李祥如此举动，急忙奔上前去双手扶墙大呼：“李祥！李祥！李祥……”

白色的囚衣在败鳞残甲中飘荡，凄厉而沙哑的喊声在空中扩散飘荡，撞击着层层叠叠的墙砖……

杨一清十分懊恼悔恨，自己不应该答应李祥的要求啊，让他有机会做出如此愚蠢的举动！

杨一清瞬间明白了李祥的苦衷，他要用这种方式为我开脱罪责。杨一清悲愤交集欲哭无泪，李祥啊，李祥，纵然是天大的事，也不该走上绝路啊！

正德三年（1508 年）四月，杨一清回到京城。

这日，奉天殿上廷议修筑边墙之事。

刘大夏出列，奏道：“陛下，兵部现已查明此次修复边墙出事，皆因李祥偷工减料所致。”

刘瑾说道：“陛下，事情并非刘大人所说那么简单。”

武宗朱厚照道：“哦，先生有话请讲。”

朱厚照宠幸刘瑾，对他无不言听计从，虽然其仅是个太监，但从不称他刘瑾而是尊称“先生”，对此，一些文臣曾经多次提出异议，认为这样有辱斯文，年轻的皇帝认为刘瑾在自己的生活与朝政管理上都是他的导师，于是对臣工们的异议置若罔闻。

刘瑾道：“陛下，杨一清好大喜功，破冒边费并指使旧部李祥弄虚作假，冒领公款，中饱私囊。事情败露后，杨一清又杀人灭口死无对证，实该严惩！”

朱厚照道：“果真如此？”

刘瑾道：“我内厂侦察绝无半点差池！请问刘大人，李祥今在何处？”

刘大夏再次解释道：“杨一清自出任三边总制以来，恪尽职守，修建嘉峪关城东西二楼，增筑城关角楼六座、敌台两座，又增筑总寨、临水、新城、清水等九堡之城墙，连旧城共增筑墩台、角楼一百二十六座，使寇莫能犯，望陛下明察！”

杨一清出列跪地：“臣一清虽竭尽全力，只是疏于管理酿成事故，辜负陛下，罪有应得！”

朱厚照知道刘大夏说的是实情，但是有时又讨厌杨一清喜欢多管闲事。正德元年（1506 年）秋，耿直的杨一清出于公心报奏，请求朝廷停免宁夏进贡红花。红花是宫廷用物，宁夏栽植、采择、晒干后再运送京都。但此物耗费人力所收甚少，在京城不过值银数百两。于是杨一清进言：“利之归于官者甚少，害之及于人者实多。”为此朱厚照心中不快，心想一个堂堂三边总制，不谋大事竟将心思放在这些小事上，仍批“红花照旧进”。但朱厚照也认可刘大夏所说，杨一清筑墙摆边的功绩有目共睹，因此一时竟不知如何处置。

见皇帝有些踌躇，刘瑾进一步煽风点火：“陛下，杨一清绝非小错，此次不赀之损，乃是自毁边防，倘若鞑靼人攻其边墙薄弱之处，则生灵涂炭京畿震动，将重蹈土木堡之覆辙！”

朱厚照一听“土木堡”三个字，心中猛地一震，想到英宗的悲惨际遇，但又想到杨一清乃封疆大吏，如今李祥已死证据不足不可轻易下结论，便挥挥手说道：“将杨一清暂且拘押诏狱，由三司定谳后再议。”

身陷囹圄的杨一清无端遭受不白之冤，他知道又是刘瑾所施毒计，但有口难辩只好隐忍不发。

杨绍芳来到牢房探监。才几日工夫，见父亲两鬓发白消瘦了许多，心中暗自流泪。打开带来的竹匣，取出两碟菜一壶酒，斟了酒递给父亲。杨一清举杯一饮而尽，随便吃了几口饭菜便搁下筷子，猛然将饭碗摔于地下，拾起地上碎片遂在白墙上刻写一诗抒发心中怨愤：

才薄官高负荷难，罪甘缧绁絷南冠。
饱经世路危何害？细检平生死亦安。
行子共怜双鬓白，老天应鉴寸心丹。
向来忧病驱全瘦，犹自微吟勉进餐。

杨一清对杨绍芳说道：“昔日你祖父曾说宦海凶险莫测，我自以为只要洁身自好便不足为虑，却不想遭受莫须有之罪名，如今难逃厄运，我自觉问心无愧，为父死之后你不可留恋官场，即刻返回安宁老家日耕夜读过安稳日子为好。”

杨绍芳跪地悲恸大哭，哽咽道：“孩儿谨记父亲教导！”

三边官民得知杨一清蒙冤入狱群情激愤。乡绅民众纷纷请愿。仇钺、宁夏巡抚刘宪、陕西巡抚文贵、总兵张安等人皆分别上奏朝廷讲明事情过程与真相。大学士李东阳、王鏊向武宗朱厚照力辩。吏部左侍郎王鏊冒死质问道：“杨一清高才重望，为国修边，何以为罪？”

面对朝野上下反对声浪，朱厚照亦觉得如果硬要给杨一清定罪拟为不妥，只是自己亲自下诏让杨一清入狱，如果朝令夕改我这个皇帝的权威何在？

李东阳看穿了朱厚照左右为难的心思，便进言道：“陛下，此次事故，杨一清的确有管束不严之错，莫如罚米六百石，命其致仕返家闭门思过。”

朱厚照心中明白，李东阳提议罚杨一清一年的俸禄，是给自己找了个下台阶的机会，给足了自己面子，于是不顾刘瑾反对，就坡下驴，说：“那就让杨一清回家自省！”

刘瑾说道：“皇上，如此处理太轻，只恐难以服众。”

朱厚照道：“依先生之意是……”

刘瑾道：“削去官职！”

朱厚照道：“罢了，罢了，准奏！”

被关押了两个多月的杨一清保住了性命终得获释。于正德三年（1508 年）七月七日离开京城，八月九日抵达镇江家中。

杨一清被罢官致仕，杨绍芳因连带亦被贬黜。刘瑾心中窃喜，这一回终于搬倒了杨一清，但是他没有高兴多长时间，事情又发生了反转变化。

第二十九章　心隔肚皮

历朝历代等级十分森严，明朝尤以为甚事无巨细。朝廷规定军官、军士所用弓矢均涂黑漆，弓袋、箭囊不许用朱漆描金装饰。洪武二十六年（1393 年）规定，公侯、一品、二品官员，酒壶、酒盏可用金，其余的酒具只能用银；三品至五品官员，酒壶用银，酒盏可用金；六品至九品官员，酒壶、酒盏只可用银，其余的酒具只能用瓷器与漆器；庶民使用的酒壶用锡，酒盏用银。建文四年（1402 年）申饬官民，不许僭用金酒爵。正德十六年（1521 年）规定，一品、二品官员使用器皿不得用玉器，只许用金。

朝廷对官员、平民的房舍建筑均有严格之规定。明初禁止官民房屋雕刻古帝后、圣贤人物及日月、龙凤、狻猊、麒麟、犀象。洪武二十六年（1393 年）规定，官员营造房屋，不许歇山转角，重檐重栱。公侯，前厅七间、两厦，九架；中堂七间、九架；后堂七间、七架；门三间、五架，用金漆及兽面锡环。一品、二品官员，厅堂五间、九架，屋脊用瓦兽，梁、栋、斗栱、檐青碧绘饰。门三间、五架，涂以绿漆，兽面锡环。三品至五品官员，厅堂五间、七架，屋脊用瓦兽，梁、栋、斗栱、檐青碧绘饰。门三间、三架，涂以黑漆，兽面锡环。六品至九品官员，厅堂三间、七架，梁、栋饰以土黄。门一间，三架，涂以黑漆，铁环。规定庶民庐宅不能超过三间、五架，不许用斗栱，饰彩色。

正德二年（1507 年）六月，杨一清在镇江旧南门外约三里处的丁卯桥，修建了一所宅子，为不忘家乡便取名为“石淙精舍”。

杨一清身为三边总督，这座私宅便严格按照朝廷正二品官员的规定建盖。虽不豪华却是端庄大气，建有待隐园，园子小巧别致，清泉流淌，翠竹四围，曲径通幽。新修别墅落成之后，明武宗朱厚照赐名“宝翰”，杨一清感激涕零，作诗三首以表心情：

御笔亲题宝翰楼，即看龙扁降神州。
江山动色风云壮，星日流辉瑞霭浮。
曾拟载歌歌舜帝，已渐三接接康侯。
戴天履地浑无补，老去唯应卧一丘。

新构层楼载玉音，直从宪庙到当今。
圣神千载遭逢日，忠孝一生酬答心。
拜赐仰瞻天在迩，受恩真与海同深。
求归岂是甘忘世？短发年来不上簪。

二十沾恩七十余，白头追感意如何？
黄麻紫诰今王制，缥帙琅函古圣书。
倬映天章云拱烂，影摇星汉夜窗虚。
南归它日瞻依地，北斗光中是帝居。

王守仁到石淙精舍拜访杨一清时，曾吟诗一首：

绿野春深地，山阴夜静时。
冰霜缘径滑，云石向人危。

杨一清的挚友李东阳作《石淙赋》、崔铣作《石淙对》以为祝贺。其门生李梦阳撰写《石淙精舍记》尤为精彩：

今天下之学，宗我师杨公，而公亦自安宁石淙渡徙镇江，于是筑精舍于丁卯桥，名曰“石淙精舍”……少幸从公游，以故得窃闻石淙焉。石淙有虎丘之丘，曹溪之溪，螳螂之川，自昆明池来者，奔流千里，其地崩湍激石，两崖篠苇交合，水泊泊循其间，冷然金石之音，故曰石淙。

李梦阳昔日在陕西正学书院求学，与杨一清朝夕相处，虽然他没有到过安宁，但时常聆听先生念叨故乡安宁，因而所撰写的《石淙精舍记》如身临其境栩栩如生，最能深切体悟杨一清以景寄情之志。

杨一清罢官致仕两年后发生的一件事，打破了他在石淙精舍隐居的平静生活。

正德五年（1510年）四月，宁夏安化王朱寘鐇，都指挥何锦、周昂，指挥丁广，扯起“清君侧、诛刘瑾、保大明”的旗帜，离开藩地，攻城略地，气势汹汹，满朝惊慌，朝会上文武大臣面面相觑，低眉顺眼，无一人敢挂帅出征。

武宗朱厚照急得团团转，像热锅上的蚂蚁。

兵部尚书刘大夏出列，拱手道：“陛下，杨一清久戍三边积厚流广，熟悉那里的地理军情，况且他的门生故吏多在西北，若应宁出山将一举荡平逆藩王朱寘鐇。”

朱厚照举手加额：“朕怎么忘了我朝还有一个顶梁柱啊，险些误国误民!”

朱厚照抬眼扫视大殿上的文武百官，问道：“杨一清何在?”

刘大夏回道：“陛下，杨一清不在朝中。”

朱厚照面有怒色：“杨一清为何不来上朝?”

朱厚照整天沉溺于酒色之中，竟然忘记了革除杨一清之事。

刘大夏瞥了一眼站在皇帝旁边的刘瑾，说道："陛下莫非忘了两年前杨一清已被刘公公提议革职回了镇江？"

刘大夏是个聪明之人，他把杨一清被罢黜的责任推到刘瑾的身上，避免皇上难看。

朱厚照转头望着刘瑾。

此时，刘瑾一脸惊恐尴尬，心想，倘若朱寘鐇将自己贪赃枉法之事全盘抖搂出来，自己吃罪不小。虽嫉恨杨一清，但此次让杨一清重新出山，灭了朱寘鐇以绝后患，确是借刀杀人之策，自己趁此可以撇个干净。于是便说道："前者杨一清犯错受罚理所应当，此一时彼一时也。此次平叛正如刘大夏刘大人所言，杨一清是不二人选。"

朱厚照急命太监张永前往镇江，命在家赋闲的杨一清总制军务西征讨伐朱寘鐇。

张永，生于成化元年（1465 年），卒于嘉靖八年（1529 年），保定新城（今河北新城县）人。成化年间入宫，弘治时侍朱厚照于东宫，正德初年升为御用监太监。

只说张永在十几匹快骑的护卫下，日夜兼程五月初一来到石淙精舍前滚鞍下马，一边猛叩门上的兽面锡环，一边高喊："圣旨下！杨一清接旨！"

杨一清、乔宇、杨绍芳三人正在院中种菜，听见门外有喊声，杨一清急忙放下手中锄头，不及洗涤更衣，用搭在肩上的布巾擦拭额头汗水，略为整理衣襟，跪在院中听张永宣读圣旨，杨一清三呼万岁接旨谢恩。

一通烦琐的礼仪之后，杨一清起身拱手说道："上差不远千里一路辛苦了。”

张永亦拱手回礼，说：“恭喜大人复任三边总制！”

杨一清回说：“逆藩起兵惊动圣上，老臣岂敢不从命！”

寒暄之后，两人在茂祉堂分宾主坐定，乔宇沏上香茗。

杨一清招呼道：“张公公请用茶。”

张永道：“大人请。”

照例，凡是上差颁送圣旨，特别是褒奖、荣升之类的旨意，领旨之人都应向使臣献上礼金。此时杨一清却端坐饮茶，毫无表示之意。张永不缺钱，但却很在乎对方的态度。张永对杨一清这个执拗抠门之人，心中虽然不快，无奈只好隐忍不发强装笑脸。

杨一清问道：“不知此次皇上派谁人监军？”

张永放下茶盏，向右上方拱手，说道：“皇上派咱家为监军，有幸竟能与大人同行。”

杨一清历来看不起太监，不屑一顾地“哦”了一声。

张永知道杨一清素来秉性耿直，也不与他计较，问道：“不知大人将启用何人为先锋？”

杨一清心中生烦，尚未出兵你一个太监就开始干预兵事，不知道以后还会有多少矛盾要发生。只是转念一想，毕竟是朝廷定制，不便过分得罪这位中官监军，便以退为进地回道：“以在下愚见，泾阳伯总兵官神英可担任先锋，监军大人以为如何啊？”

杨一清转换了对张永的称呼，不再称呼他为“上差”和“公公”，为的是提醒他，你的身份只是监军，这行军打仗还得由我这个三边总制做主！

张永拱手，言道：“但凭总制大人做主！”

杨一清道：“本官此次西征，还望监军大人转奏皇上，我欲让门生乔宇及犬子杨绍芳随行，老是念书写字谈经论古，坐而论道纸上谈兵成不了大器，也该到边地历练历练。”

张永听了这番话心里很不是滋味。这个老头儿，明明是在指桑骂槐警告和教训自己，然而此时又无言以对，只得唯诺应道：“总制大人说得有理，在下返京定向皇上禀明。”

张永又问道：“敢问总制大人何日发兵?”

杨一清道：“兵贵神速，明日本官即从镇江动身，不及进京面君辞行，还请张公公代为禀明。”

张永拱手道：“如此甚好，我这便返京回复王命，尔后再与大人会合!”

杨一清亦不起身，端起茶盏道：“芳儿代我送一送监军大人。”

五月初二，杨一清拜祖坟祭祠堂后，冒雨渡江北上，急赴西北平息事乱。

此是杨一清再任三边总制。

杨一清奏请朝廷，杨绍芳与乔宇随军同行。

第三十章　雾里看花

再说，杨一清统领三万大军，浩浩荡荡出了居庸关向西而行。

杨一清命令先锋官神英加快行军速度，神英知道杨一清素来治军严明，不敢怠慢，催动前军日行百里。

一路之上，杨一清苦苦思索平叛良策。三万大军对付朱寘鐇的万余叛军应该是绰绰有余。朱寘鐇难道没有认真思考和分析，他自己偏于西北一隅，以羸弱之力贸然起兵后果如何？究竟是以“清君侧”为借口而篡位，还是真要诛杀祸国殃民的刘瑾？这其中定有隐情。但无论如何只要大开杀戒，双方兵士必然死伤，无辜百姓将牵连其中，如何能够以最快的速度、最小的损失实现平叛的胜利，成为眼下自己棘手之难题。

三日之后，杨一清命令前军减缓行军速度，规定每日前行不得超过三十里，他命令自己率领的老营则就地安营扎寨。

监军张永大为不解，匆匆忙忙赶到杨一清的驻地，却被身穿甲胄的中军官乔宇挡驾，如此三日。

张永派手下小太监前去打探虚实，回报说，杨一清整日不是饮酒吟诗便是泼墨作画。气得张永怒火中烧，便带领十几个锦衣卫怒气冲冲直奔杨一清大帐。

张永质问道：“总制大人，您不是言道兵贵神速，为何大军前行数日便停滞不前？”

杨一清端坐桌前不慌不忙，自斟自酌道：“监军大人，自古道兵马未动粮草先行，前几日大军进展太快，而粮草辎重迟滞于后，故本官命全军缓行。”

张永道：“总制大人言之有理，告退。”

五日之后，粮草辎重营赶到，杨一清始命大军开动，但是仍然命令日行不得超过五十里。

张永再次入帐质问：“前者总制大人言道需兵粮衔接，如今为何仍然缓进？”

杨一清道：“监军大人有所不知，我军远道而去，叛军以逸待劳，我在明处彼在暗处，若不了解敌情，轻举妄动如何制胜？”

张永被杨一清说得张口结舌，说道：“莫非总制大人已派斥候前往打探？”

杨一清颔首，并不言语。

张永只得告辞。

又过数日，大军仍旧逶迤前行。

是夜，下弦月高挂空中，怒不可遏的张永乘夜来至杨一清老营，不待乔宇通报，径直闯进杨一清大帐，杨一清正在秉烛作画。

张永抽出手中的尚方宝剑指着杨一清大喊：“本监军命令你即刻发兵！”

乔宇见状，立刻抽出腰刀指着张永大喊一声：“此是总制大营，尔等休得放肆！”

杨一清略一抬头，一脸笑盈盈，对着张永说道：“我识得此是尚方宝剑。我还知道，你出京城时皇上亲自到西安门送行，按惯例文武官员领敕行事，都是发给铜印，而总督军务太监并无印信，但此次皇上赐你特铸的金印与尚方宝剑，并配以金瓜、钢剑以壮行色，还许你便宜行事。”

张永道："还算你识得皇上亲赐予我的尚方宝剑和圣谕！"

杨一清不慌不忙，在纸上又勾画了几笔，将手中的笔向后指了指，说道："我这里也有一把哩，难不成是一对雌雄剑？"

张永抬眼一看，大帐上方果然挂着一柄与自己手中一模一样的尚方宝剑，顿时无语。

杨一清仍然握笔，走到张永面前，用狼毫轻轻敲了敲张永举着的剑，说道："监军大人应该记得，尚方宝剑在本官这里应该是第二次了吧？本官不仅有尚方宝剑，还有皇上颁发的金牌和三边总制印信。"

杨一清言下之意十分明确：本人已经是第二次出任三边总制，让张永的言行举止收敛些。

杨一清的几句话果然对张永起到震慑作用，张永收剑入鞘，颓然道："我只是希望早一些结束战事以复王命。"

此时，乔宇亦放下手中刀。

杨一清言道："本官何尝不是如此。"

张永拱手道："请总制大人恕在下莽撞！"

杨一清虚手一抬算是回礼，转换了口气说道："监军大人来得正好，本官有事要与你商议。"

乔宇上茶，杨一清挥挥手道："尔等都退下吧。"

乔宇和几个随同张永前来的锦衣卫知趣地走出大帐。

杨一清回归案头正坐，张永坐在下首。

杨一清开口道："请监军大人放宽心，本官料定十日之内我军可破贼城。"

张永站起身，满脸惊讶："总制大人，军中无戏言！连日来为何不见你发一兵一卒，却妄言逆贼将败？"张永对杨一清忽阴忽晴的行为，如同雾里看花摸不着头脑。

杨一清不置可否地说：“孙子云，兵者诡道也。”

张永疑惑：“哦?”

杨一清道：“本官实为一事担忧。”

张永道：“请总制大人明言。”

杨一清叹了口气，说：“你知道，我军缺粮缺饷之事时有发生，军纪涣散已是不争之事，倘若城破之后调度失控，兵士烧杀抢掠危害百姓，传到朝廷本官罪莫大焉，到时候啊，你这个监军大人恐怕也难辞其咎。”

张永点头：“总制大人考虑极是。”

稍停，张永说道：“总制大人只管负责攻城，在下负责维持城中秩序。”

张永见杨一清言之有理，便放下身段，不再妄称“本监军”而谦称“在下”。

杨一清摇摇头：“只恐你那锦衣卫难以应付那万余穷凶极恶进城的兵勇。”

张永道：“不瞒总制大人，我在宫中走动多年皇上有些赏赐，在下愿意拿出百金奖赏弟兄们，奖励在先，若再有少数违法者则严惩不贷!”

杨一清听了这一席话，对张永的看法开始有一些转变。杨一清为官多年，看惯了以刘瑾为代表的太监，那些胡作非为贪赃枉法的行为。未曾想，这“八虎”之一的张永倒是良心未泯，至少在这件事上，他尚能配合自己，的确做了一件好事。

杨一清道：“如此甚好，一言为定，破城之后，本官便率大军撤出在城外驻扎，你带领两百名锦衣卫维持城中秩序。”

张永道："是。"

杨一清又嘱咐道："千万不可伤了朱寘鐇，其起兵谋反或许还牵连朝中某些人，我们还需要他的口供与物证。"

张永起立拱手："在下遵命！"

次日卯时，帅旗在晨曦中冉冉升起，三通鼓响，乔宇唱喏："总制大人升帐点兵！"

众将齐聚，整齐站立。杨一清端坐大帐中央，张永坐在其右侧。

杨一清厉声道："先锋官神英！"

神英出列，拱手道："末将在！"

杨一清道："命你率领三千人马与敌交战，只许败不许胜。"

神英大为不解："总制大人，常言道一鼓作气，为何刚一接战便要败，岂不灭我朝廷大军之威风，长叛军之志气？"

杨一清道："少得多言，本官自有妙算！"

神英拱手，唯诺："末将遵命。"

神英刚欲退下，杨一清又言道："三天之内，后撤百里，本官予你记功！"

神英道："得令！"

第三十一章　退避三舍

一路之上，杨一清苦苦思索，对朱寘鐇不能强攻只能智取，但是如何智取呢？他在脑中搜索一番之后，想到了一个人：仇钺。

仇钺是杨一清的老部下，其手下有千余人马，此时正驻守于玉泉营，这玉泉营离朱寘鐇的藩地安化城（今宁夏回族自治区泾源县）较近，便于行事。于是大军出发的第三天，杨一清便派杨绍芳绕道秘密前往仇钺驻地。

杨绍芳马不停蹄，快马加鞭，风餐露宿，三日后便赶到玉泉营。

两人简单寒暄几句，杨绍芳从怀中取出密信交给仇钺，说道：“此事十万火急！”

仇钺拆开一看，拍案叫绝：“总制大人此计甚妙！兵不血刃，末将照计而行！”

杨绍芳言道：“尚有一些细节需要仔细斟酌。”

仇钺与杨绍芳秉烛长谈，直至窗棂发白天色微明。

次日，仇钺点齐人马竟往安化城而去。

安化城高二丈九尺，城有四门，南为端礼门，北为广智门，东为体仁门，西为遵义门，朱红色的城门上缀着金色铜钉。

仇钺打马来至广智门前，只见城门紧闭。他在马上高声喊道：“城上的听了，速速通报安化王仇钺求见！”

守城兵士急忙向朱寘鐇禀告。

朱寘鐇问道：“仇钺带了多少兵马？”

兵士回道："大约千余人。"

朱寘鐇素来谨慎，又不知道仇钺的来意，便说道："让他的人马留驻城外，只许仇钺一人进城！"

兵士道："遵命！"

兵士回到城上对下面喊道："王爷有令，请仇钺将军一人进城！"

仇钺向杨绍芳使了个眼色，杨绍芳道："仇将军需小心！"仇钺拱手，勒马转身单人单骑进了城门。

仇钺来至戒备森严的王府，在承运殿前主动解了自家佩剑交予卫士，并让其搜身检查。事毕大步进入殿内。

承运殿由八根朱漆大柱栱窠攒顶，殿前屏风中间画有蟠螭，饰以金，四旁配画八朵吉祥花，大殿两侧悬挂红绡金蟠螭幔帐，正中座椅后壁则画蟠螭、五彩祥云，好不富丽堂皇。

仇钺见了朱寘鐇纳头便拜，口称："末将仇钺拜见王爷！"

朱寘鐇正在专心致志地给鹦鹉喂食，听见声音缓缓转过身来，冷冷说了声："起来说话。"

仇钺起身，拱手道："谢王爷！"

见朱寘鐇也不让自己坐，心知其有猜忌，便站立一旁趁机观变，看他究竟如何。

只听朱寘鐇冷冷问道："仇将军所来何事啊？"

仇钺从容答道："末将前来救王爷。"

朱寘鐇道："你来救本王？"

仇钺道："正是，王爷大祸将至也。"

朱寘鐇踱步道："本王自兴义兵以来天下响应，摧枯拉朽势不可当，何来祸殃？"

仇钺正要说话，朱寘鐇突然转过身来，大喊一声："来人啊，将这诈降之人与我拿下，推出去斩了！”

朱寘鐇平生有两个喜好，一是笃信算命，凡事必问卦，此次起兵便是请一得道高僧预算吉凶，方才下定决心。二是喜欢养鹦鹉，此时笼子里的鹦鹉学嘴学舌道：“斩了！斩了！”

几个王府卫士上前将仇钺五花大绑捆了个结实。

仇钺面不改色，仰头哈哈大笑道：“可叹天下人都说安化王心胸开阔能成大事，今日一见却是一个小肚鸡肠之人！”

朱寘鐇冷笑道：“你死到临头还敢妄言！”

仇钺道：“我死不足惜，只是普天下如何看待负心的朱寘鐇！”

朱寘鐇刚起事，急迫需要收买人心，一听仇钺此言便喝道：“卫士转回！”

朱寘鐇走下台阶亲自为仇钺松绑。

朱寘鐇言道：“仇将军受惊了！非是本王对你有所顾忌，只因你曾经是杨一清的部将，担心你受其指使以为内应，故不得不防。”

仇钺正色道：“如今杨一清亲率三万大军兵临城下，王爷危矣，末将真心依附，助您成大事，况且我的妻儿尚居安化城中，若末将怀有二心王爷可随意处置，我仇钺只希望跟随王爷取得天下，将来能够封妻荫子，光宗耀祖也！”

朱寘鐇见仇钺说得入情入理，便拱手道：“仇将军豪气冲天，真壮士也！本王这里给你赔罪了！”

鹦鹉跟着叫道：“赔罪，赔罪！”

仇钺心想这朱寘鐇果然中计，暗自钦佩杨一清神机妙算。

仇钺拱手回礼：“愿为王爷效犬马之劳！”

朱寘鐇吩咐：“快快看座！”

卫士搬来座椅，上茶。

仇钺说："末将未有尺寸功劳，想进献一物以为进见之礼。"

说罢当即脱去外杉，解下一副金光熠熠的衣甲，跪地双手奉上。

朱寘鐇定睛一看，失声道："金丝细鳞锦甲！"

朱寘鐇扶起仇钺，展开一看，金丝绵密编织的锦甲似一件背心，长宽各两尺，折叠之后仅一方巾帕大小。

仇钺道："此物乃是家父花重金请西域胡人精制，后传予末将，现敬奉予王爷。"

朱寘鐇假意推辞道："此乃世间稀罕之物，本王如何能够夺人之美？"

仇钺恭维道："末将收藏多年，不敢轻易使用唯寻明主。王爷龙体身着金丝锦甲，可防范歹人安全无虞也！"

几句话说得朱寘鐇忘了南北，说道："恭敬不如从命，将军诚恳美意，本王就权且收下了。"

朱寘鐇让卫士收好锦甲，问道："面对朝廷大军，我将如何应对？"

仇钺回道："杨一清对皇上愚忠且善于用兵，但是官兵缺粮缺饷，一旦交战贪生怕死，鸡上狗不上怕他作甚！"

朱寘鐇大喜过望击节叹赞："有将军助我，大事可成！"

仇钺主动请缨："明日末将便率军迎战！"

朱寘鐇当即拍板："本王让丁广为你的副将，就请将军领三千人马，连同你本部千余人出城！"

仇钺心知肚明，朱寘鐇让丁广同行是为了监督自己，却装作高兴的样子，起立拱手道："如此甚好，末将遵命！"

翌日，仇钺提枪跨马领兵出了体仁门，朱寘鐇、何锦、周昂等人在城楼观敌瞭阵。激战约莫半个时辰，神英败走，仇钺紧追不舍，直至官兵后退三十余里。丁广早早命人回城传递捷报，朱寘鐇大喜过望：“廷威果不负我！”。

再一日，仇钺挥军前进，神英又败一阵，官军再退三十余里。

仇钺让丁广回城向朱寘鐇禀告要求增加兵力，以便乘胜追击。何锦劝谏道：“若尽遣我军主力，则城内空虚，须谨防敌军偷袭。”

朱寘鐇心想，何锦嫉妒仇钺战功故出此言，便道：“都指挥多虑了。”遂不听其劝阻，又发城中三千精兵支援前方。

第三日，仇钺命令四更做饭，五更出发，神英假装猝不及防，略做抵抗便丢盔弃甲狼狈逃窜，官军三日已经败退百余里，仇钺命安营扎寨。

朱寘鐇大喜过望，赞道：“杨一清所率之军果如仇钺所言不堪一击！”他命何锦携带金银奖励前线将士，并请仇钺回城参加庆功宴。

仇钺对何锦、丁广言道：“官军虽败，但军中不可一日无帅，我意两位大人可留守指挥，不知意下如何？”

何锦、丁广两人立功心切不知是计，拱手道：“仇将军所言极是，我二人就在此值守，你放心就是。”

仇钺与杨绍芳带了五十余名亲兵一路狂奔返回安化城中。

夕阳西下，朱寘鐇带领一干官员在城门迎接得胜归来的仇钺等人。

仇钺滚鞍下马，拱手道：“恕末将甲胄在身不能全礼！”

朱寘鐇扶住仇钺双手，亲切地说：“将军辛苦了！本王已备下庆功酒宴！”

仇钺说了声：“王爷请！”便随朱寘鐇进城。

朱寘鐇与仇钺携手来至承运殿大厅，只见红烛高悬一片通明，两列桌上摆满美酒佳肴，周昂等人起立致敬。

朱寘鐇让仇钺在自己左边就座。

酒过三巡，众人推杯换盏，觥筹交错，好不热闹。

正在此时，一名卫士跌跌撞撞地跑了进来，气喘吁吁地大声喊道："王爷……大事不好……官军已经……已经将城团团围住！"

朱寘鐇大惊失色："你，你，你说什么？难道官军是从天而降？"

跪在地上的卫士又重复了一遍，惊得朱寘鐇将手中酒杯往后一摔，高喊："仇将军救我！"

仇钺应声道："我来也！"

只见仇钺一个箭步，迅即来到朱寘鐇身旁，左手勒住朱寘鐇的头，瞬间从右手衣袖中弹出一把匕首，架在朱寘鐇的脖颈。惊得鸟笼中的鹦鹉扑腾欲飞，脚上却被金链子死死拴住，只得拼命挣扎。

朱寘鐇手下的周昂等人只道今晚是参加宴会，因此毫无防备，皆没有携带刀剑，一时间竟然呆在一旁。

仇钺带来的亲兵早已控制殿堂大门。

仇钺喊道："有请三边总制中军官！"

杨绍芳昂首来至大厅上。

仇钺问道："朱寘鐇，你可认识他？"

朱寘鐇斜着瞟了一眼，怯生生地说："他乃是杨一清大人的公子杨绍芳。"

朱寘鐇是个附庸风雅之人，凡是回京都要拜访当朝三大名流之一的杨一清，向其讨要墨宝，每次都是杨绍芳迎送，自然与他熟识。

仇钺呵道："来人，将这叛逆绑了！"

亲兵上前绑了朱寘鐇。

杨绍芳取出文书，朗声宣读："三边总制手谕，查朱逆寘鐇，不守本土，兴兵作乱，罪在朱逆，随从人等，幡然醒悟，既往不咎，恣意妄为，定斩不饶！”

周昂等人见大势已去，纷纷伏地求降。

朱寘鐇以头撞地，大呼：“悔不听何锦之言啊！”

杨一清设计让仇钺诈降，神英故意连败三阵，诱使朱寘鐇将主力远离老巢，杨一清时点计算精准，率军避其正面而迂回两侧，自五月初二出发仅用时二十天，迅速平息了朱寘鐇的叛乱。

第三十二章　运筹帷幄

杨一清得知仇钺已经生擒朱寘鐇，便命令大军在城外安营扎寨。只让监军张永带领两百名锦衣卫进城维持秩序。

仇钺将朱寘鐇押至城外大营，杨一清亲自为朱寘鐇松绑。

乔宇送上两碟小菜、一壶清酒后退下。

杨一清亲自为朱寘鐇斟酒，朱寘鐇昂头不接。

杨一清道："王爷受封边地，宁夏虽穷乡僻壤，然依您贵胄之身断无衣食之忧，何故要起兵啊？"

杨一清嘴边留住了"反叛"两个字，改为"起兵"，以免刺伤朱寘鐇。

朱寘鐇知道杨一清不仅是当朝之名流，亦是忠良之臣，他的几句话深深触痛了自己。

朱寘鐇长叹一声，举起桌上的酒杯一饮而尽，说道："本王举事不成，现今已是阶下囚，自知来日不多，不妨与你推心置腹一番。"

杨一清劝慰道："王爷尽管直言，或许在下能够向皇上为您求情赦免死罪。"

杨一清谦恭地称朱寘鐇"王爷"，称自己为"在下"。

朱寘鐇苦笑，说道："总制大人太天真了，我比你更了解当今的皇上。"

朱寘鐇自斟自酌又饮了一杯酒，打开了话匣子："我举兵靖难并非为篡夺皇位，实在是为我大明朝天下靖平，当然也为了自己的安危。”

杨一清知道朱寘鐇所说的“靖难篡夺皇位”，是暗指当年朱棣借“清君侧”之名，将自己的侄儿建文皇帝朱允炆赶下台之事，公开议论此事是大逆不道。杨一清赶紧话锋一转：“在下愿闻其详。”

朱寘鐇愤愤地说道：“可恨那贼子刘瑾，蒙蔽皇上，欺下瞒上，贪赃枉法，欺压百姓，罄竹难书。”

杨一清问道：“您让幕僚孙景文撰写的讨逆檄文中，所列刘瑾的罪行属实吗？”

朱寘鐇回道：“总制大人有所不知，正德五年（1510年）初，皇上派遣大理寺少卿周东前往宁夏勘测屯田，周东与刘瑾沆瀣一气，以五十亩为一顷计征税赋，其中一半税银上缴朝廷，而多出的一半银子则贿赂刘瑾，戍边将士及百姓敢怒不敢言！”

杨一清道：“果有此事？”

朱寘鐇道：“事情不止于此。”

杨一清追问：“此话怎讲？”

朱寘鐇道：“刘瑾的另一个亲信巡抚都御史安惟学有恃无恐，竟然强暴总兵官杨英之妻，众将士忍无可忍。出于义愤，宁夏指挥周昂，千户何锦、丁广等人率牙兵杀太监李增、邓广及周东、安惟学，而后烧毁官府释放牢囚，拥我为首举兵靖难讨伐刘瑾老贼。”

杨一清问道：“周东等人横征暴敛可有证据？”

朱寘鐇道：“起兵之时，我便让孙景文将周东敛财之账册妥善留存，只待赴京向皇上举报刘瑾，现藏于王府后花园之内。”

杨一清道：“我即让杨绍芳取出，有此证据料想皇上自会明断。”

杨一清又说：“待日后事情水落石出，定会还王爷一个清白，只是目前王爷还需暂时受些委屈。”

杨一清言下之意，你现在还是朝廷的要犯。

朱寘鐇长叹一声：“应宁啊，事情可不是那么简单啊。”

两人一时相对无语。

朱寘鐇起身对杨一清说：“我该走了，只是有一事相托，不知应宁是否为难？”

杨一清道：“王爷但讲无妨。”

直到此时，杨一清仍然尊称朱寘鐇为王爷。

朱寘鐇突然扑通跪地，说道：“我一人死不足惜，只是这反叛之罪将株连九族，我朱寘鐇家族便断了香火，恳求应宁为我留下一男丁永续繁衍也！”说毕泪如泉涌。

杨一清连忙扶起朱寘鐇，说：“王爷请起，容我思考。”

面对眼前的朝廷重犯，杨一清动了恻隐之心，但又不敢违反律例，左右为难，说道：“非是一清铁石心肠，张永已将王爷财产与家人一一登记造册，要想在锦衣卫眼皮下放人，恐怕难以成事。”

朱寘鐇说：“我有一个孙子，名唤朱鼐材，年方十二岁，不喜读四书五经却一心向佛。年初时有一僧人到府化缘，言道鼐材有善心与佛有缘，两个月前朱鼐材竟然前往永宁山中拜佛，其虽在捕获名册但至今未归，万望应宁网开一面不要再予追查。”

杨一清感叹道：“小子命该如此啊，请王爷宽心，我当尽力而为！”遂答应了朱寘鐇的请求。

朱寘鐇拭泪再拜而去。

隔日，杨一清与杨绍芳带领十几个士兵进城，没费多大工夫便搜取了朱寘鐇藏匿在后花园假山下的账册。出了安化王府来到大街上，只见城内秩序井然，大街小巷张贴着安民告示，锦衣卫十人一队正在巡逻。城中之人知是杨一清率军平叛，大多数商铺已经开始营业，民众并无惊恐之色。杨一清心想，看来这张永的确是遵守了当初对自己的承诺。他逐渐改变了对这个另类太监的看法和认识，说不定或许还是自己扳倒刘瑾的一个有用的合作者，但究竟是否如此，还需要谨慎试探。

杨一清正在想事情，却与张永迎面而遇。

张永勒住马缰，拱手道："总制大人进城视察，莫非是对张某放心不下？"

杨一清亦拱手还礼："监军大人说笑了，本官只是随便看看。"

两人正在寒暄，只见一匹快马奔驰而来，来人滚鞍下马，口称："杨一清、张永接旨！"

杨一清、张永连忙下马跪地。只听上差宣读："欣闻平息朱逆寘鐇，朕心甚慰。又闻小王子欲趁隙犯边，总制杨一清可留守三边以备不测。监军张永着即押解朱寘鐇回京复命。钦此！"

杨一清道："臣杨一清领旨！"

张永道："张永领旨！"

差官走后，直觉告诉杨一清，远在京城的刘瑾反应相当敏锐，他已经察觉自己很有可能带着安化事件的真相返京，这将对他构成极大的危险，故而向皇上进谗言，堂而皇之地阻止自己进京，而张永是"八虎"之一，不会对他构成威胁。杨一清思考片刻，不能再错失良机，不能再拖延与张永交流的机会。

杨一清对张永说道："监军大人奉旨将东归回朝，本官有个不情之请。"

张永拱手道："总制大人请讲。"

杨一清道："傍晚时分本官在大营为监军饯行，不知张大人可否屈就？"

张永知道杨一清清高孤傲，素来对他们这类人不屑一顾，今日却能放下身段，连忙拱手道："恭敬不如从命，张某绝不失约。"

白日，杨一清曾将欲与张永联手铲除刘瑾之事告诉杨绍芳与乔宇。

杨绍芳不无担忧，说道："父亲与张永交往不深，知人知面不知心，若将重要证据交付予他，万一有个闪失如何是好？"

乔宇问道："依你之见，如何处之？"

杨绍芳说道："莫如给他一份账册之抄件，以防万一。"

杨一清道："如此甚好。"

是夜，张永如约而至，来到杨一清大帐。

桌上红烛闪烁，两人小酌醪酒，潦草吃了些饭菜，换上茶水。

帐外军柝声声，张永一边饮茶，一边寻思，今晚这顿饭吃得有些蹊跷，不知道这杨一清葫芦里究竟卖的什么药。

两人一阵缄默，只听帐内玉漏滴水。

杨一清放下茶盏，开始打破沉闷，说道："此次平叛监军大人劳苦功高。"

张永拱手说道："皆是皇上洪福齐天，总制大人用兵如神，前者是我误解大人了。"

杨一清道："监军大人返京，皇上少不了要褒奖的。"

张永道："在下将首推总制大人。"

杨一清问道："监军大人可曾想过再立奇功？"

张永问道："此话怎讲？"

杨一清也不言语，只用右手食指蘸了一些杯中茶水，在左手掌中写了一个字，然后伸了过去。

张永借着烛光一看，却是一个"瑾"字，失声道："刘……"

杨一清连忙捂住张永的嘴巴，轻声说道："这营帐四面通风，小心隔墙有耳。"

张永平时对刘瑾在宫中独揽大权、旁若无人恨之入骨，只是苦于没有机会，见杨一清提及感同身受，说道："庆父不死，鲁难未已。此子恶贯满盈人神共愤，长恶不悛人人得而诛之！"

杨一清见时机成熟，轻声说道："近年来，我已收集他试图谋反之若干铁证，桩桩件件都是死罪，我原想回京之后便参奏，无奈皇上命我驻守边地不得擅离职守，我知张公公乃忠勇之人，此为民除害、千秋功德之大事便只有仰仗于你了。"

张永道："我亦早有此意，只是无从下手。"

杨一清道："如此甚好。"

稍停，张永有些犹豫："这贼人深得皇上宠幸，万一他狡辩一番，皇上听信他的谗言，我孤掌难鸣将如何是好？"

杨一清道："我等证据确凿，如若皇上一时心慈手软，你可以死相谏，不由皇上不信，况且朝中多数大臣平时虽然敢怒不敢言，但到了紧急时刻定会挺身而出，我这里已经拟好奏折，如有不测由我杨一清一人担当！"

张永道："总制大人如此相信张某，我当万死不辞！"

杨一清道："我安排杨绍芳等人随你回京汇聚证据。"

杨一清转身取出账册交给张永，嘱咐道："这是朱寘鐇留存的刘瑾爪牙虚报田亩税赋的重要证据，万万不可大意。"

两人深谈至月上树梢张永方才离去。

一张捕捉奸佞的大网悄悄撒开。

第三十三章　泣血龙庭

朝廷大军平息了朱寘鐇的叛乱，武宗朱厚照大喜过望，终于拔除了眼中钉肉中刺，下旨封仇钺为咸宁伯。正德五年（1510 年）八月十五日，朱厚照亲自率领文武百官来到西直门迎接凯旋的平叛献俘大军。

张永在京郊已经驻扎三日，并未急于进城，他对外宣称，大军长途跋涉需要换装休整，以便向皇上和众大臣展示胜利之师的威武雄姿。更重要的是，他要拖延时间让杨绍芳进城与李东阳等大臣联络，进一步统一行动，这一切都瞒过了老奸巨猾的刘瑾。

这天烈日高照。站在队伍中的刘瑾顶着炙热的日头耐心地等待，不一刻便额头冒汗。这个奴才的总管平时里吆三喝四养尊处优，一群大小太监对他唯命是从，哪里受过这般辛苦，只是瞥眼看身边的皇帝在黄缎罗伞下神态轻松，他也不敢造次，只得耐心地等待。

对于杨一清与张永此次迅速平叛，完全出乎刘瑾的意料，此刻他的心情无比矛盾，铲除了朱寘鐇为自己排除了巨大隐患，这还要感谢自己的两位对手，但是朱厚照这个傀儡皇帝，今后必定对杨一清与张永倚重有加，这将大大削弱和侵害自己的地位与利益，刘瑾内心五味杂陈。刚想到这里，只听鼓乐声大作人声鼎沸，抬眼望去，只见百十个铠甲鲜亮的锦衣卫高举红旗，踏着整齐的步伐开道先行，中间是几十辆押着朱寘鐇及其家人的囚车，后面是望不到头的军列。坐在青骢马上的张永，一袭金盔金甲在阳光下熠熠生辉，怀中抱着尚方宝剑，身后红色大纛中央绣着一个斗大的“张”字显得特别耀眼夺目，仿佛他就是三军的最高统帅。张永满脸微笑不断拱手，向两旁的人群频频致礼，好一派满面春风得意扬扬，刘瑾不由得妒火中烧。

张永、刘瑾两人的眼睛不期而遇，刘瑾觉得张永的眼中不仅流露出骄傲得意的眼神，似乎还藏有一丝不易察觉的凶光。刘瑾脑海中闪现出不祥之兆，莫非杨一清与张永两人利用这次军事行动而相互勾结，欲加害于己？转瞬间刘瑾便否定了自己的猜测。杨一清何许人也，他历来将张永视为不屑一顾的太监，私底下将他恶称为宫中“八虎”之老二，甚至在他眼中张永就是他刘瑾的同党和心腹哥们儿，他们绝对不可能搅和在一起。再说自己安插在他两人身边的那些无孔不入的耳目，明白无误地报告说，杨一清与张永两人除了正常的公务并无异常交往，还有人报告说，两人为用兵方略曾经发生矛盾与分歧，甚至剑拔弩张水火不容，想到这些刘瑾的心里坦然了许多。

那边朱厚照迎上前去，张永勒住缰绳下马亦不跪拜，口称：“恕奴才甲胄在身不能全礼，吾皇万岁万岁万万岁！”

张永拱身，双手将尚方宝剑呈上道：“奴才回复王命！”

朱厚照转手递给刘瑾，双手握住张永，说道：“爱卿辛苦了！”

张永拱手道：“一切皆仰仗陛下天威！”

朱厚照说了声：“刘瑾拿酒来！”

刘瑾从冥思中缓过神来，急忙斟满御酒恭恭敬敬地送到皇帝手中，朱厚照递给张永：“祝张监军大功告成！”

张永拱身接过九龙玉杯道：“谢陛下！”言毕一饮而尽。

众人欢声雷动：“吾皇万岁万岁万万岁！”

朱厚照说道："爱卿一路辛苦且回府歇息半日，晚间朕将设宴犒劳。"

张永道："谢陛下！"

朱厚照转身对刘瑾说道："哦，先生与张永同为兄弟，今晚你也一同作陪吧。"

刘瑾推辞道："陛下容禀，我的兄长新逝，明日便要下葬，奴才要去做一些准备，晚宴就不参加了吧。"

朱厚照道："今日八月十五恰逢中秋节，趁此良宵佳节君臣共庆，你那兄长之葬礼可另择吉日。"

刘瑾苦不言衷，但皇帝发话不得不从，同时因为他心中有鬼，也想听一听张永到底会向皇帝说些什么，便幽幽说道："奴才遵旨！"

这晚明月高悬，皇宫华灯初上，英武殿上红烛明亮，桌上摆满美酒佳肴、月饼瓜果。

武宗皇帝朱厚照端坐中央，张永坐在右首，刘瑾坐在左首，李东阳及六部主官顺序坐在左右两侧。

朱厚照首先发话："此次张爱卿不辞辛劳远征宁夏，平息朱逆寘鐇乃第一功臣，朕敬你一杯！"

张永出席下跪道："谢陛下！奴才诚惶诚恐！"

朱厚照又说道："张永之兄弟张富、张容随军平叛皆有功，分别封为泰安伯、安定伯。"

张永再次跪地道："谢陛下隆恩！"

刘瑾见状只得逢场作戏，举杯说道："陛下洪福齐天，张永贤弟费心劳神，咱家敬你一杯！"

李东阳等官员传杯弄盏相互敬酒，好不热闹。

君臣推杯换盏酒过三巡，张永心中有事，便出席拱手说道："启禀陛下，奴才有机要事项禀告！”

朱厚照正喝得兴头上，便摆摆手说道：“哎，张爱卿，什么重要之事明日早朝再议不迟！你看今晚明月如玉，这良宵美景你我君臣何不把盏尽欢！”说罢击掌三下。

只见两厢飘然走出十几个婀娜多姿的妙龄美女，人人身披透明薄纱，在管弦丝乐伴奏下轻歌曼舞，朱厚照看得如醉如痴，张永只得耐下性子退回坐下。

一曲终了，醉眼蒙眬的朱厚照挥挥手让舞女退下，解下头上的金冠放在桌上，拍拍桌子大呼：“朕高兴啊，诸位今夜咱们君臣不醉不归！”

在座众人起哄：“不醉不归！”

张永心中着急，担心刘瑾耳目众多，如果一旦机密泄露不仅功亏一篑，而且将引来杀身之祸，他想起了与杨一清临行之约。

张永回首见李东阳微微点头示意，知道机不可失失不再来，突然起身出席双袖一摆双膝跪地，口中大呼：“陛下，奴才要弹劾刘瑾！”

坐在一旁的刘瑾心中一惊，手中扇子险些掉落。刘瑾混迹宦海几十年，什么样的风浪没有经历过，老道的刘瑾瞬间便沉下心来。刘瑾想，图穷匕首见，张永，你的狰狞面目终于露出来了！他知道，一场不可避免的暴风骤雨般的生死决斗将在这龙廷展开！好吧，且看你张永如何出招！

醉眼蒙眬脸上泛着红光的朱厚照，看了一眼伏在地上的张永，问道：“张永，你，你说什么？你要弹劾刘瑾？”

张永道：“正是！”

朱厚照虚手一抬，说道：“所为何事？你起来说话。”

张永起身拱手朗声说道："刘瑾依仗陛下宠信不思报国，欺上瞒下陷害忠良，卖官卖爵贪污受贿，派亲信周东到宁夏以屯田为名，广聚钱财，乱改亩制，增加税赋，使得民不聊生，激反朱寘鐇，奴才不得不奏！"张永将杨一清为他准备揭发刘瑾的十七条罪状一一道明。

朱厚照转身问刘瑾："先生，可有此事？"

刘瑾合了手中扇子不慌不忙反问道："陛下以为如何？"

朱厚照道："这……"

刘瑾笑着说："老奴日夜倾心照护陛下，不敢迈出这皇宫大墙半步，何来无端行为？俗话说树大招风，多年来老奴深得陛下眷顾，便使某些小人妒忌而诬陷于我。再者说来，偌大的罪行口说无凭，需得有真凭实据，望陛下替老奴做主啊！"

张永道："陛下，奴才不会空口说白话，这里便有证据。"

朱厚照道："证据何在？"

张永回道："今有三边总制杨一清大人派遣其子杨绍芳携有关证据就在殿前候旨。"

朱厚照道："传杨绍芳！"

刘瑾此时猛然醒悟，自己还是小看了张永，他的背后果然是杨一清！

一太监高声喊："皇上有旨，传杨绍芳上殿！"

杨绍芳上殿跪拜，口称："臣杨绍芳拜见皇上！吾皇万岁万岁万万岁！"

朱厚照道："杨绍芳，起来说话！"

杨绍芳道："谢陛下！"

杨绍芳将随身带来的朱寘鐇、孙景文等人的供词及账册呈上。

朱厚照翻阅后递给刘瑾："是否真有其事？"

刘瑾随便翻看几页说道："陛下，这完全是无中生有栽赃陷害！"

这时李东阳出席拱手大声说："陛下，臣有本要奏！"

朱厚照道："哦，今天这宴会倒成朝会了，你且说来。"

李东阳上前将奏折呈上，说道："臣与吏部、兵部、礼部、工部、刑部、户部并十三道御史联名具奏，刘瑾贪赃枉法朋比为奸，卖官鬻爵草菅人命，共计一十三项，桩桩件件都有人证书证！"

杨绍芳兴奋不已，众人多年积怨的火山终于在此时爆发了，他深深钦佩父亲的沉稳老练睿智，长期隐忍精心谋划布局，在关键的时候给对手致命一击！

张永说道："刘瑾，如今你还有何要说！"

刘瑾像一条疯狗一样气势汹汹开始反击："小张子！你休得要肆无忌惮血口喷人！我来问你，叛贼朱寘鐇纯粹疯狗咬人，他的口供可以作为证据吗？朝廷命官周东已被朱寘鐇杀害，如今死无对证。杨绍芳，你父亲因为偷工减料修筑边墙靡费资财被革职查办，因此怀恨在心，便与张永串通一气诬陷于我，你说王大雄替我私运武器，那他现在何处？我愿意当面与他对质。李东阳，如若咱家犯罪，为何平时不向皇上奏明？偏偏这个时候落井下石，你是何居心！"

刘瑾这番话明里是反驳张永、杨绍芳和李东阳三人，实际上是说给朱厚照听，他知道这个时候只有皇帝才能够救他的命。

杨绍芳这时追悔莫及，当初要不是刘瑾杀人灭口，王大雄就是最有力的人证。

李东阳亦是一时难以回应。

刘瑾的百般狡辩使张永义愤填膺，冲上前去捋袖揎拳，对刘瑾一阵猛打，口中不断喊道："铁证如山，你这个贼人还敢百般抵赖！"

刘瑾自小跟随老太监习练武功，练就一身本事却深藏不露，今晚不还手并非惧怕张永，他要打悲情牌采取示弱的策略赢得皇帝的同情与支持。

一群为宴会服务的太监，谁也不敢上前劝架，一来事发突然，二来狮虎相搏与旁边的兔子何干？再说虽然派系各不相同，但两人都是宫中最高领班，得罪谁今后都没有好果子吃，皇帝又没有开口，因此皆站在一旁看热闹。那些文人出身的六部大臣更是袖手旁观坐山观虎斗。

刘瑾这一招果然管用，朱厚照被突如其来发生在自己眼皮底下的这场打斗惊呆了，酒也醒了一半，他猛拍龙椅呵斥道："成何体统！成何体统！"

小太监们听见皇帝发脾气了，这才纷纷上去将两人分开。

只见蜷缩在地的刘瑾被打得鼻青脸肿，袍服破损，帽子也不知道滚到哪里去了，只是双手还紧紧地握住那把宝贝扇子，没有了往日的威风，太监们忍俊不禁，只是不敢笑出声来。

朱厚照不耐烦地挥挥手，说道："好了好了，打也打了，闹也闹了，诸位都退下吧！"

眼看一场生死决战将要草草收场，张永想起杨一清那晚的嘱咐，他突然下跪拦住朱厚照的去路以头连连撞地，哭诉道："陛下，刘瑾狼子野心昭然若揭，切切不可放虎归山，我张永赤心报国天日可鉴！"

说毕不断叩首，殷红鲜血从额头流下。

朱厚照道："不是朕不相信你，只是急需确切证据。"

张永见有转机，便说道："恳请陛下下旨，准许奴才查抄刘瑾私邸，定将铁证呈上！"

优柔寡断的朱厚照转而问刘瑾："先生你意下如何?"

刘瑾道："为洗刷清白，奴才甘愿让他搜查私宅!"

刘瑾心存侥幸：好在自己平时小心谨慎，已将全部财物转移藏匿，谅他张永就是有火眼金睛三头六臂也断难查找。

朱厚照道："那只好委屈先生暂且在宫中小住几日。"

刘瑾明白所谓在宫中暂住几日便是软禁，此时已是身不由己，只得无奈回说："奴才遵旨!"

朱厚照道："张永，朕限你五日之内了结此事。"

张永如释重负道："奴才遵旨！愿以项上人头担保!"

刘瑾在几个太监的搀扶下悻悻而去。

第三十四章　狡兔三窟

次日，张永组织手下四五百号人对刘瑾的私宅进行搜查。刘瑾唆使爪牙在京城附近掠夺民田，扩建大小府邸多达三百余处，这可忙坏了张永的这班锦衣卫兄弟。他们从南到北、从东到西，翻箱倒柜，就连犄角旮旯都不放过，结果只查到五六百两黄金白银，几箱名人字画和一些珠宝首饰，没有找到谋反的确凿证据。

张永眼看五天即将过去，却丝毫没有重大发现，这些物品不足以给刘瑾定罪，想那天晚上在皇帝面前信誓旦旦，如今如何向皇帝交代，自己还将面临诬陷刘瑾的重责，甚至性命难保，因而心中焦急犯愁，便独自一人在兵营中喝闷酒。

参加了搜查的杨绍芳也是疲惫不堪，回到大营见一脸苦愁的张永，他进言道："张公公，在下闻听刘瑾尚有一私密之处还没有缉查。"

张永道："哦，绍芳快快讲来。"

杨绍芳道："根据刘瑾的死党王大雄生前交代，刘瑾组织了一个三义堂，其据点之一就在京城郊区的密云，我怀疑那里定是藏污纳垢之地!"

张永一阵兴奋："好啊！真是柳暗花明峰回路转，我们即刻前去!"

杨绍芳提醒道："公公在皇上面前承诺五日之限，你最好再去请求延展数日。"

张永想想也对，便起身去宫中。经过死缠硬磨朱厚照允诺再给三天时间。

张永回来便急着召集人马，杨绍芳劝谏道：“据我所知那三义山庄系黑帮窝子，不仅十分隐秘而且戒备森严，密云离京城较远，大队人马出动必然打草惊蛇，莫如我先去打探，寻得铁证，公公稍后再赶来。”

张永道：“如此甚好！”

杨绍芳想起一事，转而问道：“在下有一件事觉得有些蹊跷，想问一问公公。”

张永道：“尽管说来。”

杨绍芳道：“我曾见过那刘瑾有一把扇子，甚是特殊。”

杨绍芳把那日在刘瑾花园所遇之事讲出，只是把王大雄之事隐瞒。

张永道：“你说之事我亦有所察觉，刘瑾老贼对那把扇子除了朝议之外却是从不离手，我们需要留心才好。”

张永、杨绍芳这边忙得焦头烂额，刘瑾却是安然无事。宫中太监、卫士皆是他的心腹死党，他们都谙熟宫廷的争斗。

杨一清和张永不是第一个弹劾刘瑾的人，记得正德元年（1506年）十月，以户部尚书韩文为首的一批清正耿直的文官大臣，看不惯刘瑾的胡作非为，便不顾身家性命，联名上书请求严惩刘瑾，大学士谢迁、刘健、李东阳亦鼎力支持。朱厚照刚刚即位，还缺乏驾驭群臣的能力，见到如此声势浩大的进谏，有些招架不住便与群臣妥协，准备除掉刘瑾。但就在千钧一发之际，老谋深算的刘瑾在朱厚照面前声泪俱下地哭诉，反咬一口，说司礼太监王岳与韩文、谢迁、刘健、李东阳暗通曲款，内外勾结诬陷自己。朱厚照想到赶走刘瑾以后自己寻欢作乐谁来提供服务，于是心又软了下来，刘瑾因祸得福，反而升为司礼太监。第二天朱厚照将韩文、王岳免除，内阁成员谢迁、刘健以告老还乡相威胁，朱厚照竟然批准二人致仕，仅留任李东阳，群臣失去了领头人，只好作罢。就这样一场轰轰烈烈反对刘瑾的活动，最终以文官的失败告终。正德四年（1509 年）二月，刘瑾撺掇朱厚照削谢迁、刘健籍。尽管如此刘瑾仍不甘心，同年十二月，又向朱厚照进谗言，夺谢迁、刘健诰敕，足见其心狠手辣。宫中有两个小太监暗中向谢迁、刘健告密，被刘瑾发现后杖毙扔在宫中的枯井里。太监们对此记忆犹新心有余悸，虽然此时刘瑾被软禁，他们担心咸鱼翻身旧事重复，因此对刘瑾却不敢有丝毫怠慢之举，尽管张永加强了警戒，刘瑾却是我行我素来去自由，只在宫中静观事态发展。

刘瑾对张永的举动不屑一顾，他既欲阴谋夺权篡位，自然将其所作所为掩盖得滴水不漏，刚刚接到飞鸽报信，得知张永搜查府宅一无所获劳而无功，心中窃喜：张永小子你跟老子斗还嫩了点，你的死期到了！除去张永便断了朱厚照的臂膀，那杨一清远在西北鞭长莫及，待过了三日之后便举事成就大业，了却自己平生心愿！越想越飘飘然，躺在床上竟做起黄粱美梦。

两匹骏马疾速穿行在京城西北山间崎岖小道上，此二人便是杨绍芳与贾秀姑。两人问过路边打柴的樵夫，得知三义山庄就在前面山坳，两人即刻催动坐骑风驰电掣般往前赶。翻过一个山头看见一片茂密的桃林，树丛中长方形的砖墙包围着一群红墙黄瓦的建筑物，整体布局沿中轴对称，像一座庙宇或道观，墙高三丈余，朱漆大门紧闭，门头高大伫立，上设箭楼箭垛，宛若一道城门关隘，仔细观察一番后两人找了个背静之处坐下来休息。

贾秀姑从包袱中取出一块锅盔掰了一半递给杨绍芳。

见杨绍芳拿着锅盔若有所思地发呆，贾秀姑问道："绍芳哥，想什么呢？"

杨绍芳道："我在想如何才能进入这魔窟。"

贾秀姑道："待天黑之后我俩便蹬墙潜入。"

杨绍芳道："事情不那么简单，即便进入，偌大的地方如何寻得赃物？"

贾秀姑问道："莫非你已有办法？"

杨绍芳平静地说："我一个人前去。"

贾秀姑道："你一个人前去？"

杨绍芳坚毅地点点头。

贾秀姑道："你是担心我的安危？"

贾秀姑说得不错，杨绍芳知道刘瑾狡诈，这魔窟暗藏杀机凶险莫测，一旦有个闪失怎么对得起贾兴义？为国除奸只能自己铤而走险，绝不能连累于她。

杨绍芳道："依我之意你留下与张永的人马联系，以便里应外合。"

贾秀姑不依："生生死死我们都要在一起！"说毕眼眶噙泪。

杨绍芳握住贾秀姑的手说道："你放心，我绝对不会莽撞行事，这次啊，不能硬闯，只能智取。"

贾秀姑反问道："如何智取？"

杨绍芳笑了："你倒忘记了，我在牧场与皇甫兄弟一起放牧驯马，闲暇时曾经向他们学过一些三义堂的帮规黑话，此外我还有一个护身符，现在可派上用场了。"

贾秀姑道："莫非你要改扮为黑帮？"

杨绍芳道："你说得没错。"

杨绍芳取下脖颈上的长命锁给贾秀姑挂上，说道："万一我有不测，请替我照顾好我的父亲。"

贾秀姑道："不许你瞎说。"

杨绍芳道："我是说如果啊。"

贾秀姑擦拭眼角，道："那你千万要小心，毕竟那是龙潭虎穴啊，我等你平安回来。"

杨绍芳轻抚贾秀姑秀发，道："嗯。"

第三十五章　龙潭虎穴

红日西坠，天空由橘黄色逐渐转变为灰褐色、黑色，四周归于寂静。

一簇火光在夜幕中穿梭跳跃，山林里不断发出踢踏踢踏的响声，打破了四周的静谧。站在山庄门头上的哨卫警觉地向下张望，只见一个身着锦衣卫官服的人，立在马上手举火把，来到门下。来人正是杨绍芳。

门头上的人深觉奇怪，夜晚为何还会有人前来，便大声喊道："一条黄龙在云中，何人在此访英雄？"

杨绍芳知道上面的人在"开口条子"，开口条子即是黑话发问。

杨绍芳想皇甫兄弟教的黑话派上用场了，便沉着地回道："三八二十一共一家！"

"请问老大哪道来？"

"来处来。"

"哪道去？"

"去道去。"

守门人一听来人回答顺畅，又见只是单骑一人，便放下心来打开大门让他进入。

杨绍芳进了庄园大门翻身下马，立刻被蒙上黑色眼布，在两个小幺（小兄弟）引导下来至大香堂。一个小幺替杨绍芳解开眼罩，杨绍芳进入堂内抬眼一看，几盏火烛闪烁跳跃，房梁下方高悬"三义堂”匾额，正中有一座丈余高的关羽捋须斜坐夜读《春秋》的彩色塑像，香案供桌上三炷大香，青烟袅袅，堂中右面设一大木桌供着一把大刀片子，两旁各有四个紫檀木座椅，整个布置并没有特殊之处。

杨绍芳边看边想，江湖之上龙虾混杂，各色人群皆有自己的崇拜始祖，据说孔子当年在陈国断炊，曾接受范丹的救济才不致饿死，因此后世的乞丐供奉范丹为祖师爷。譬如戏子将唐玄宗李隆基尊为祖师爷，因为他不仅喜爱戏曲自创曲牌，而且还能够客串小花脸。再如道家太极派尊张三丰为始祖，凡此种种皆有渊源，但这阉人刘瑾竟然将英武忠勇的关圣大帝当作其黑帮的祖师爷，实在是莫大的讽刺，让人心中暗自发笑。

杨绍芳正在遐想，右厢走出一人对他行个躬礼。

三义堂的帮规规定双方见面只行躬礼不重拳礼。

杨绍芳将此人从头到尾打量一番，来人身着青色袍服，五官端正，两眼炯炯有神，银发披肩银须至胸，似深山修行老道模样。

老者吩咐：“快看茶。”一面招呼杨绍芳入座。

一个小幺分别给老者和杨绍芳上茶后退下。

来人轻声问道：“天地日月，如何称呼？”声音中略带一些沙哑。

杨绍芳知道对方即将开始辩道（盘问底细）。

杨绍芳起立两手臂交叉绕花，左右伸开，左后右前，再出右腿，沉着回道：“拜天为父，拜地为母，拜日为兄，拜月为嫂！”

来人又问：“来的路上见的啥？”

答：“一台戏。”

问：“唱的啥？”

答：“桃园三结义。”

问：“回戏？”

答：“宋江杀妻。”

问：“三场戏？”

答：“秦琼卖马。”

问：“请问老大贵姓？”

答：“在家姓方，出外姓刘。”

问：“从何处而来，到何处而去？”

答：“自东四而来，去往华山拜佛。”

东四是指刘瑾在京城一宅子的地址，因刘瑾是陕西人，故帮内将华山暗指三义堂。

对面之人说道：“如此说来，你是龙头大爷派来的人。”

杨绍芳知道龙头大爷就是刘瑾，便说：“正是。”

“你既是龙头大爷的贴身侍从，他老人家平时最喜欢的物件是什么？”

看似不经意的问话，杨绍芳知道对方还是对自己心存怀疑，这突如其来的发问杨绍芳事前并未准备好答案，不过他灵机一动回道：“扇子。”

对方点点头，又问：“所来何事？”

杨绍芳道：“龙头老大命我前来查看山庄。”

“可有单片？”

所谓单片就是三义堂帮会成员的身份证明，紧急之际杨绍芳不可能临时去仿制。杨绍芳镇静地说道：“老大不是不知，张永那厮近日稽查甚紧，哪里还敢夹带一文半纸，为避免泄密，龙头大爷的旨意是口授于我。”

杨绍芳对答得滴水不漏。

见对方仍有怀疑，杨绍芳从腰间解下玉兔佩件递过去，说道："我虽未带单片，但有此物，请老大观之。"

来人就着烛光仔细观看后，说道："果然是龙头老大心爱之物。"

杨绍芳心中暗喜，好在自己早有准备，当初刘瑾随意所赠的小礼物，今日竟成为护身符。

来人说道："方才为难你了！我是山庄陪堂姓潘名怀义，见你眼生，故而多做辩道。"

杨绍芳知道"陪堂"就是帮内负责管理财物的核心人物。

潘怀义说起话来文质彬彬，不像黑道中人。

杨绍芳道："好说好说。"

潘怀义道："不知老大今日来到山庄所为何事？"

黑道中称呼对方无论年龄大小，都敬称为"老大"。

杨绍芳拱身道："大爷让我来看看那些宝贝。"

杨绍芳不知道那些赃物究竟是些什么，只好笼统含混地如此说道。

潘怀义说："那些宝贝好着哩。"

杨绍芳道："我还是看一看，眼见为实嘛。"

潘怀义道："请稍等。"

说罢潘怀义起身，向关羽塑像三鞠躬，然后将供桌上的香炉向右旋转了三圈，又向左旋转两圈，关羽塑像慢慢向右转动，露出一道大铁门。潘怀义一手擎火烛，一手按动门上机关，吱呀一声，铁门瞬间自动开启，潘怀义顺序点燃墙壁上的油灯。杨绍芳随其拐弯抹角进入深邃的巷道。当第三道铁门打开时，却是一个宽阔的大厅。

潘怀义用钥匙打开一个红漆大柜，杨绍芳看到里面竟藏着一套金光灿灿的龙冠龙袍！心中又惊又喜，惊的是刘瑾竟敢冒天下之大不韪私制皇服意欲夺权篡位！喜的是终于找到他谋反的铁证！

潘怀义指着其他封闭得严严实实的大柜说：“这玉玺啊，诏书啊，都好好地保存着哩，就不用一一查看了吧。”

杨绍芳心里激动，担心再查看引起潘怀义怀疑，便连声说道：“不用再劳烦潘陪堂了！”

潘怀义、杨绍芳两人回到大堂坐下，杨绍芳吮了一口茶放下茶盏，说道：“就此告辞，大爷那里还等着回话哩。”

潘怀义说道：“不急不急，天色已晚道上难行，莫如在山庄暂住一宿，明日一早返回亦不迟。”

杨绍芳道：“事情紧急，我还是趁夜而行，以免大爷担心。”

潘怀义道：“听口音老大是陕西人？”

杨绍芳随父亲多年在陕西生活，熟悉当地言语，今日深入虎穴便操一口陕西话。

杨绍芳回说：“潘陪堂说得不错，我乃平凉人氏。”

潘怀义笑了，说道：“巧得很哩，山庄里也有一个陕西老乡，我让你见见他。”

杨绍芳心中有事急于要走，但又担心慌忙中出错引起怀疑，心想如今证据在手铁幕揭晓只在旦夕之间，只好耐下心来再寻脱身之计，便说道：“那就不妨一见。”

话刚说完，只听嘶啦一声，潘怀义用手撕开薄薄的面具，杨绍芳定睛一看顿时大惊失色，口中喊道：“王大雄，你没有死！”

第三十六章　千刀万剐

王大雄哈哈大笑："杨绍芳，如果我死了，今日我们还有见面的机会吗？"

杨绍芳道："你使用的是易容术？"

王大雄道："正是。"

杨绍芳疑惑："那日在花园里死的究竟是谁？"

王大雄道："我实话告诉你，让你死个明白，前者多亏义父老谋深算，预知你定会借刀杀人，便让一小幺易容装扮为我做了替死鬼。"

杨绍芳倒吸了一口凉气："原来如此。"

王大雄得意地说道："杨绍芳，其实辩道刚开始你便露出了破绽。按帮规行礼之后应当先迈左脚，你却迈右脚，再说我们曾经多次打交道，我如何不认识你？"

杨绍芳心中自责，自己一个细节出错酿成大祸，转而问道："那刚才你为什么不当场识破？"

王大雄道："我想看一看你小子究竟要干什么。"

杨绍芳道："如今我已掌握刘瑾及你等谋反的罪证，还不如投案自首以求宽宥。"

王大雄又一阵哈哈大笑："知道便又如何？今天就是你的死期！"那笑声阴森森十分恐怖。

杨绍芳趁其不备，迅疾飞腿踢向王大雄面门，王大雄一面接招，一面大喊：“小幺们杀死这个空子（奸细）！”

众喽啰拔刀将杨绍芳团团围住。杨绍芳随身所带宝剑进入山庄时便被收缴，此时只能以拳脚相对，踢倒了两个喽啰。不一刻，终因寡不敌众包围圈越来越小。

王大雄偷空跑到桌子前拿起大刀片子猛力向杨绍芳头顶劈去……只听啪的一声，大刀片子哐当一声砰然落地！屋梁上旋风般飞下一蒙面黑衣人，口中喊道：“贼人休得猖狂！”王大雄猝不及防还未反应过来就被撂倒，随即又是几道黑光闪过，几个喽啰瞬间倒地。

杨绍芳脱口而出：“是你！”

倒在地上的王大雄一看，黑衣蒙面人手持驯马鞭，再看那身手，不禁脱口而出：“贾秀姑！”

杨绍芳走后，贾秀姑放心不下，便来到山庄墙下，取出准备好的带钩绳索抛上墙头顺壁爬越，悄悄进入大堂藏匿于梁柱之上静观其变，眼见杨绍芳危急便出手相援。

王大雄领教过贾秀姑的厉害，于是拔腿便逃。贾秀姑哪里肯舍，口中喊道：“贼人哪里跑！”说话间一挥手中鞭子，不偏不倚紧紧套住王大雄的右脚，再猛力一拉王大雄扑面倒地，贾秀姑一个箭步上前踩在他的身上，抽出腰间匕首就要刺下。

杨绍芳喊道：“秀姑，留下活口！”

听见喊声贾秀姑停住手，两人合力将王大雄捆了个结实。

门外一群喽啰闻声赶来，杨绍芳一边拾起地上的大刀片子迎上前去，一边对贾秀姑喊道：“我来抵挡一阵，你赶快冲出去给张永报信！”贾秀姑用匕首抵着王大雄的脖颈，推着他趁势往门外走去，杨绍芳挥舞大刀接连砍翻四五个喽啰。

杨绍芳且战且退来到大堂外，拔下路边火把点燃草丛，瞬间火苗上窜浓烟滚滚。

杨绍芳行前与张永约定，一旦得手便举火为号。

在外埋伏的张永见山庄内火光骤起，知道杨绍芳已经得手，便命令士兵出击。

五六百名士兵高举火把刀枪呐喊着蜂拥向前，先头的几十人合力用圆木猛撞大门，四五下功夫门便开了，原来是贾秀姑从里面打开了门闩。张永一马当先，士兵们蜂拥而入，一番激战三义堂匪徒死的死伤的伤，王大雄垂头丧气倒坐在地上。

半个时辰，战斗胜利结束，距皇帝朱厚照规定的时间仅差一天！

张永、杨绍芳、贾秀姑等人押着王大雄和收缴的几十车赃物星夜往回赶。黎明时分抵达京城，过了金水桥、午门径直来到奉天殿前。张永早已派快马回报，恰好早朝刚要开始。朱厚照闻报，在李东阳等众大臣簇拥下来到殿前广场。

张永、杨绍芳、贾秀姑及众士兵早已将琳琅满目的赃物一一排列展开。

张永指指点点介绍道："陛下，您看这是金丝皇冠、滚龙绣袍，这边是伪国玺与诏书，拟任吏、兵、礼、工、刑、户六部人选及刘瑾三义堂在全国十三省设立三十六分堂的花名册。那边是经过清点的财物：金子二千九百八十七百万两，银八百余万两，元宝五百万锭，宝石二斗、金甲二、金钩三千、玉带四千一百六十二束，还有兵仗局太监孙和、两广镇监潘午、蔡昭制造的弓弩千余具、铠甲千套和各式兵器数十车。"

文武百官看了个个摇头咂舌惊叹愤怒，李东阳指着堆积如小山的金银财宝感叹道："陛下，这些赃物相当于朝廷十年的税收啊！"。

朱厚照越看越恨越听越恼，气得浑身发抖脸色一阵铁青，一挥衣袖大喊："立即把刘瑾给朕抓来！"

张永拱手，大声应道："遵旨！"随即带领百余名士兵奔向刘瑾住处。

不一刻张永将刘瑾押到。

朱厚照指着遍地的赃物，大声质问道："刘瑾，你如今还有什么话可说！"

直到此时老辣的刘瑾仍强装镇定，他像平时一样嬉皮笑脸地说："陛下，您误解老奴了，这几年我确实收了各地镇守太监的一些银两，这些所谓皇冠龙袍，都是王大雄等徒儿们准备三义堂开香堂时演戏所用闹着玩哩，至于那些兵器嘛，却是帮里小幺们强身习武之用。"

刘瑾试图轻描淡写，大事化小小事化了。

杨绍芳道："刘瑾，王大雄已经全盘招认，你还想抵赖！"

五花大绑的王大雄声嘶力竭地喊道："大爷！对不起您了，徒儿来世再报答您老人家了！"说毕趁旁边的士兵不防备，猛然以头撞地头破血流气绝身亡。

正在此时，刘大夏急匆匆赶来，拱手、气喘吁吁地说道："陛下，刚刚接到杨一清八百里加急奏报……"

朱厚照道："哦，刘爱卿，你慢些说。"

刘大夏道："杨一清奏报，刘瑾暗中勾结鞑靼人，兴兵犯边里应外合，刘瑾许诺他一旦篡位得逞，即将三边四镇割让予鞑靼人。五日前，杨一清率军已将鞑靼人击退，并擒获带鞑靼入境的马德彪。"

朱厚照问道："马德彪是谁啊？"

张永回说："陛下，马德彪乃内厂百户，此人是刘瑾的心腹！"

李东阳道："陛下，刘瑾卖国求荣谋逆篡位铁证如山，该当死罪啊！”

刘瑾脸色煞白，声嘶力竭大呼冤枉。

朱厚照不再听刘瑾的狡辩，有气无力地说：“罢了罢了，刘瑾，朕念你多年辛苦，赐白绫三尺自缢，让你留个全尸吧！”

刘瑾道：“谢陛下恩典！请受老奴最后一拜！”

说罢整理衣冠跪地恭恭敬敬三叩九拜，刘瑾起身从宽大的右边袖筒中滑出纸扇，用左手接住顺势轻轻一按跳出一柄锋利的匕首，突然向朱厚照胸前刺去……

站在朱厚照一侧的杨绍芳跨步上前，试图用手去阻拦暗器，不妨刘瑾动作迅捷刀锋划伤杨绍芳的手臂，顿时鲜血直流。张永眼疾手快一记重拳击中刘瑾面门，扑通一声刘瑾仰面倒地，手中凶器随即落地。几个士兵急忙上前将刘瑾死死按住。

贾秀姑撕了一块衣裙替杨绍芳包扎伤口。

张永上前拾起那把纸扇再一检查大惊失色，纸扇中还一把匕首，原来纸扇中竟然藏有两把匕首！张永立即呈给朱厚照观看。

惊魂未定的朱厚照勃然大怒，用颤抖的手指着刘瑾破口大骂：“好一个不知好歹的东西，竟敢谋害于朕！”

朱厚照太伤心了，不，不是伤心，是愤怒，是极度的愤怒！他可以容忍大臣、宦官们贪墨，但是决不允许他们向皇权挑战！他万万想不到，与自己形影不离朝夕相处的“先生”，不仅妄想篡权夺位，手中时常拿着凶器，在自己进膳读书就寝时，随时随地都可以结束自己的性命！刘瑾啊刘瑾，奴才就应该有奴才样，我宠信你，放纵你，因为你是一条听主子话的走狗，如若铤而走险跨越红线，你就不是走狗而是十恶不赦的恶狗，我且能容你！想到这里朱厚照不寒而栗，一阵凉冰冰的冷汗从头滑落全身。

李东阳等众百官一齐下跪，齐声高喊：“杀了这个祸国殃民的贼子！”“将刘瑾千刀万剐！”怒吼声此起彼伏。

张永跪地请罪：“奴才一时疏忽没有对老贼搜身，险些酿成大祸，奴才罪该万死！请陛下治罪！”

朱厚照亦不管地上母鸡啄米般叩头的张永，咆哮道：“将刘瑾拖出去千刀万剐凌迟处死！”

李东阳等众百官齐声高喊：“陛下英明！陛下英明啊！”

跪在地上的张永哆哆嗦嗦地大声说道：“奴才遵旨！”

次日上午，刘瑾被押上囚车游街示众。

八个士兵在队伍前面鸣锣开道，厚重响亮的锣声在京城上空震荡。张永报着令旗，骑着高头大马走在队伍中间，他喜欢这种热闹的场面，他频频环顾四周一副得意扬扬的样子，仿佛是得胜归来的大将军。

刘瑾即将被处死的消息不胫而走，舆论一片哗然，整个京城震惊了！沸腾了！此时京城万人空巷，观刑者人山人海，人头攒动，欢声雷动。

许多老百姓早早等候在街道两旁，你推我搡拥挤不堪，很多人家深受其害，对刘瑾恨得咬牙切齿，一些人则是赶来看热闹。愤怒的人群杂乱地高喊：“千刀万剐祸国殃民的贼子！”“皇上英明！”“将刘瑾碎尸万段！”声浪此起彼伏一阵高过一阵，其间还夹杂着一阵阵噼噼啪啪震耳欲聋的鞭炮声，烟雾与纸屑在空中弥漫。当囚车经过时围观者蜂拥上前，纷纷向刘瑾投掷菜叶子、鸡蛋、腐烂的桃梨水果和石块瓦片，有的人伸长脖子吐唾沫，士兵们不得不用手中的长矛杆子推搡群众以维持秩序。

在颠簸的囚车中刘瑾显得格外镇定，默默地承受着无尽的羞辱，他想到可能会有这一天，但没有想到会来得这么块。他眯起眼睛艰难地抬头望了望晴空上飘浮的白云，人生不过如此而已，过眼云烟，有天上的云，有落在水中的云，光彩夺目又虚无缥缈，低头收眼巡视这再熟悉不过的京城街道，商铺鳞次栉比，商号幌子历历在目，仿佛是招魂幡一般。鞑靼人那边已经同意出兵配合，他要借为其兄下葬之日起事，眼前的这些民众几乎再过一天就将是自己的臣民，他们将俯伏在自己的脚下三呼万岁。就是一天，仅仅一天的时间，自己变成了万人憎恨唾骂的阶下囚。他深深地吸了一口气，他要用这短暂的时间回忆往事。他十分感激义父的知遇之恩，是他老人家将自己引进宫闱，开启了走向巅峰之门。自己初入皇宫起早贪黑小心翼翼地服侍那些资深的太监，受尽百般羞辱。卑微如草芥的他幼年就暗暗发誓，一定要忍辱负重深藏不露，有朝一日定要出人头地扬眉吐气一洗前耻。他对朱厚照又爱又恨，爱的是要不是遇到朱厚照，或许他这个陕西娃早就在哪个山坳坳里被野狼吃了，或许饿死在黄沙小道上。年轻的皇帝给了自己太多的机会与财富，使他每日锦衣玉食风光无限，皇帝给自己太大的权力，使自己从一个卑微的小太监擢升为当今一人之下万人之上呼风唤雨的司礼太监。恨的是皇帝喜新厌旧，近年来倚重张永，不，应该是倚重老奸巨猾的杨一清，张永只是杨一清的马前卒和帮凶。杨一清三番五次明里暗里与自己缠斗，还有那个可恶的杨绍芳，他总是在关键的时候出现，使自己的宏图大业功亏一篑！谁说太监不能当皇帝，君王将相宁有种乎？想他老朱家开山皇帝朱元璋，当年不就是凤阳一个唱花鼓的乞丐，一个走投无路的游方和尚吗？我刘瑾是身残志坚，不似朱厚照体健脑痴，那个小儿仅仅是我手中的一个玩偶而已，荒淫无耻的他不配驾驭天下，只有我才是当仁不让的皇帝！只可惜杨一清坏了自己的大事，唉，自古道成者王侯败者寇，杨一清啊杨一清，我刘瑾即便做厉鬼，到了阴曹地府也不会放过你！

京城的八月烈日高照暑气逼人，各个巷道水泄不通，囚车缓缓转过几个拥堵不堪的街巷，来至菜市口，早有士兵布置好木台，前呼后拥的民众围成了一个大圈。

张永站在临时搭建的木台上，他长长地舒了一口气，终于赢了！幻想着刘瑾这个丧家犬会爬到他的脚下哀求饶命，他想到这惊心动魄的八天，剧情反转自己几乎陷入绝望崩溃的边缘，若非杨绍芳与贾秀姑深入匪穴取得赃物，今天钉在对面那根耻辱柱上的不是刘瑾而是自己！他感谢杨一清成就了自己的丰功伟绩，同时感激杨绍芳与贾秀姑这两个年轻人，挽救了自己的性命。抬头看看日头渐高已近正午，他将手中令旗一摆，厉声喊道："行刑！"

空中响起三声断魂炮！

刘瑾喝了断头酒，拼命扬起头对刽子手说道："兄弟给你大爷来个痛快的！"

今天的行刑不是斩首，皇帝说的是千刀万剐，是剐刑。四个头戴红布巾、身穿红衣的刽子手并未准备鬼头大刀，而是慢条斯理地分别打开四只木箱，里面装着尖刀、弯刀、剃刀等各种形状的小刀具。第一个刽子手取出一把明晃晃的小尖刀，对着刀刃吹了吹，左手揪住刘瑾的散发，右手在他的额头上只轻轻一抹，一块连皮的血肉轻盈地落地，这第一刀下去痛得刘瑾大骂："你这个狗日的！"

所谓千刀万剐，刽子手不能将罪犯一刀致命，而是要慢条斯理、一刀一刀地剐肉，让受刑人备受折磨慢慢地死去。

十几刀之后，刘瑾眼睛下垂没有气力再喊叫。换了一个刽子手，依旧不紧不慢地对不停颤抖的身躯进行切割，再换一个……刽子手们轮番上阵忙得满头大汗。

一个小太监充任监刑人，他不断地在报数：“一千二百一十一……两千四百二十二……”说得口干舌燥，稍一停住，那边张永用马鞭猛敲桌子：“继续！继续！给老子继续数，一刀也不能少！”

不知什么时候，空中悄悄升起一轮月亮，惨淡凄凉的月光洒在血迹斑斑的刑场上，围观的人群依然没有散去。

“三千三百一十二!”……“三千三百三十三!”

小太监累倒在地，疲惫不堪的四个刽子手满身血污，终于停住了手。

第三十七章　相煎何急

武宗朱厚照惊魂甫定痛定思痛，他发现杨一清两个月之内连续平定朱寘鐇、刘瑾两次叛乱，又击退鞑靼人的偷袭，可谓忠心耿耿指挥若定智勇超群，是一个难得的栋梁之材，将他长期放在西北边关不足以发挥他的才干。谢迁、刘健致仕在家，内阁中只有李东阳一人独木难支，于是便将杨一清召回。

正德五年（1510 年）十月五日，杨一清奉诏回京东出潼关，回首留恋三边大地，遥望远处巍峨的华山，心中感慨万千思绪萦绕。多年来与刘瑾惊心动魄的生死博弈，多少次自己与死神擦肩而过，他想到了冤死的李祥，想到了李东阳、刘大夏等人肝胆相照出手相援，自己才转危为安，最后以刘瑾被碎尸万段而告终。想到了武宗朱厚照对自己的信任，即将要面见皇帝，欣然吟诗一首《再出关诗》：

敕使传恩驿诏还，三边休戚尚相关。
空将身跻驱尘海，岂有威名重雪山？
出塞偶缘随骥尾，入朝初喜识龙颜。
华峰一柱擎天在，仰止徒劳未易攀。

杨一清一路晓行夜宿，马不停蹄，于十一月四日赶到京城。二十五日，武宗朱厚照于左顺门赏赐杨一清玉带。正德六年（1511 年）正月初一，五十八岁的杨一清被朝廷改任吏部尚书，加太子少保。

杨一清回京后许多人登门拜访道贺，都被杨一清婉言谢绝拒之门外，刘瑾既除，作为吏部尚书的他有许多事情急需处理。

杨一清立即组织人手，夜以继日展开深入细致的调查研究，凡是被刘瑾陷害者，他都全部给予甄别平反，凡尚存之人则重新录用，保护和启用了一大批人才，使大明王朝进入一个暂时稳定的时期。

杨一清没有忘记还有一件重要的事情，那就是为朱寘鐇申冤。

这日，杨一清急匆匆地来到承华殿，礼毕之后，朱厚照问道："杨爱卿，今日见朕所为何事？"

杨一清拱手道："臣近日偶作一画，特请陛下过目。"

朱厚照是个喜欢琴棋书画的皇帝，听杨一清要献画，说道："好啊。"

杨一清上前徐徐展开画轴。只见画面十分简单，上为一铁釜，下面则是一堆燃烧的豆秆。

朱厚照是何其聪明之人，已经知道杨一清的来意，只是人家并未开口，他也不便揭开这个谜底。于是面带微笑地说道："想必是应宁花了些功夫所作，只是未有题字，朕替你题上你觉如何？"

朱厚照不待杨一清回答，便吩咐身边太监："来啊，笔墨侍候。"

太监找来笔墨，朱厚照挥毫写下四个大字：豆萁相煎。然后说道："你这幅画啊，不就是魏晋时期曹植曹子建的那首诗吗？朕来背诵给你听一听：煮豆持作羹，漉菽以为汁。萁在釜下燃，豆在釜中泣。"

杨一清拱手，故意恭维道："陛下博古通今！"

朱厚照玩弄着手中的狼毫，说道："应宁啊，今天只有我们两人，你我君臣就不要再打哑谜了，有话你就直说。"

杨一清拱手道："臣今日斗胆为朱寘鐇陈情。"

朱厚照将毛笔扔给旁边的太监，脸上一沉：“你且说来。”

杨一清鼓起勇气说道：“据臣调查，朱寘鐇起兵事出有因，皆因刘瑾纵容小人，贪赃枉法胡作非为欺上瞒下所致，其罪不至死，望陛下明察。”

朱厚照望着眼前这个倔强而耿直的臣子，心里想，杨一清啊杨一清，你这个书呆子，你可知道做君王的苦衷，常言道卧榻之侧岂容他人酣睡。你可知道普天之下只能有一个天子，一个君王。一山不容二虎，什么父子情，兄弟手足情，统统都是骗人的鬼话，历史上有太多太多的儿弑父、弟杀兄的典故，倘若朱寘鐇夺取了皇位，他将如何对待于我？那还不是随便编造一个理由，诛杀我朱厚照九族，人头落地血流成河。是啊，朱寘鐇不可能依靠他拼凑起来的那万余乌合之众，撼动我的江山，但是只要天下有一丝火星，我就要将它迅速扑灭。无论是太监、藩王、大臣、老百姓，只要是踩了红线，就要让它变为灰烬，绝不让它死灰复燃！杨一清讲的不是没有一定的道理，但是不能向他表明自己的苦衷。

想到这里，朱厚照冷静下来平复了心境，他找到了一个很好的理由来说服杨一清。

朱厚照笑着委婉地对杨一清说：“难得你用心良苦，你过虑了。你替朱寘鐇申辩的折子朕已经看过了，你要相信朕自然会公正处置。你看这半年来，朕也在认真思考，再说朱寘鐇这件事是朕的家事，朕就将你的折子留中，更没有交由刑部，而是由宗人府审理，朕一定会妥善处之。”

朱厚照的一番话说得合情合理，特别是把一桩谋反案定为他皇帝的家事，言下之意这是朕的家事，外人就不要掺和了。杨一清听了无可奈何无话可说。

杨一清拱手道："如此甚好，臣就此告退！"

杨一清走后，朱厚照心里泛起涟漪。他在想，今天是杨一清求情，说不定明天又会是李东阳、刘大夏。这些大臣啊，有时候真还难以和他们纠缠，看来对朱寘鐇的事情必须尽快有个了断。

隔几日，朱厚照来到宗人府。

狱卒打开牢房，身着囚衣蓬头垢面的朱寘鐇见是皇上亲临，慌得跪地纳头便拜，口称："罪臣朱寘鐇叩见陛下！"

朱厚照淡淡地说："平身。"

朱寘鐇道："罪臣谢过陛下！"

随同太监搬来一个锦墩，朱厚照一摆身上披风端坐锦墩之上。

朱寘鐇一旁垂手而立。

朱厚照哼了一声，不紧不慢地说道："寘鐇啊，我们有些年头未见面了。"

朱寘鐇道："记得还是六年前，陛下登基时罪臣曾经奉旨进京朝贺。"

朱厚照漫不经心地说："如今我们都老了。"

朱寘鐇道："陛下风华正茂正值当年。"

朱厚照道："你到京已经半年多了，朕今日里想跟你聊一聊家常哩。"

朱寘鐇诚惶诚恐。

朱厚照道："朕记得你祖父朱秩炵与英宗、代宗两先皇都是一辈的，算起来朕还得叫你一声王兄呢。你是靖王朱邃墁之四子，你是父亡之后袭的王爵。"

朱寘鐇感激涕零："承蒙陛下还记得！"

朱厚照平和地说道："一笔写不出两个朱字，你我都是老朱家的人啊。”

听到这里朱寘鐇跪地，痛哭失声：“罪臣罪该万死！我对不起陛下啊！”

朱厚照动情地说：“是朕对不起你啊。”然后叱责道：“还不快快给王兄看座。”

狱卒搬来一把木椅，将朱寘鐇搀扶在椅子上。

朱厚照长叹一声说道：“要说你的不是啊，就是你不该将朕看成外人。那刘瑾等奸佞小人胡作非为，你就应该及时奏报于朕，朕自会替你做主。你受人蛊惑贸然动了刀兵，兄弟相煎既成事实，国有国法，家有家规，如今你让朕如何处之？若赦免你罪，朝中大臣、天下百姓将指责朕徇私枉法，其他藩王亦会纷纷效仿。如果治你死罪，朕又于心不忍，毕竟我们是同祖同宗的兄弟啊。”

朱寘鐇见朱厚照动情，心中着实感动，愤然道：“陛下不必为难，我朱寘鐇既然违反大明律例祖宗定制罪不容诛，为以儆效尤，为大明万世永祚，任凭皇上处置，我死而无憾！”

朱厚照脸上露出一丝满意的微笑，说道：“王兄，你走了以后朕自然会照顾好你的家人。”

朱寘鐇从椅子上站起来跪地，说道：“陛下，如此我便无忧矣！”

朱厚照双手将朱寘鐇扶回座椅，言道：“王兄是皇家贵胄，即便是死也要死得体体面面，不失我皇家尊严。来人啊，为我王兄沐浴更衣！”

待朱寘鐇换上王服返回牢房时，朱厚照已经离去。只见小木桌上放着四碟菜肴和一个瓷瓶。

朱寘鐇直愣愣地看着那个瓶子，他知道那是皇宫御酒专用器皿，自己曾经多次受到赏赐，多次品尝香醇沁脾的御酒。但是他知道今天的这瓶御酒不再香醇可口，而是皇上赐死的鸩酒！他缓缓地脱下头上的王冠，无言跪拜列祖列宗。他恨刘瑾的凶残，朱厚照的奸诈，更后悔自己生在皇家，如果自己出生在一个普通的人家，或许现在正是颐养天年含饴弄孙的好时光。如今，一切的一切都烟消云散后悔莫及……他缓缓地、颤颤巍巍地打开瓶塞，猛地将御酒一饮而尽。

罪犯朱寘鐇死了，朱厚照却食言了。武宗皇帝对外宣称，自己对朱寘鐇如何宽宏大量，半年来苦苦等待其悔过自新，但他的这位仁兄却冥顽不化，竟然畏罪自尽云云，盛怒之下他下令将朱寘鐇的家人全部处死。

杨一清却是个宅心仁厚实实在在的人，他根据朱寘鐇提供的线索，派杨绍芳等人四处打听其孙朱鼒材的下落。一年以后，终于在山野中的永宁寺找到了削发为僧的朱鼒材，并将其带至京城自家府中，杨一清连夜撰写奏章，祈请皇上赦免朱寘鐇家的独苗苗。

朱厚照杀了朱寘鐇及一家人，朝中多有议论，他心中一直有些愧疚。看到杨一清奏章，意识到这是民心所向，回想起当年对朱寘鐇的承诺，良心发现也有些自责，便有意赦免朱鼒材死罪，这样自己便可以在天下落得个好名声，但又担心有人冒名顶替，便召杨一清询问。

杨一清进言道："陛下，此事不难。"

朱厚照问道："如何处之？"

杨一清回道："臣以为，可让现在内宫浣衣局服役的左宝瓶对其进行辨识。这左宝瓶曾是安化王府的一名宫人，曾是朱鼒材幼时的乳母。"

朱厚照听从杨一清建议，命左宝瓶进殿。

左宝瓶说："要辨识真伪并不困难，记得小时候朱鼒材后背有一块红色胎记。”

朱厚照立即派两个太监前往杨一清家中，经查验果然不差。

朱燕材、左宝瓶主仆相见悲喜交加，左宝瓶惊诧道：“燕材殿下您还活着！老天有眼啊！”

朱燕材跪地与左宝瓶紧紧相拥，失声痛哭：“想不到燕材有生之年还能见到乳娘！”

一旁的杨一清潸然泪下。

左宝瓶止住哭啼，哽咽说道：“殿下，我们主仆能有今日，您要感谢杨大人的救命之恩！”

朱燕材下跪，感激涕零，口称：“谢杨大人再造之恩，燕材永生难忘！”

朱厚照允许朱燕材还俗，但将他废为庶人，并让左宝瓶出宫，随朱燕材回凤阳老家守陵。自此朱燕材与乳母左宝瓶相依为命始为善终。

杨一清释然，他没有忘记自己与朱寘鐇临别时的承诺。

杨一清处事干练谨慎补偏救弊，处理公务甚有成效，深得武宗朱厚照的信任，正德六年（1511 年），皇帝加封吏部尚书杨一清为太子太保，荫其子杨绍芳为锦衣卫世袭百户，次年正月二十日，又改荫杨绍芳为中书舍人。

第三十八章　反目成仇

忙得焦头烂额的杨一清又遇到了一件麻烦事，起因是他的两个学生李梦阳与康海之间发生了矛盾。

李梦阳，因其母梦见日落而怀孕，便为他取名梦阳，字献吉，号空同，明成化八年（1472 年）十二月七日，出生于庆阳府安化县（今甘肃省庆城县），祖籍河南扶沟，故《登科录》直书李梦阳为河南扶沟人。李梦阳师从杨一清，深得其学术真传学业渐长。弘治六年（1493 年），李梦阳登癸丑科乡试解元，弘治七年（1494 年）登甲寅科进士。李梦阳善工书法，得颜真卿笔法，才思敏捷，精于古文词。

康海，字德涵，号对山、浒东渔父，西安府武功县人（今陕西省武功县武功镇浒西庄人）。生于明成化十一年（1475 年）六月二十日。康海祖籍河南固始，宋朝末年其先世因避乱移居陕西武功，至康海时已历七代。从其高祖康汝揖起，即世代为官。他的父亲康墉，字振远，博学多识而有文名，任平阳府（治今山西临汾）知事。在这样一个书香门第、官宦世家，康海从小就受到很好的启蒙教育与熏陶。

孝宗弘治七年（1494 年），十九岁的康海入县学。时任陕西提学副使的杨一清见康海聪慧机敏，便让其进入正学书院就读。在杨一清的悉心指导下，康海的学业渐长文采飞扬，杨一清盛赞其才，并预言其今后必中状元。弘治十五年（1502 年），二十七岁的康海参加廷试，他的对策得到读卷官、内阁首辅刘健高度的评价，称其“词意高古，娴于政理”。在殿试对策中，仗义执言，力陈改善吏制，裁汰庸官，重用才智之士，兴利除弊。孝宗皇帝朱祐樘大加赞赏：“有明以来一百四十余年，进士策论还没有如此绝佳之作！”于是钦点其为一甲一名，赐其状元及第，大魁天下。康海果然没有辜负杨一清的期望，感念其对自己的栽培，曾赋诗《第一关次联句韵上·庵先生》书赠杨一清：

拂曙披云到此关，喜随綦履望名山。
芙蓉半出青天外，沆瀣中分白石间。
定有神功扶帝力，岂须灵药驻衰颜。
攀萦未觉寻行倦，细和新诗及暮还。

康海后升为翰林院修撰兼经筵讲官，曾参与修《宪宗实录》《孝宗实录》两朝实录及《历代通鉴纂要》等。

李梦阳与康海都曾在正学书院就读，拜杨一清为师，为同门同窗好友，相互唱酬感情甚笃，惺惺相惜义结金兰，李梦阳年长三岁为兄，康海为弟。两人情同手足，康海的母亲去世，李梦阳欣然为其母撰写墓碑、墓志铭。李梦阳与康海、何景明、徐祯卿、边贡、朱应登、顾璘、陈沂、郑善夫、王九思等号称明代文学史上“十才子”。

杨一清与李梦阳和康海两位得意门生情同父子，时刻关注他们的成长。一日，杨一清收到李梦阳寄来的诗集，读后大喜过望，回赠《读李进士梦阳诗文喜而有作》，诗曰：

细读诗文三百首，寂寥清庙有遗音。
斯文衣钵终归子，前辈风流直到今。
剑气横秋霜月冷，珠光浮海夜涛深。
聪明我已非前日，此志因君未陆沉。

康海回陕西武功省亲欲返京履职，行前向老师辞行，杨一清得知，康海在浒西庄夸街游行，大宴宾客，见康海志得意满，心生忧患，带病作《送康状元德涵还京》，其诗有云：

平生志本非温饱，远道心犹系庙廊。
归去驷车还故里，年来世爵更新堂。
状元忠孝男儿事，不独文章要擅长。
秋风关塞云鸿尽，何日书来慰所思。

杨一清在诗中委婉告诫康海：不要仅仅满足眼前已经获得的名利地位，风物长宜放眼量，“远道心犹系庙廊”，要牢记为国为民的使命，不要以能写几篇辞藻华丽的文章而沾沾自喜，要以“忠孝”为本。同时袒露了长者对晚辈的思念：“秋风关塞云鸿尽，何日书来慰所思。”诗文字字情真意切，句句肺腑之言，师生之谊溢于言表。康海读完杨一清所赠诗句泪流满面，深为自己的孟浪轻佻而悔恨交加，他看到在朝中，有的所谓师生却是蝇营狗苟，沆瀣一气，结党营私，他深切地感受到，恩师对自己细末之处，知无不言循循善诱，犹如教子一般，这才是天下最纯真的情与爱！自此以后，康海便谨小慎微做人，兢兢业业做事，每遇大事便求教于先生杨一清。

再说，弘治十八年（1505年），李梦阳进郎中，时明武宗初立，宦官刘瑾等“八虎”使皇帝万机渐废，诸大臣上书皆不能上达。李梦阳毅然为户部尚书韩文写疏，请求诛杀刘瑾及其党徒，不幸事情泄露，韩文等被革职入狱。李梦阳身受牵连，正德二年（1507年），刘瑾假传旨贬李梦阳为山西布政司经历，后勒令其退职回家，刘瑾觉得不解恨便又罗织罪名，将李梦阳逮捕下狱。

这已经是李梦阳第三次下狱了。

李梦阳以清流自居，虽然是文人却是个倜傥不羁、性情耿直、嫉恶如仇之人。初授户部主事时，即对当时外戚建昌侯张延龄怙宠横甚、人莫敢问的嚣张气焰深恶痛绝。他不畏权势直言上书，大胆揭发寿宁侯张鹤龄的罪行。张鹤龄于皇帝面前对其百般陷害，将其解职下狱，诸贵戚急欲杀害李梦阳而后快。后因刘大夏竭力申辩，李梦阳才得官复原职。后李梦阳偶遇张鹤龄，为出胸中恶气，便拦住去路将其从马上拽下，挥拳一顿猛揍，竟把他的两颗门牙打掉，张鹤龄忍气吞声无可奈何。

戍守边疆时，李梦阳因为一次疑似官商勾结的纵火案遭陷害被投入监狱，杨一清向朝廷说明实情，李梦阳方才化险为夷。

三十五岁的李梦阳已经做好抱死之心，正当他命悬一线的时候，事情出现了转机。

这日，李梦阳的夫人冒险入狱探视。

她劝李梦阳说："眼见夫君难逃此劫，您不妨向杨一清杨大人求救啊。"

李梦阳虽是落难之人，但铮铮铁骨仍存，他正色道："此乃妇人之见！一人做事一人当，何须连累先生？"

"那么，或许康海先生可以救您一命。"

李梦阳问道："此话怎讲？"

"康海先生不是您的结拜兄弟吗？他定会出手相援。"

"不错，那又怎样？许多人想营救于我但都无可奈何。"

"康海先生人脉甚广，且能言善辩。"

"你不知道，德涵在官场刚正不阿，素来藐视权贵，颇具秦人风范，他哪里肯四处求人？"

"留得青山在不愁没柴烧，眼下只此一路别无他策啊，只能试一试了。"

李梦阳想想也是，便提笔在纸片上写了“对山救我”四个字。“对山”是康海的别号。

李梦阳的夫人拿着纸片去见康海。

康海见是李梦阳的笔迹欣然应允：“献吉兄蒙冤身陷囹圄，我定当全力解救!”

李梦阳的夫人走后，康海方才觉得自己的承诺有些孟浪。许多人纷纷上书为李梦阳求情，皆被刘瑾以皇帝之名驳回，自己又有多大能耐？思考良久猛然想到，解铃还须系铃人，眼下也只能去求刘瑾，虽然自己看不起这个龌龊小人，但为解救良友只得放下身段委曲求全了。

刘瑾欲掌控朝权，除了采用打压对手的方式外，对顺从自己的人则是给予好处。面对康海的请求，刘瑾权衡利弊，为了拉拢康海不得不给他这个面子。此外，那个讨厌的杨一清四处奔走，连篇累牍地上书为他的爱徒李梦阳喊冤叫屈，如果真将他处死势必引起更大的风波，况且祸首韩文已经被处置，想想后便顺水推舟地说道：“德涵先生真君子也！区区小事还累您亲自跑一趟，我这就吩咐刑部放了李梦阳，只是希望他今后不要再多嘴多舌。”

李梦阳出狱后不仅不感谢代为说项的康海，反而冷眼相对形同陌路，起初，康海豁然大度倒也不以为然。

正德五年（1510 年）八月二十九日刘瑾被处死后，朱厚照盛怒之下将刘瑾的死党阁臣焦芳、刘宇、曹元及尚书毕亨、朱恩等共计六十余人撤职。有人揭发康海与刘瑾过往甚密助纣为虐，因而康海竟被划为“刘党”被捕入狱。然而，康海却十分坦然，从不辩白他接近刘瑾的真正原因。

杨一清闻讯大惊失色，接连上疏三道替康海辩白，朱厚照批驳道：“汝乃局外之人，毋庸多言！”

杨一清立即招李梦阳问话。

杨一清说道：“献吉啊，德涵为救你而与刘瑾往来，如今他受牵连，你应该出来为他说句公道话啊。”

李梦阳执拗地说道：“先生从来教导学生要清白做人，而康海却是趋炎附势卑躬屈节投靠阉党，有辱门风！”

杨一清道：“据说是你亲自有求于德涵啊？”

李梦阳道：“先生说得不错，在狱中学生确实给康海写过求救信，仅‘对山救我’四个字，救与不救如何救皆是他的事，哪知他竟然不顾节操如此下作。”

杨一清耐心劝道：“无论如何德涵曾经救过你，况且你们还是好兄弟，你应出面澄清事实。”

李梦阳愤然说道：“此等小人我李梦阳羞与其为伍，早就与他割袍断义！”

杨一清见不能说动李梦阳，喟然长叹：“献吉喜怒哀乐行于色恶太甚，不宜滞留官场也！”

果不其然，李梦阳平反后官复原职，升为江西按司提学副使，依然放荡不羁，多次弹劾同僚，因其得罪的人太多招致群起而攻之。朝廷以“欺压同列，挟制上官”之罪让其居家住闲。正德十四年（1519 年）宁王朱宸濠谋反被诛，原衔恨之人趁机揭发李梦阳是其同党，又将李梦阳逮捕入狱。多亏杨一清 、刑部尚书林俊等人上书力陈李梦阳无罪，才使他得以获释。风风雨雨的宦海生涯，使李梦阳看透了世间之险恶。他治园池，招宾客，饮酒著述，名驰海内。嘉靖八年（1529 年）十二月三十日，李梦阳卒，时年五十八岁。隆庆初年，谥景文，此是后话。

只说杨一清到监狱探望康海，问道：“为救献吉而接近刘瑾，你为何不予申辩?”

康海坦然说道：“杀刘瑾这样的坏人乃是天下的大幸，我个人受些委屈了无所谓，学生与献吉之恩怨就此了断，我未曾负他，自古道君子绝交不出恶声，倒让先生挂牵了。”

有时候被人误解不想争辩，并不是懦弱的表现，因为不是所有的是非都能说清楚，多说无益便选择沉默，沉默如金，沉默是一个人的修为之一，康海选择了沉默。

杨一清听后默然无言，对康海的高风亮节感慨万端。后经杨一清多方斡旋，康海被削职为民得以免除牢狱之灾。

从此康海葛巾野服放浪形骸，寄情于山水之间。一次，康海在镇江焦山弹奏琵琶后，倾倒观者，后人遂将焦山易名为“康山”，以示纪念。康海广蓄优伶，制乐府、谐声容，自操琵琶创家乐班子，人称“康家班社”。与同乡王九思共创“康王腔”，为重振北曲，为秦腔艺术的发展，做出了贡献。朝廷少了一名清廉的官员，天下却多了一位多才多艺的艺术家。

大海深邃亦有暗礁，天空辽阔亦有阴云。康海表面对李梦阳豁达大度无事一般，但内心却是耿耿于怀，或是人性使然。他根据明人马中锡的寓言体小说《中山狼传》改编为一部杂剧，写东郭先生冒险救了中山狼，使它逃过了赵简子的猎杀，反欲吃掉东郭先生，此剧实则影射李梦阳恩将仇报之事，康海只能用此种方式表达自己的郁闷之情。

康海逝于明世宗嘉靖十九年（1540 年）十二月十四日，享年六十六岁。后人遗命以山人巾服成殓，卒时囊橐萧然，检其遗资“借金百余”，而大小鼓却存有三百多副，令人唏嘘。此亦是后话。

第三十九章　无妄之灾

正德十年（1515 年）闰四月，武宗朱厚照命吏部尚书杨一清兼武英殿大学士，入内阁供职，参机务，为首辅，时年杨一清六十二岁，为云南有史以来本省籍在朝廷担任的最高官职，因此故里云南乡人均称其为“杨天官”，所谓天官，即天朝之官，天子之官。一时间亲朋好友竞相祝贺，杨一清却是喜忧参半，这却是为何？

杨一清自幼饱读史书，更熟悉本朝历史，他知道担任首辅个中的风险。

明朝初期朱元璋仿效元朝定制，设置中书省总理朝廷机务，其官有丞相、平章、左右丞、参政，又设吏、户、礼、兵、刑、工部六部尚书。洪武元年（1368 年）正月，李善长为左丞相，徐达为右丞相。李善长是淮西人，与朱元璋为同乡，朱元璋打天下时，李善长积极筹集粮草保障后勤供应，担任丞相期间谨小慎微，徐达虽为右丞相，却长年在外征战，其实是挂个虚名，因此，皇帝与丞相之间并无尖锐的矛盾。

洪武四年（1371 年）正月，李善长致仕。洪武六年（1373 年）七月，胡惟庸由右丞升为左丞相，在职长达七年之久。

胡惟庸，定远（今安徽定远县）人。早年跟随朱元璋，自担任丞相之后便恣意妄为，私自定夺各地及诸部上报之事，甚至官员提拔、犯人处决都不通过皇帝朱元璋。许多希望提拔或求职者争走其门，纷纷送上金银、名马、古玩、字画，不可胜数。更有甚者，一些趋炎附势的小人，大肆渲染胡惟庸在定远的老宅水井中，忽然长出硕大的石笋，又传其祖父三代坟头上，每到夜间便有火光烛天，都说胡惟庸是新皇降世。胡惟庸听了泰然处之自命不凡，更助长了其反叛的野心，胡惟庸便招降纳叛蓄养死士。朱元璋是何等英明之人，早就察觉胡惟庸有谋反异心，洪武十三年（1380 年）正月，胡惟庸被赐死。

朱元璋对胡惟庸的阴谋之所以长期隐忍不发，有着深谋远虑的企划。多少跟随他出生入死的开国元勋都死于莫须有的罪名之下，他可以随意剪除每一个对帝国可能构成威胁的人，何况一个文臣胡惟庸。朱元璋十多年的执政实践证明，丞相制是制约皇权统治的最大障碍，他担心臣大欺主，甚至篡权夺位。因此他的极终目的是要废除丞相制，不仅为自己，更要为子孙万代国祚永兴奠定新的决策制度基础。要实现这个目的，朱元璋有他的难处，中书省、丞相制是自己设置的，胡惟庸担任丞相是自己亲自任命的，轻易除掉他难免天下不服，于是朱元璋耐心地等待，让胡惟庸尽情地表演，让这个毒瘤慢慢长大暴露。朱元璋借此痛下杀手，不仅杀了胡惟庸，并于当年革除了中书省左右丞相、左右丞、参政等官，趁机彻底废除了丞相制，仅保留六部。从此结束了中国丞相制的历史，他的后代遵从他的政治遗产再也没有恢复和建立丞相制。

废除了丞相制，却带来了一系列新的问题，偌大一个帝国大小事情皇帝都事必躬亲一人亲自处理，每日六部三司及各地奏章多如雪片，弄得皇帝苦不堪言，必须建立一种新的辅助决策管理机制。

洪武十五年（1382 年）十一月，朱元璋仿照宋朝制度，设华盖殿、武英殿、文渊阁、东阁诸大学士，又改文华殿大学士，所谓大学士其官职不过正五品，主要职责是“传旨当笔”，承天子命起草诏书，大学士仅仅是皇帝的顾问，这是明朝内阁的雏形。建文年间，改大学士为学士。明成祖朱棣即位后特派解缙、胡广、杨荣等人入午门值文渊阁参与机务，称为内阁，内阁制度至此正式建立。此时内阁仍然只是皇帝的私人秘书，不是权力机构。永乐中期以后，内阁职权渐重，兼管六部，成为皇帝的最高幕僚和辅助决策机构。明嘉靖时世宗朱厚熜，改华盖殿为中极殿，谨身殿为建极殿，将大学士的朝班位次列在六部尚书之前，地位大大提高，内阁大学士虽无丞相之名，实有丞相之实权。

杨一清喜忧参半是有道理的，喜的是进入朝廷中枢，自己可以大展身手，尽其所能为国为民多做一些好事；但是他知道，首辅虽然位高权重，其实内阁大学士只是皇帝的高级助手，对六部三司及各地奏章，内阁大臣所提的建议只能写在一张纸上，贴在奏章上面称为“票拟”，再由司礼太监将票拟上呈皇帝，而皇帝用朱笔作批示称为“批红”，最终作为定论，所以决策权仍然在皇帝手中。首辅则是朝政各种矛盾的焦点，处于风口浪尖之上，首先内阁大臣之间需要协调好互相之间的关系。更重要的是事情办得好，众人认为是皇恩浩荡，齐颂皇帝英明；若是事情出现差池，众人则口诛笔伐兴师问罪，怪罪内阁首辅办事无能，倘若皇帝不高兴，兴许还要被罢免治罪。

于是，杨一清入阁后，兢兢业业如履薄冰，即便如此还是遇到了麻烦事和制造麻烦的人，这个人姓钱单名宁。说起来这个人与杨一清还有一些渊源。

钱宁，幼名福宁儿，云南府镇安（今属云南龙陵县）人，算是杨一清的云南同乡。他的经历与刘瑾有些相似，少时家境贫困，太监钱能在云南任监军时，福宁儿被卖给钱能当家奴，因其能见风使舵阿谀奉承主子，被钱能收为养子，易名钱宁。钱能死后钱宁得继任锦衣百户职。正德初钱宁投靠刘瑾，“曲事刘瑾”，厚颜无耻的钱宁竟然拜比他还小的刘瑾为义父，改姓刘为刘宁。刘瑾便将钱宁荐于武宗皇帝朱厚照。钱宁生性狡猾，但却有一个优点，那就是力大无比善骑射，能够左右拉开硬弓。每次陪同朱厚照狩猎，总是猎物甚多，他却将其中大部分归于朱厚照。一次宫中演武，钱宁在马上背对箭靶，连发三箭皆命中靶心，众人喝彩称奇。朱厚照大喜过望，赐予国姓收为义子。先后升任锦衣千户。刘瑾毙命，钱宁侥幸逃过一劫，仍以刘瑾的手段曲意逢迎朱厚照，累升指挥使、左都督，执掌锦衣卫和诏狱大权，自称皇庶子，恶劣行径嚣张气焰不亚于当年的刘瑾。钱宁与武宗白昼形影不离，有时两个大男人竟然同床共寝，相互狎昵嬉戏直至通宵达旦。百官等候朱厚照上朝时，只要看到钱宁出来，就知道皇帝也要出来了。

杨一清虽然讨厌钱宁的胡作非为，但钱宁毕竟是云南人，在万里之遥的京城能够与老乡同朝共事，也有一些亲切感，再加上担任内阁首辅后，必须要保持上行下达的渠道畅通，所以初期杨一清与钱宁虽然过往不密，但是两人的关系还算不错。

随着钱宁飞扬跋扈劣迹斑斑，杨一清开始逐渐疏远钱宁并感叹：小人得势，君子危矣。杨一清知道钱宁多得武宗宠信，自思昔日与刘瑾争斗之教训，尽量避免与钱宁发生正面冲突，只是事不由己。

钱宁擢升指挥使、左都督，执掌锦衣卫，六部三司及各地官员纷纷祝贺，杨一清均托词身体有恙拒不出席。钱宁心中恼怒，这杨一清自恃他是内阁首辅，却不把自己放在眼里。其下人又进谗言道，杨一清多次上疏劝谏皇帝，祖宗之时从未爽于视朝，如今圣上数月才临朝一次，有时太阳老高才起床，这些行为均有悖于祖宗之章法，此等说法便是嫉妒大人您与皇上之亲密无间。钱宁听罢更是怒火中烧，于是对杨一清怀恨在心，千方百计欲寻找机会清除杨一清以解心头之患。

朱厚照喜欢看戏，一日，钱宁找来一班优伶在宫中演戏，特别邀请几位内阁大学士作陪。由于是皇帝诏命杨一清只得前往。其间一个优伶装扮成山羊跪在路旁，口中不断呻吟："众位大仙，可怜可怜我这快死的羊吧！"两个装扮成仙人的优伶唱道："山羊、山羊我问你，你的羊角哪里去了？没有羊角你怎么活？"

钱宁故意让优伶将"羊角"发音为云南的方言"杨阁"。

朱厚照不明就里，只乐得哈哈大笑。

钱宁跑到杨一清席前问道："阁老，您说这山羊的羊角哪里去了？"他也用云南话将"羊角"发音为"杨阁"。

杨一清明白这是钱宁在讽刺和激怒自己，他并无怒气，打开纸扇轻轻一挥，淡淡地反唇相讥："钱大人所言极是，大千世界无奇不有，我就曾听说，有的人先前无钱，后来却变成有钱且家财万贯，再后来钱又变成牛（刘）了，牛又变成猪（朱），您说奇也不奇？"

钱宁知道，杨一清是在奚落自己卑微的出身，趋炎附势与不择手段敛财的行为，一时间脸上红一阵白一阵，张口结舌竟无言以对，心中却是恨得咬牙切齿。

正德十一年（1516 年）夏，钱宁报复杨一清的机会终于来了。

这年江淮地区连降暴雨五日，河水陡涨堤坝决口，淹没十余万亩农田，城垣损毁民众流离失所。接急报后，内阁首辅杨一清心急如焚，迅疾票拟救灾方案，武宗皇帝朱厚照御笔批红："准奏！"杨一清连夜调集河北、河南、山东、湖广等地粮食、食盐、衣物等物资前往灾区救援。六十三岁的杨一清哪经受得起狂风暴雨，连日连夜地操劳终于病倒了。杨绍芳多次劝谏父亲回京休歇，杨一清执意不肯，始终在第一线坚持抢险救灾。

前方不断传来坏消息，由于水道风大浪高不便行船，救援物资只能依靠陆路运输。马车、牛车将至灾区，却因道路泥泞行动迟缓，待物资抵达时，灾民竟又有数百人饿死，以致发生了一些灾民哄抢救灾物资。杨一清闻讯急火攻心，一口鲜血喷涌而出。

消息传到京城，钱宁大喜过望，认为铲除杨一清的时机到了。

灾情稍缓，正德十一年（1516 年）八月四日早朝，钱宁首先出班奏道："陛下，江淮遭受洪灾，老百姓无家可归，妇孺老幼嗷嗷待哺，而内阁首辅杨一清调度无方，致使数百人死亡，有负王命有损天恩，罪在不赦！"

一些官员纷纷附和钱宁之议。

以工部尚书为首的大臣出列，纷纷替杨一清辩解。

带病上朝的杨一清趋前一步下跪，从衣袖中取出奏章，说道："陛下，臣领衔内阁，然此次江淮救灾失误，全系一清一人之过，且老臣病患缠身，无力再担当首辅之职，臣愿引咎辞职伏乞赐罢致仕！"

朱厚照挥挥手，说道："应宁起来说话。"

杨一清起立拱手道："谢陛下！"

朱厚照说道："应宁啊，朕记得你这是第三次请求致仕了吧？"

杨一清回道："正如陛下所言！"

朱厚照喜欢杨一清的勤奋与耿直，由于他的操劳使自己免却了许多烦心之事，故多次拒绝杨一清致仕回家的请求，但如今面对钱宁等人的逼迫，他只能同意杨一清的请辞。

朱厚照说道："朕就依爱卿之意，你暂且回镇江家中治病休歇。"

杨一清跪地：“谢陛下恩典！”

朱厚照又说道：“来啊，拟旨！”

秉笔太监应道：“是！”

朱厚照随即口授：“着即免去杨一清吏部尚书兼武英殿大学士，内阁首辅之职，准致仕回家，但今后月米照例供给，不得有误！”

朱厚照再次使用了帝王惯用的平衡权术，既平息了朝中钱宁等人的不满情绪，又安抚了老臣杨一清，免得天下人说自己卸磨驱驴。

钱宁终于将杨一清从朝廷中枢驱除，这是杨一清第二次被贬归镇江家中。

第四十章　焦山谈兵

滚滚长江自西向东浩浩汤汤一泻万里，到了镇江地界水面宽阔无垠，江水变得平坦舒缓。靠近南岸一座碧波环抱的山峰兀凸伫立，耸峙于江心，尤为中流砥柱，又宛若碧玉浮江，这是万里长江中一座四面环水、山峰高耸、天堑幽深、怪石嶙峋的岛屿。这便是与金山和北固山共同誉称为“镇江三山”的焦山。

焦山自古以来有许多名称，有樵山、谯山、狮子山、狮岩、双峰山等。此山与江水自然天成浑然一体，苍翠欲滴的山上有建于东汉兴平年间闻名于世的普济寺，宋朝时称普济禅院，元代改称焦山寺，清代康熙南巡来游焦山时将寺名改为定慧寺，沿用至今。焦山寺两旁分别有定别峰庵、自然庵、玉峰庵、香林庵、海云庵等十八处庵寺，称“十八房”，故在佛教禅寺中有着显赫的地位，是中国古代著名的古刹，曾有“十方丛林”“历代祖庭”之称。此外还有华严阁、观澜阁、文昌阁、汲江楼、东升楼、槐影书屋、黄叶楼、浮玉斋等众多亭台楼阁。

岛上柏树、槐树、枫树、银杏丛生，林木蓊郁古树葱茏，满山苍翠绿草如茵，清幽古雅，古刹梵音，晨钟暮鼓，是修身养性的好地方。杨一清赋闲在家便经常上岛与焦山寺僧妙福禅师或吟诗酬唱，或品茗对弈。雨后天晴的秋日，杨一清心情极佳，写下《秋江约游》长卷：

霁晴清秋万里天，一尊长日此盘旋。烟霞深处寻樵径，芦荻阴中系钓船。剧饮平分沙鸟席，豪吟下彻江龙渊。谢公漫有登临兴，宾主东南未乏贤。秋深白露水连天，胜赏兼劳太守贤。旋钓活鱼供野馔，戏歌村曲扣船舷。往来自采岩花食，醉后思分犊草眠。赤壁风光须让此，莫因苏轼羡当年。

杨一清十分喜爱镇江，他把这里当作自己的第二故乡，对焦山更是情有独钟，独立江中的焦山任凭风吹雨打、水浪冲击却岿然屹立，与家乡安宁螳螂川中的石淙何其相似！每每遥望焦山都会唤起他对家乡的美好回忆与拳拳眷念，每次游历焦山都使他流连忘返沉醉其中。在这里他暂时逃离了官场明争暗斗的羁绊与烦恼，得到了精神上的慰藉，弥补了思乡之情。

杨一清把自己遭受诬陷、郁郁不得志的心情寄予镇江的山水之间：

洞口孤云面面生，百年身世坐来清。
一般月色金山寺，十里烟光铁瓮城。
江阁雨余秋水阔，海门风定暮潮平。
青山潦倒虚名在，耻向沙鸥问旧盟。

杨一清喜爱焦山，把自己担任户部尚书时皇帝所赐玉带赠送给主持妙福禅师做镇山之宝。此玉带镶玉三十，色泽纯白，乃世间稀罕之宝物。据说在镇江金山有宋朝苏东坡赠送的玉带，自此两件宝物遥遥相对相互辉映。文人方豪有《玉带歌》赞叹道：

长江东去几万里，金焦两山相对起。两山幽胜既不殊，山中故事合伦比。金有吞海亭，焦有吸江差可拟！金有留云台，焦有碍月宛相似。何以玉带镇山门，金独有之焦无比。得非山乏了元师，无乃世无东坡氏。亭台有无何轻重，山中无此山之耻。寥寥千古间，乃见杨夫子。夫子文章今老坡，得时行道还相过。功成拂衣卧山曲，佳辰载酒焦之阿。醉解玉带付老衲，褆巾朱匮重包罗。佩久已知天子赐，藏珍自有鬼神呵。山门留镇识公意，了元有无何足计。从今金焦无强弱，一解了却不平事。

杨一清致仕的日子虽然轻松写意，但他却无时无刻不在关注国家大事，只愿天下河清海晏。致仕三年后的夏天，杨一清又来到焦山。夏日的镇江酷热难当，但此时杨一清却不是来泛舟观山、吟诗作画、避暑，他在焦急地等候一个人，这个人与最近发生的一件惊天动地的大事密切相关。

明正德十四年（1519 年）六月十四日，大明帝国内乱又起，宁王朱宸濠在封地江西南昌起兵造反了！

这是大明朝历史上的第四次藩王造反。第一次是北平燕王朱棣，第二次是宣德元年（1426 年）八月朱棣的次子及王朱高煦起兵反叛明宣宗朱瞻基，第三次是宁夏安化王朱寘鐇。朱棣、朱高煦与朱寘鐇造反的理由是“清君侧”，而这宁王朱宸濠造反的借口实在是有些荒唐，在起事檄文中，除了尽数朱厚照如何荒诞不经外，竟称当年孝宗皇帝朱祐樘抱错了儿子，当今所谓皇帝朱厚照是个野种，现本人奉太后懿旨起兵吊民伐罪，讨伐伪帝朱厚照等云云。

朱宸濠何许人也，竟有胆量敢于造反？

明太祖朱元璋第十七子朱权与朱棣为同母兄弟，朱元璋得了天下，于洪武二十五年（1392 年）封朱权为宁王，封地在塞外的大宁（今内蒙古赤峰市宁城县）。为防止各藩王拥兵自重，朝廷规定藩王王府卫队的人数不得超过一万五千人，但因为宁王的封地与残元相邻，为震慑鞑靼人朱权宁王府的卫队拥有七万人且彪悍善战，号称“朵颜三卫”。当年朱棣起兵靖难时，由于兵力不足便说动朱权参与，并承诺事成之后兄弟两人平分天下。但是当朱棣登基后却自食其言，担心他这位能文能武的亲兄弟割据一方不好管控，因此不仅没有给朱权增加一寸土地，而且在永乐元年（1403 年），便急不可耐地将朱权的封地自大宁迁至江西南昌，朱权心生厌恨，但木已成舟无可奈何。朱权的王位先后由其孙朱奠培、曾孙朱觐钧承袭。弘治十年（1497 年），朱觐钧死后，其子朱宸濠承袭为宁王。

朱权与朱棣结怨传递到了朱宸濠这一代。朱宸濠是一个有血性的人，不想像他的先辈那样继续忍受屈辱，不想仅仅只做一个默默无闻的藩王，他不仅要替祖先们讨回公道，还要取代那个昏庸荒淫的朱厚照，夺取皇位君临天下，一扫前耻光宗耀祖，仇恨的种子逐渐萌发膨胀，终于在一百一十六年后变成了冲天的怒火。

为了实现报仇雪恨的夙愿，朱宸濠长期秘密地开展各种准备活动。朱宸濠借口防范江西当地的土匪，花巨资买通了刘瑾，此后又贿赂钱宁，二人便以朝廷名义允许其扩大王府卫队。同时朱宸濠尽散家财打造军械招降纳叛，收编了一批江湖土匪强盗与地痞流氓，又暗中胁迫部分地方官员随其举事，共计得八万人，对外号称十万人马。

朱宸濠自认为时机成熟，于正德十四年（1519 年）六月十四日，在他的生日宴会上，诱杀了不肯与其同流合污的都察院右都御史兼江西巡抚孙燧，拉开了反叛的序幕。他听从谋士李士实、刘养正的建议，于正德十四年（1519 年）七月一日，留其侄儿宜春王朱拱樤与内官万锐等守南昌，自己则亲自率领水军顺流而下，势如破竹，不几日便攻取九江、南康，直逼安庆，南京岌岌可危。

在此危急关头，一个人挺身而出主动承担平叛的重任，此人名为王守仁。

王守仁，字伯安，别号阳明，明朝著名的哲学家、文学家、军事家，世称阳明先生。成化八年（1472 年）出生于余姚（今属浙江）。成化二十年（1484 年），王守仁到京投于杨一清门下就学，弘治十二年（1499 年）中进士，此后一直得到杨一清的提携，历任刑部、兵部主事。师生两人关系十分融洽。

朱宸濠谋反时，王守仁担任巡抚汀州、赣州副都御史，孙燧既已遇害，江西群龙无首，平叛的重任自然落在他的身上，虽然已经获得兵部的旗牌，但是他临时调集的只有赣南几个府县的几千名地方军，敌众我寡如何才能对付气势汹汹的叛军？王守仁苦苦思索几日不得要领，突然想起自己的老师，赋闲在家的杨一清，何不前往镇江求教问计。为避免暴露行踪，便相约在这环境幽雅隐秘的焦山商议。

王守仁却是与镇江有缘。王守仁的父亲王华是鼎鼎有名的状元并授翰林院修撰。成化十九年（1483 年），十一岁的王守仁与爷爷王天叙从老家余姚赴京城，途经镇江金山，王华的朋友受托接待王天叙、王守仁爷孙两人。当晚泛舟夜游长江，主人以景为题欲试王守仁才学，此时恰好江水辽阔，清风扑面，皓月当空，王守仁诗兴大发，随口吟诗两首：

金山一点大如拳，打破维扬水底天。
醉倚妙高台上月，玉箫吹彻洞龙眠。

山近月远觉月小，便道此山大于月。
若人有眼大如天，还见山小月更阔。

同行人称赞：后生可畏，果然是王状元之子！

王守仁夜游金山竟成一段佳话。

只说时近黄昏，焦山上的香客陆续下山返回，王守仁从长江南岸象山脚下的渡口乘小舟摆渡过江，不一刻就踏上了焦山。

杨绍芳已经在山下翘首以盼等候多时，两人见面不及多言便急匆匆上山。迎面的焦山寺山门，朱漆彩画，一对石狮镇守大门，进入山门，前面照壁上书“海不扬波”四个苍劲有力的大字，为明代书法家胡缵宗所书。王守仁心有急事顾不得多看，过半山腰壮观亭，拾级而上便来到耸立在焦山东峰绝顶的吸江楼。

为掩人耳目，王守仁头戴四方平定巾身着蓝袍一袭便装，扮成普通儒士模样。他一眼便看见茂密古银杏树下的杨一清，急忙趋上前双袖一摆弓腰拱手，毕恭毕敬敬礼口称：“学生守仁拜见阁老！让您久等了！”

虽然杨一清已经致仕，王守仁仍然尊称他为“阁老”。

杨一清望着满头大汗的王守仁，爱怜地说道：“伯安一路辛苦了！我们且登楼一叙。”

吸江楼原名吸江亭，因亭内四面有木雕佛像，当地人又称四面佛亭。楼呈八角形，有楼梯盘旋而上，回廊四通，八面有景。楼为两层，底层横额写有“江山胜概”四个大字，上层横额题有“吸江楼”三个苍劲大字。

杨一清、王守仁、杨绍芳三人上得二楼，妙福禅师早已备下茶点。

杨绍芳忙着沏茶。

杨一清道：“伯安，此位便是焦山主持妙福禅师。”

王守仁拱手施礼道：“久仰禅师大名！”

妙福禅师亦双手合十，回道：“王施主，幸会幸会！”

杨一清举起茶盏对王守仁说：“你我二人在此幽静之处相见，全得妙福禅师精心安排。”

王守仁亦举起茶盏，说道："守仁谢过妙福禅师！"

妙福禅师道："举手之劳何须言谢。"

王守仁吮了一口茶，便放下茶盏说道："这朱宸濠……"

杨一清轻轻摇动手中纸扇，微微一笑，打断了王守仁的话头，说道："伯安啊，这碧螺春的味道如何啊？"

王守仁心中急切想向杨一清请教前方战事，却见杨一清不紧不慢，便顺口回道："好茶，好茶。"

杨一清又问道："伯安啊，你走南闯北，此茶比杭州西湖龙井如何？"

王守仁哭笑不得，心想我这个老师昔日指点江山、疾恶如仇、胸有韬略，事前说好是商谈平叛大事，为何今日顾左右而言他，或许几年的休闲生活，让他老人家锐气顿挫？自己从两三百里之外的吉安赶来，可能要失望而归了。

平时伶牙俐齿的王守仁此时竟无言以对："这茶啊……"

杨一清合起纸扇，说道："伯安，你且来看。"说完起身来到窗前推开曲棂，王守仁随即走到杨一清身旁。

凭窗远眺，晚霞把长江染成一望无际的橘红，平静的江面帆船点点，大小舟楫穿梭往来，抬眼依稀可见江北碧野辽阔阡陌纵横，好一派安宁祥和。

杨一清转身，疾首蹙额缓缓说道："伯安，接到你的来信，老夫便惴惴不安，我已致仕赋闲乃闲云野鹤，本该修身养性颐养天年，不敢再言国事啊。"

稍停，杨一清轻轻地叹了一口气，说道："只是这朱宸濠谋反，眼见祸起萧墙刀兵又起，难免生灵涂炭，受苦的还是无辜的黎民百姓，老夫岂能投鼠忌器袖手旁观？"

其实，杨一清闻听宁王朱宸濠起兵造反，心中惴惴不安地写下《忽闻江西兵变》：

义气君方激儒夫，忽闻兵变自洪都。
除凶实报勤王念，足食深怀固本图。
政比盘根缝利器，心如秋月映冰壶。
柔风菲菲嗟谁挽？百炼真钢世岂无！

一旁的妙福禅师听了双手合十，口中念道："阿弥陀佛，善哉善哉，杨施主善莫大焉！"

王守仁瞥见杨一清眼中噙泪，心中一阵感动，心想刚才是自己错怪老师了，不觉内疚。

杨一清、王守仁、妙福禅师回归座席，杨绍芳为三人续水后站立一旁。

杨一清摇摇纸扇，问道："伯安，你对目前战事如何研判？"

王守仁拱手说道："学生以为朱宸濠率主力已经攻下九江、南康，下一步必定染指南京。"

"说得不错，那你将如何应对？"

"这正是学生困惑之处。"王守仁说道，"依学生手中微不足道的兵力，即便是穷追猛打也难以为继。"

杨一清道："兵法云，穷寇勿追。"

王守仁不得其解，问道："阁老，朱宸濠兵锋正盛，他可不是穷寇啊。"

杨一清侃侃而谈："朱宸濠冒天下之大不韪蚍蜉撼树，故我视其为穷寇，而今他欲攻取南京，你莫如反其道而为之，集中兵力攻其老巢南昌，届时朱宸濠必然回援，到时候其首尾不能相顾，而后你可分割围而歼之。"

王守仁是个绝顶聪明之人，杨一清的话音刚落，他便击掌叫好："阁老，此乃围魏救赵、围点打援之计也！"

杨一清颔首呷了一口茶。

稍停，王守仁不无忧虑地问道："此计虽好，只是倘若朱宸濠孤注一掷执意攻取南京，岂非功亏一篑？"

杨一清笑了，说道："伯安无须多虑，想那南京乃是六朝古都，墙高壕深兵精粮盈，老夫料定坚守半年不在话下。而今乔宇是为南京留守兵部尚书，老夫即刻修书一封让绍芳前去，使其早做防御准备便可。"

王守仁转忧为喜："急切之中我一时间倒忘记了，阁老的门生乔宇此时便在南京！"

杨一清、王守仁二人谈得高兴，不知不觉天色渐暗，杨绍芳点燃红烛，妙福禅师抬上几碟糕点，说道："三位施主请随意用些点心。"

王守仁一看，见是松糕、绿豆糕、重阳糕、糯米团子等镇江小吃。

杨一清收起纸扇放在桌上，笑道："只顾说话，腹中在唱空城计哩。妙福禅师、绍芳坐下一起吃。"

几人吃了点心，杨绍芳续上茶。

王守仁放下茶盏，说道："阁老，学生还有一事请教。"

杨一清道："你且说来。"

王守仁道："若朱宸濠自安庆败退必走鄱阳湖，据学生所知，其水师战船不仅数量多，而且还有若干艘炮舰，而我方仅收集征用民船百余，如何战而胜之？"

一旁的杨绍芳听后也觉得是个棘手的问题，焦急地说道："这将如何是好！"

杨一清颔首微笑，并不急于回答，只将手中纸扇伸向红烛，瞬间纸扇被点燃冒起一阵青烟。

王守仁起身跪拜：“蒙阁老赐教，守仁如醍醐灌顶茅塞顿开，朱宸濠死无葬身之地也！”

杨绍芳、妙福禅师看得如堕五里雾中，不知道他师徒二人唱的是哪一出戏，打什么哑谜。

杨绍芳道：“父亲，好端端的一把扇子如何就烧了，那可是您的心爱之物，上面有李梦阳的题诗啊！”

王守仁拱手笑道：“守仁之过也！”

王守仁继续说道：“绍芳、妙福禅师，阁老此乃教我仿照当年周公瑾在赤壁火烧曹操战船之计啊！”

此时，妙福禅师与杨绍芳方才恍然大悟。

王守仁向杨一清拱手说道：“军情紧急，守仁就此告辞！望阁老珍重！”

杨一清亦拱手还礼：“伯安，日后记着还老夫一面苏州纸扇哟。绍芳，送王大人下山。”

杨绍芳道：“是。”

杨一清深知镇江乃是江南诸地之要冲，倘若镇江一旦失守，则吴越之地尽皆沦陷。送走王守仁后，杨一清不顾年老体弱，危难之际挺身而出，督促巡按御史叶忠调金山、镇海诸卫之军前来防守镇江。安排杨绍芳及家人以家中存粮赈济守城兵士，同时捐资招募青壮年协助官兵防御来犯之叛军。

后来的战事进展正如杨一清所料，王守仁猛攻南昌，乔宇死守南京，朱宸濠担心王守仁端了老巢只得撤退回援南昌。正德十四年（1519 年）七月二十六日，朱宸濠在鄱阳湖黄家渡与王守仁军相遇，王守仁以小船火攻朱宸濠的水军，叛军战舰灰飞烟灭，朱宸濠及其子、李士实、刘养正、王纶等被擒获。随后王守仁收复南康、九江，宁王朱宸濠苦心准备十年的叛乱终于被王守仁平定，历时四十三日。王守仁显示了他卓越的军事指挥才能，创造了以少胜多、以弱胜强的光辉战例，九州大地再一次结束了内乱。

获胜之后，王守仁感慨万千，没有忘记杨一清对他的指教，于是欣然赋诗《杨邃庵待隐园次韵五首》书赠他的老师杨一清，感激之情溢于言表，现录其中两首：

绿野春深地，山阴夜静时。
冰霜缘迳滑，云石向人危。
平难心仍在，扶颠力未衰。
江湖兵甲满，吟罢有余思。

芳园待公隐，屯市待公亭。
花竹深台榭，风尘暗甲兵。
一身良得计，四海未忘情。
语及艰难际，停杯泪饮倾。

杨一清及时回诗一首《得王阳明诗依韵寄答》：

闻变幡然作，亲提一孤旅。
欃枪浮太白，氛祲暗重湖。
慷慨平原义，周旋宁武愚。
成功何易易，帷幄妙订谟。

第四十一章　丹心葵藿

武宗朱厚照是个刚愎自用、性情怪诞的皇帝。当王守仁奏报已经剿灭叛军，不日将押解朱宸濠进京献俘时，满朝上下欢欣鼓舞，礼部已经着手准备平叛仪式，吏部正准备拟定嘉奖人员名册。此时朱厚照却下了一道奇怪的圣旨："即刻将朱宸濠放归山林，朕要亲自活捉这个叛逆！"于是不顾首辅杨廷和及朝臣的劝阻与反对，执意带领江彬、张永率军南下，并自封总督军务、威武大将军、总兵官太师、镇国公，搞得满朝文武大臣啼笑皆非。

朱厚照南下的个中秘密只有江彬最清楚。

江彬，宣府人（今河北张家口市宣化区）。初为蔚州卫指挥佥事。正德六年（1511 年），在一次平息盗贼的动乱中，江彬被盗贼射中三箭，其中一箭不偏不倚射中其左耳，江彬忍痛拔箭继续战斗，结果大获全胜，江彬一战成名。江彬交好钱宁，于是钱宁向武宗朱厚照大肆吹捧江彬的战绩，武宗皇帝召见江彬，亲自查看其耳际留痕，大为嘉奖："彬，朕之猛将也！"遂赐予其国姓。

一日，朱厚照突发奇想，在宫中要作逮捕老虎的游戏，想当一会儿打虎英雄。当老虎迫近时，朱厚照急忙向身旁的钱宁大呼，钱宁惧怕老虎而不敢上前营救，在此危急之时，江彬奋不顾身将老虎驱赶，朱厚照方才转危为安。朱厚照见江彬忠勇，自此便把他留在自己身边，"帝出行幸皆御之"。

江彬乃一介武夫，又是个奸佞小人，依赖武宗朱厚照的宠幸无恶不做，比之刘瑾、钱宁有过之而无不及。《明史·江彬》载：正德十二年（1517 年）八月，朱厚照微服至宣府，“彬从帝，数夜入人家，索妇女。帝大乐之，忘归”。又载：“延绥总兵官马昂，有女弟善歌，能骑射，解外国语，嫁指挥毕春，有娠矣。昂因彬夺归，进于帝，召入豹房，大宠。”凡此种种不胜枚举，江彬为讨朱厚照欢心，不择手段罔顾伦理道德可见一斑！

江彬知道朱厚照不是一个披肝沥胆勤于政事的好皇帝，不甘于久居深宫大院过那种单调无聊的生活。此次正好找了个平叛的借口，趁此南巡的机会，前往江南游山玩水寻花问柳，而自己则可趁机大肆敛财。

再说王守仁得到圣命，无可奈何只得将朱宸濠释放，而后再将其重新抓获，且报捷称：“奉威武大将军方略讨平叛乱。”朱宸濠在通州被处死，其尸被焚挫骨扬灰，方才解了朱厚照的心头之恨。朱厚照放虎归山再擒朱宸濠成为明朝的第一闹剧。

处决了朱宸濠之后，朱厚照从南京出发仍旧继续南下。江彬给他的主子安排了各种各样涉艳猎奇的活动，朱厚照高兴万分乐不思蜀。沿途各地的官员知道这个化名朱寿的人就是当今的皇帝，哪里敢怠慢得罪这位天字第一号的人。于是苦了这些迎来送往的官员。朱寿的行踪漂浮不定，事前不通知不打招呼，说不定哪一天就到了自己管辖的地区，官员们既要安排高规格的吃住，还要向皇帝进献奇珍异宝 。

朱厚照一路之上游山玩水钓鱼捕猎，江彬狐假虎威假传圣旨，趁机搜刮钱财，如若不从则罗织罪名，轻则坐牢重则流放杀头。江彬知道朱厚照厌倦了后宫三千嫔妃，每到一地便为皇帝四处找寻美女供其玩乐，搞得官府与百姓怨声载道。听说朱厚照要到扬州巡视，扬州城内一片慌乱。《明史·江彬》载：“（朱厚照）至扬州，即民居为都督府，（江彬）遍刷处女、寡妇，导帝渔猎。”扬州士绅百姓家中有未婚少女的，顾不得什么门当户对，什么彩礼多寡，急急忙忙纷纷将自家的女儿嫁出去，以免被锦衣卫和太监拉去孝敬皇帝。少数民族地区有“抢新娘”的习俗，那时的扬州却出现了“抢新郎”“拉郎配”的荒唐闹剧。

朱厚照在扬州闹腾了几日，突然想起前几日王守仁在奏报中提到，在平息朱宸濠叛乱中，曾经得到杨一清的指点。朱厚照感慨万千，杨一清昔日劳苦功高却蒙受不白之冤，虽已致仕仍不忘国事，毁家纾难抵御叛军，不觉心有愧疚，默然一阵提笔写下诗一首：

宸濠反叛苦生灵，意急心忙岂暂停。

财富之地赖保障，获守江南第一城。

写完意犹未尽，又作一首：

美意丹衷实可夸，愚顽逃窜闹喧哗。

自周米粟千千石，为国为民忘却家。

朱厚照搁笔，端起茶盏吮了一口，眯起眼睛正在欣赏自己的诗作。

江彬入内，拱手问道：“皇上，下一站前往何处，请示下！”

朱厚照转过身，说道：“过江去镇江。”

江彬满脸疑惑道：“镇江？”

朱厚照自言自语道：“该去看看朕的那位老朋友了。”

次日，朱厚照一行南渡长江来到镇江。这次朱厚照一如既往，事前没有通知镇江的官员和杨一清，他下令随行的大队人马驻扎在城外，自己与张永、江彬换了便服去寻杨一清。

自从杨一清、张永联手除了刘瑾，两人便成了好朋友，张永是个讲义气的人，虽然杨一清致仕赋闲在家，张永仍然对他恭敬有加，有时出差便顺道亲往拜访，逢年过节即差人送来礼品，张永对杨一清的私邸自然是熟门熟路。有张永带路毫不费事，过了南门丁卯桥，朱厚照一行便来到石淙精舍。

江彬上前扣响绿漆大门上的兽面锡环，不一刻大门缓缓开启。

一孩童探身问道："请问客人有何贵干？"

江彬拱手说道："劳烦这位小哥通报，现有我家主人自京城而来，欲见杨阁老。"

门童亦拱手还礼："实在抱歉，我家老爷今日不在府上。"

江彬问："敢问小哥，可知阁老何往？"

门童回道："老爷与公子昨日去了焦山寺。"

江彬又问："大约何时返回？"

门童道："有时一日，有时二三日，却无定数。"

江彬拱手道："知道了，谢过小哥。"

江彬转过身来对朱厚照说道："陛下，这杨一清归无定时，臣以为不可滞留镇江耗费时间。"

张永道："陛下，奴才倒有个建议，莫如我们去往焦山，一则看望杨阁老，二则游览那千年古刹。"

朱厚照道："所言极是。"

秋日细雨如藕丝，焦山被薄雾笼罩，起伏的山峦偶露峥嵘，寺庙若隐若现，路旁的竹林沾了雨露更加青翠欲滴，山林一片寂静安宁，雨丝中空气格外清新沁人肺腑。

山间小道上，江彬为朱厚照撑着黄色油纸雨伞，张永尾随其后，三人在雨雾中缓缓行进。

走了一阵，张永见迎面走来一位僧人，便上前问道："请问这位师傅，可见杨一清杨大人？”

中年僧人双手合十答道：“杨阁老与妙福禅师在叙话哩。”

张永道：“我等远道而来，欲见杨大人却不识路，可否劳烦师傅引路？”

“三位施主请随我来。”

朱厚照、张永、江彬随那僧人逶迤前行，过了三诏洞拾级而上，半山腰有一座六角亭，朱厚照抬眼一看却是“壮观亭”三个大字。

亭中杨一清与妙福禅师两人正在专心对弈，杨绍芳在一旁注目观看，带路的僧人欲上前禀告，却被朱厚照止住。

棋盘上黑白两条巨蟒交叉纠缠，杨一清与妙福禅师正杀得难分难解不分高下。朱厚照蹑手蹑脚走上前去，说声：“雨中对弈，先生好雅兴！”

杨一清扭头一看，见是朱厚照！大惊失色急忙下跪，口称：“一清见过……”

因为杨一清已经致仕，朱厚照不能称其为“阁老”，而杨一清亦不能称自己为“臣”，只得以名自称。

未等杨一清将“陛下”二字说出口，朱厚照便打住他的话头，笑盈盈地说道：“朱寿大老远从京城赶来见老朋友，你却让我吃了个闭门羹，只在这里寻得先生。”边说边扶起杨一清。

一旁的杨绍芳张着大嘴惊诧万分却不敢出声，妙福禅师身在佛门不问世事，自然不知道眼前的这个朱寿竟是当今皇帝，真以为是杨一清的故友。

张永、江彬两人上前向杨一清施礼。

张永道：“阁老，别来无恙？”

江彬道：“见过阁老！”

杨一清回礼，转身说道：“此位是焦山寺主持妙福禅师。”

妙福禅师双手合十道：“贫僧见过三位施主。”

朱厚照、张永、江彬三人亦还礼。

杨绍芳趁他几人寒暄之时，已将黑白棋子、棋盘、茶盏收拾干净。杨一清请朱厚照上首坐定，杨绍芳重新沏上香茗。张永、江彬不敢造次，站立朱厚照身后。

朱厚照走得有些渴了，喝了几口茶，问道：“应宁啊，此处为何称为‘壮观亭’？”

杨一清回道：“此亭建于明朝天顺年间，亭名取自李白‘登高壮观天地间’之诗意。”

朱厚照道：“甚佳！”

见细雨已停，杨一清道：“请移步观之。”

朱厚照举目眺望，此时云开雾散，只见白水青山，南临铁瓮，北瞰瓜州，西接金陵，东控海门，自然壮观，不觉心旷神怡。

朱厚照转身见亭旁有千年古柏一株，挺拔潇洒，如蛟龙昂首，顶天立地，枝叶茂盛，苍翠葱郁，独木成林。亭柱上刻有三副楹联：“江天共一览；心迹喜双清。”“砥柱镇中流，此处好穷千里目；海门吞夜月，何人领取大江秋。”“金山共此一江水；王母来寻五色龙。”不禁脱口说道：“好一个砥柱镇中流！”

杨一清说道：“难得三位忙里偷闲，不妨请妙福禅师引导拜谒佛祖。”

朱厚照颔首应允。

一路之上妙福禅师如数家珍，详细介绍别峰庵、自然庵、玉峰庵、香林庵、海云庵等十多个庵寺。朱厚照余兴未尽，当晚便留宿焦山。

这晚，妙福禅师将杨一清请至禅房，轻声说道：“阁老，贫僧有句话不知当讲否？”

杨一清道：“大师多虑了，你我交往至深非一日也，但说无妨。”

妙福禅师依然轻声道：“我观你那朋友朱寿，虽然身体健硕红光满面，但眼神之中却有一丝黯淡，且口鼻之处暗藏灰白，恐是酒色过度所致，命不长矣。”

杨一清疑惑：“我知大师精于医道常治病救人，只是我这朋友富甲天下养尊处优，且正当壮年风华正茂，该不至于此吧？”

妙福禅师见杨一清疑惑，只得叹息一声。

杨一清知道朱厚照那些荒诞不经之事，但是朱厚照毕竟是皇帝，是一国之君，倘若朱厚照真有不测，又将引发皇权之争，难免腥风血雨殃及天下黎民百姓，天下孰人能幸免？杨一清只愿朱厚照能够改弦更张励精图治重扬国威。

翌日一大早，朱厚照、杨一清、张永、江彬、杨绍芳等人，在妙福禅师陪同下又游览了华严阁、观澜阁、文昌阁、汲江楼、东升楼，朱厚照心情大悦。

午时吃过斋饭，妙福禅师献上茗茶，朱厚照吮了一口，放下茶盏，突然说道：“妙福听旨！”

妙福禅师听得威严一声，不知所措一时竟愣住。

杨一清连忙扯了妙福禅师衣袖，轻声说道：“上座者乃当今皇上，还不快快听旨。”

妙福一听慌得急忙下跪，口称：“妙福听旨！”

朱厚照说道：“朕听应宁说，你早年皈依佛门，苦苦修行研读佛经数十年，实乃得道高僧。逆贼宸濠反叛，你开水陆道场七日，祈求佛祖保佑大明及苍生黎民百姓，善莫大焉！朕心甚慰！今封汝为三山都纲！”

妙福禅师此时恍然大悟，此次皇帝是微服私访焦山，不待多想立即回道：“妙福接旨，谢主隆恩！”

朱厚照又说道：“朕观焦山部分寺院年久失修，尤其是那水晶庵破损严重。回京之后，江彬你督礼部下拨银两作修缮之用！”

江彬拱手道：“臣遵旨！”

朱厚照起身拉着杨一清的手，说道：“老爱卿，现在不用再打哑谜了，朕要去你那个石淙精舍喝酒哩。”

妙福禅师率众僧人将朱厚照、杨一清等人恭送至山下渡口，妙福禅师双手合十目送木船驶离，口中朗声说道：“镜心澄明，本自还原。去留无意，浅笑安然。圣光闪闪，无垢无染！”

杨一清默念三遍然不得其解。朱厚照只道是妙福禅师送别时的颂词，高兴而去。

来至杨府门前，朱厚照将张永、江彬打发回军营，吩咐两日后再来杨一清私邸迎候。

朱厚照与杨一清白日在桂花树下石桌对弈，黄菊丛中品茗，晚间在月光下漫步，整日谈天说地。一个是“殷勤来访相臣家”，一个是“焦山望幸已多时”，两人兴致颇高。忆及关中养马，镇守三边，智平朱寘鐇，铲除刘瑾，扫荡朱宸濠，两人皆唏嘘不已。

隔日晚，杨一清在府中茂祉堂设宴款待朱厚照。

杨绍芳特地请来镇江庆丰斋张大厨师掌勺，此时正值江南秋日，鱼肥蟹黄藕白，张大厨师端上糖醋鱼、清蒸黄蟹、爆炒腰花、油淋大虾、狮子头、面筋及白藕红菱等时鲜蔬菜，满满摆了一桌子，虽不及皇宫的美味佳肴，朱厚照却是吃得津津有味。杨绍芳不断上酒，君臣二人一酬一酢推杯换盏互叙友情。酒至半酣朱厚照微醉，放下酒杯说道："绍芳，拿纸笔来！"

杨绍芳取来纸笔，杨一清一旁研墨，朱厚照提起狼毫饱蘸香墨，边吟边写，只见成诗一首：

正德英名已播传，南征北剿敢当先。

平生威武安天下，永镇江山万万年。

朱厚照平时不学无术，却喜欢附庸风雅，杨一清一生著书立说堪称一代大文豪，在他看来此等劣作充其量只能算是打油诗，只是时间紧迫，他要趁此机会劝谏朱厚照，先要取得皇上欢心，于是违心地说道："陛下大作气势磅礴，前无古人后无来者！"

朱厚照重又提笔落款：大明正德龙集庚辰后八月二十日，锦堂老人书于大学士杨一清私第。

朱厚照突发奇想给自己取了一个"锦堂老人"的雅号。

杨一清见朱厚照高兴，明日他就要离开镇江，心中积蓄许久的话此时不说更待何时，便跪地进言道："陛下欲使大明江山万万年，便应以史为镜，隋炀帝杨广下江南靡费资财，以致丢了江山成了亡国之君，殷鉴不远当引为前车之鉴，陛下应远离奸佞小人，改弦更张励精图治，不负列祖列宗天下百姓，此乃一清肺腑之言！"

杨一清话刚出口便觉不妥，这不是将当今皇帝朱厚照与杨广相提并论吗？瞬间又想，长时间耳闻目睹朱厚照荒诞不经之事，如鲠在喉不吐不快，为社稷黎民百姓，即便是朱厚照要治罪，自己也死不足惜！

朱厚照突然猛一拍桌，吓得杨绍芳扑通跪地双腿打战。

只听朱厚照大喊一声："应宁，天下第一良臣也！"随即扶起杨一清，说道："老爱卿忠心耿耿，令朕感佩！"

朱厚照此次借口平息朱宸濠，离开京城之初，便遭到内阁首辅杨廷和等众人的强烈反对。一路之上，保定府、山东府等地的御史纷纷上奏章劝阻其南巡，对江彬趁机敛财也有所奏报。今日又见杨一清以死相谏，深知自己此行惹得朝野上下怨声载道，加之自觉近来精力有些匮乏，便欣然接受杨一清的劝谏，决意终止继续南巡，即日自镇江返回京城。

朱厚照紧紧握住杨一清的手，诚恳地说道："前些日子，朕受小人挑唆，致使你遭受委屈了，朕将诏你回京赞划中枢。"

杨一清道："一清无意个人之进退，只望我大明四海景平。"

翌日，张永、江彬来到石淙精舍屋前迎驾。江彬拱手问道："皇上，下一站是去杭州还是苏州?"

朱厚照一脸铁青，挥挥手，说道："什么杭州、苏州，摆驾回京!"

张永、江彬一脸茫然。

朱厚照心有余而力不足，没有能够兑现对杨一清的承诺，将其调回京城复职，没有能够重整朝纲一展雄风，因为回到北京后朱厚照便一病不起，御医们竟然查找不出病因，不久便撒手人寰，应验了焦山寺妙福禅师的箴言。

第四十二章　出将入相

正德十六年（1521 年）二月，明武宗皇帝朱厚照驾崩，享年仅三十一岁。朱厚照无子嗣继承，朱厚照之母张皇太后与内阁首辅大臣杨廷和密议，遣太监谷大用、大学士梁储等人，以武宗皇帝遗诏之名义，迎接宪宗皇帝朱见深之孙、兴献王朱祐杬之独子、武宗朱厚照之堂弟朱厚熜进京。时年仅十五岁的朱厚熜即位，是为明世宗，改明年为嘉靖元年（1522 年）。

一开年，新皇帝朱厚熜皇位尚未坐稳，就遇到许多烦心事，正月刚做完春祭，清宁宫的后殿遭受火灾焚毁，二月南京针线厂失火损失惨重，接着又是通州城楼失火，三把大火似乎预示着某种凶兆，使得京城舆论哗然人心惶惶。

嘉靖二年（1523 年）春正月，鞑靼部的达延汗闻听明朝幼主登基，认为有机可乘，便率军进袭沙河堡，总兵官杭雄力战抵御。三月鞑靼俺答部转而进袭大同。秋八月，达延汗又犯丁字堡，都指挥王纲战死。

嘉靖三年（1524 年）春正月，边关又传来急报，鞑靼元帅亦不剌、副帅阿尔秃斯占据青海，率两万大军沿途侵扰肆行抢杀，气势汹汹直逼固原，一时间京畿震动。

年幼的朱厚熜惊恐万分，六神无主，不知所措，只得计问于众大臣。

嘉靖三年（1524 年）十二月，礼部尚书席书向朱厚熜建议启用杨一清，他说道：“生于我前者，臣得一人，即杨一清，生于臣后者，臣得一人，即王守仁。杨一清可经略西北。”

兵部尚书刘大夏说道：“杨一清虽引疾乞身，犹不忘国。其才猷得望，外夷畏服，天下怀仰。性资英睿，器局宏敞，蕴天人之学，饱经济之才，识见长于料事，机权足以应敌，史官久于西北熟知夷情。”

众大臣亦纷纷附和席书、刘大夏的建言。

在朱厚熜即位之前，其父亲兴献王朱祐杬就对他说过，楚地有三雄，刘大夏、李东阳及杨一清，如果有这三人相辅佐则天下安矣。朱厚熜见群臣极力推荐，一时间亦选不出比杨一清更合适的人挂帅应敌，便说道：“卿等言之有理，准奏。着即拟旨，任命杨一清以少傅、太子太傅改兵部尚书、右都御史，总制陕西甘肃延绥宁夏三边军务。”

朱厚熜生怕杨一清因为十年前被罢官之事，耿耿于怀而不肯接受任命，便亲自拟定诏书：

卿童年颖拔，积学词林，早登甲第，列官禁署，出典学政，入为太常，寻擢都台，专督马政，才猷茂著，声望日隆。握边陲总制之权，平西夏逆藩之乱，威震虏幕，功裨谟，乃晋司徒，遂迁冢宰，总领众职，寅亮天功，简在黄扉，益竭丹悃，病缘忧国，身乃乞闲，而公论在人，有才不尽用之惜。朕嗣承大统图任旧臣，共成化理。惟卿累耆朝俊，实轸朕怀，方将召用。

朱厚熜言辞恳切，历数杨一清一生业绩功勋，自己渴求贤才之意溢于言表。杨一清接诏后老泪纵横感动不已。已经致仕十年，七十二岁的杨一清此时有病在身，已是心有余而力不足，因此连上两疏，申明自己年事已高，恐难胜任或贻误国事，恳请世宗撤销任命。

嘉靖四年（1525 年）二月，边境再次传来警情：“虏将大举南牧。”世宗朱厚熜征询朝中大臣意见，竟无人愿意挂帅出征，无奈之下朱厚熜再次亲拟诏书。

朱厚熜知道自从剪除刘瑾以后，张永与杨一清关系甚好，于是特派张永前去传旨。

张永接到皇帝命令，知道此事非同小可，不敢怠慢星夜启程，马不停蹄地赶往镇江。

一路之上，张永思考如何才能说动他的这位老朋友再次出山，挽救危局。

张永抵达镇江后，并不急于去见杨一清，却派人在街巷阡陌四处敲锣打鼓，并在东南西北四个城门张贴皇榜，只半日时间，全城官吏乡绅妇孺老幼都知道杨天官又要领兵出征了。

造势之后，张永来到石淙精舍门前，仍让众鼓乐手不要停歇，在一派锣鼓喧天声中，张永大步入内。

此时，杨绍芳正在给躺在床上的杨一清喂汤药。

杨一清听见外面一阵阵喧哗，便问杨绍芳：“哪家办喜事如此热闹？”

杨绍芳回说：“孩儿也不知。”

话音刚落，只见张永手捧黄缎圣旨走了进来，口中唱喏：“杨一清接旨！”

杨一清急欲起床，张永已经来到病床前，说道：“皇上口谕：朕知杨一清尚在病中，接旨可不必拘礼！”

杨一清咳嗽两声，说道：“罪臣杨一清谢天恩！绍芳可替父跪拜接旨！”

杨绍芳立即放下手中药碗跪地低头。

张永展开圣旨朗朗诵道：

奉天承运，皇帝诏曰：近因边方多警，言官请于陕西三边复设提督军务大臣一员，佥谓卿兼资文武，名播中外，昔在关陕，熟知关塞险易、夷虏情状，及防御战守事宜，部曲将领多所拔识，边墙又尝究心，老成练达无能出卿右者，乃起卿于家，改授少傅兼太子太傅兵部尚书兼督查院左都御史，前去诸边提督军务。其陕西延甘肃四镇军马并一应军务，悉听尔便宜处置；镇巡以下，许以军法从事。卿昔简居秘阁，任重望隆，军旅之事，若非可以劳卿者，然古昔大臣，若周尹吉甫、方叔、召虎，唐裴度、郭子仪，宋韩琦、范仲淹，皆出将入相，茂建勋庸，卿以古名臣自待，忠义自许，谅不以内外劳逸为轻重也。

连同诏书送来的还有尚方宝剑、符验、旗牌、关防印信。

朱厚熜此番诏命，先是对杨一清勉励褒奖一番，将杨一清誉为周朝的吉甫、方叔、召虎，唐朝的裴度、郭子仪，宋朝的韩琦、范仲淹等良臣名相。

杨一清虽然隐居镇江，得知朱厚熜在杨廷和的辅佐下整顿朝纲布施新政，裁剪锦衣卫及内监十四万八千余人，省减漕粮一百五十余万石，清理被太监侵占的京畿良田，惩处弄权宦官，处死钱宁及养子十一人，妻妾被罚为奴，从其家中抄没黄金十余万两，白银三千箱，玉带两千五百束，胡椒数千石。同时将江彬及其子江勋、江杰、江鳌、江熙等斩首示众，妻妾皆被罚为奴，在其家中抄没黄金七十柜，白银两千两百柜。杨一清以为朱厚熜是个中兴之主，今后国家大有希望。

正在此时门外噼里啪啦的爆竹声越来越近。杨绍芳急忙外出查看，一会儿引进四五个人。

领头的竟是焦山寺妙福禅师。

杨绍芳招呼众人在茂祉堂就座，而后搀扶父亲缓缓来到堂内。

妙福禅师道：“民众知道杨施主将西征，蜂拥而至街巷阻塞，燃放鞭炮庆贺，推举我等五人为代表前来转达民意。”

杨一清拱手道：“一清洗耳恭听，愿闻其详。”

妙福禅师说道：“民众都说，我等虽居江南腹地，然鞑靼犯边气势汹汹，若糜烂中原则覆巢之下无完卵，到时玉石俱焚国无宁日矣，只愿杨施主复出守我边塞，保境安民善莫大焉！”

妙福禅师又道：“我知您身带病疴，贫僧略懂医道，愿意随军前往西北随时为您调治！”

杨一清思前想后，在此危急之时，虽然自己病疴缠身，为国为民也应该挺身而出。杨一清仿佛听见了战马嘶叫鼓角争鸣，面对国家危难，皇帝柔中带刚不容分辩的命令，民众的殷殷期盼，耄耋老人杨一清的眼眶湿润了，他默默地点了点头，喉头哽咽眼角渗泪，说了一声：“臣杨一清接旨，谢主隆恩。”杨一清终于下决心欣然带病出征。

妙福禅师等众人欣喜离去。

杨一清更衣后，手拄拐杖，来到茂祉堂与张永重新分宾主坐下，杨绍芳送上香茗。

张永又奉上皇帝赏赐的白金五十两。

张永说道：“在下贺喜阁老！”

杨一清道：“承蒙圣恩，只恐一清身负病疴有心无力啊。”

张永吮了一口茶，说道：“阁老此言差矣！此番朝廷重新启用，一是边塞情势紧急，新君倚重于您；二是阁老回归朝廷中枢，亦是洗清钱宁等奸佞对您的诬陷之词。大丈夫立世一生重在名声与气节也！为国为民为己，您都应当挺身而出！”

杨一清默默颔首。

傍晚，杨一清与远道而来的张永共进晚餐。

酒过三巡，张永说道：“离京之时皇上嘱咐，杨一清身体有恙，今后朝议免去跪拜。另又派御医一名随军照护阁老。”

杨一清感叹道：“当今皇上真乃中兴之主啊！”

红烛闪烁，红光照射着银须银发的杨一清，张永不由嗟叹：“时光荏苒，我们不知不觉已经老矣。”说罢举杯一饮而尽。

杨一清感同身受：“是啊，此次西征可能是我最后一次力所能及之事了！”

杨绍芳为张永上酒。

张永起立举起酒杯，说道：“阁老，在下今日有个不情之请。”

杨一清虚手一抬，说道：“哦，张公公请讲。”

张永说道：“天下人都敬仰阁老文采，在下亦然，倘若在下走在您前面，烦请阁老替我作墓志铭，则此生足矣！”

杨一清望着眼前这个先前使自己讨厌，又因联手铲除奸佞刘瑾而成为挚友的张永，说道：“一清记得张公公生于成化元年，尚比我小十一岁，何出此言？”

张永说道：“俗话说雁过留声人过留名，在下知道我一生做过一些坏事，也做过一点好事，愿我死后阁老笔下留情哦。”

杨一清以为他只是一句玩笑话，便顺口允诺：“如果我还能从陕甘活着回来，定为公公着墨挥毫。”

哪知道就是杨一清这随意一说，日后竟然为自己埋下了致命的祸根。

嘉靖四年（1525 年）三月七日，杨一清正在北京西苑校场点兵，皇上又传圣旨：“陕西延绥甘肃宁夏四镇军马并一应军务，悉听尔便宜处置；镇巡以下，许以军法从事。”全权授权杨一清处理三边军务以解除其后顾之忧，并命赵充国率兵一万以为后援。

杨一清感激涕零，赋诗一首以回皇上：

西北风尘帝顾多，老臣承诏出岩阿。
便宜欲上赵充国，矍铄还非马伏波。
十乘戎行新节钺，三边精采旧关河。
极知君命如山重，感激浑忘两鬓皤。

杨一清扶病冒着早春刺骨朔风，督师日夜兼程西进，四月一日进入陕西地界，旋即进入潼关，身披红色斗篷，立在马上的杨一清，迎着凛冽的寒风，望着漫天飘飞的鹅毛大雪，旧地重归无比感慨，遂吟诗《三入关》一首：

云霄倦鸟早知还，又趁刚风上九关。
举手未能扶日毂，弯弓犹欲射天山。
消磨岁月频搔首，指点平生一汗颜。
却忆江南山水窟，尽多名胜待攀登。

“二十年来三建节，六千里外五筹边”，杨一清老骥伏枥，第三次任三边总制，出将入相传为历史佳话。

第四十三章　威震三边

虽然亦不剌和阿尔秃斯曾经被击溃，但杨一清不敢轻敌，他深知对手实力强大，且有备而来气势汹汹。此战非同小可，责任重大不容有失，此是自己复出的第一战，应该多听取麾下众将的意见，以便集思广益再做出决策，于是一面派出斥候打探鞑靼人的动向，一面准备召开临战前的分析会议。

翌日卯时天色朦胧，杨绍芳大声喊道："总制大人升帐啰！"

众将官鱼贯而入肃穆站列两旁。

杨一清端坐大帐上首，谦虚地说道："大战在即，诸位有何高见，不妨畅所欲言。"

甘肃西路（肃州）右参将吴纮首先出列，拱手道："总制大人，亦不剌远道而来为的是抢夺粮食，足以见得其粮草短缺，故末将认为，只要我军坚守一时其自然退却。"

杨一清道："吴将军之意守为上策？"

参将鲁经年轻气盛，言道："末将以为吴将军之计不可为，敌军远行早已是疲惫之师，我军若乘天子之威，一鼓作气将克敌制胜！"

杨一清轻轻摇头："鲁将军勇气可嘉，只是敌此行势在必得，最近又连克数城气焰正盛，反观我军，匆匆调集的各路人马，相互配合缺乏默契且装备不齐，若正面交锋彼强我弱难以胜算。"

杨一清见仇钺沉默不语，便问道："仇将军你有何建议啊？"

仇钺出列拱手道："末将以为此战只可智取。"

杨一清：“哦，何谓智取？愿闻其详。”

仇钺道：“目前敌我双方兵力处于均势，若正面抗衡，即便是杀敌一千自损八百，也是得不偿失。故末将以为，可否采取诱敌深入之计，全凭总制大人定夺。”

经过多年的磨砺，仇钺已经成为一个头脑冷静经验丰富的将领。

其实杨一清心中早有定见，一拍案头说道：“仇将军言之有理，竟与本官不谋而合！”

杨一清招呼众人围看地图，指着说道：“敌自北向南欲意攻取固原，必经之路是下马关，本官署理马道时曾经考察过，此处地势险要，可在此设伏，另遣一队人马迎敌且战且退，当骄兵之敌大举深入之时，谷口伏兵切断后路，我等亦仿效诸葛孔明火烧上方谷之计！”

众人鼓掌叫好。

杨一清重新升帐安排停当。

仇钺刚欲转身，却被杨一清唤住。

杨一清问道：“仇将军，前些年去往你部的皇甫平、皇甫安两人可还在？”

仇钺回道：“尚在我营中。总制大人何故问起？”

杨一清道：“我有事情让他兄弟两人去办。”

仇钺拱手道：“末将这就去传唤二人！”

亦不剌和阿尔秃斯正在帐篷内大碗喝酒大块吃肉，探马来报，明朝派遣杨一清挂帅领兵已至固原。

阿尔秃斯举起盛满酒的银碗一饮而尽，哈哈大笑：“御史杨一清？吃了十年闲饭的老头儿，竟敢与我大军对抗？我看明廷是黔驴技穷派不出像样的人了！”

亦不剌将手中的羊腿狠狠地咬了一大口，说道："好你个杨一清，前番被他偷袭，今天撞在我手里，定要报一箭之仇雪洗前耻！"

隔日黄昏，探马又报，杨一清已派鲁经为先锋前来挑战。

亦不剌道："乳臭未干的小儿竟来送死，杨一清，我让你死无葬身之地！"

两军对垒，亦不剌见对面迎风飘扬的高牙大纛之上赫然书写：右都御史杨兼总制陕西甘肃延绥宁夏兵部尚书。他猜想那大旗下面骑菊花青马的人定是杨一清，一见仇人亦不剌恨得牙直痒痒，真想生吞活剥了他。

战斗并不像戏台上两军交战时的套路，什么"来将通名""刀下不斩无名之辈"之类的口水战，战斗需要勇气与血性，需要获取敌人的首级，需要胜利。

未等亦不剌下令，只见阿尔秃斯双腿一夹，抖动缰绳催动战马，大喊一声，挥舞手中狼牙棒冲在最前面，后面鞑靼兵挥舞弯刀呐喊奋勇向前。

杨一清将手中红旗向前一挥，前锋鲁经指挥前三排数千明军士兵手持盾牌，后排士兵手执弓箭严阵以待。

鞑靼人的马队迅即冲阵，明军盾牌兵轰然散开，数千名弓箭手引弓搭箭，霎时间万箭齐发如同飞蝗射向对手。鞑靼马队中冲在前面的四五十骑中箭落马，这更激怒了鞑靼人催马猛攻，又一波人马呼啸着向前。战场上鼙鼓震天，黄沙滚滚，人喊马嘶，鲜血四溅，一个时辰，明军的防线被撕裂，士兵们丢盔弃甲四散逃窜败下阵来。

亦不剌杀得兴起，挥动长矛指挥后军向前，口中喊道："今日务必生擒杨一清！"

来到一个豁口，亦不剌勒住缰绳立马观看，招呼前面的阿尔秃斯返回，说道：“我观前面道路崎岖，山势绝巘突兀，只恐明军有埋伏。”

阿尔秃斯哈哈大笑：“大帅无忧，而今明军已成惊弓之鸟，我早已探知，过了这十多里小道便是下马关，此是必经之路，只要拿下此关，我军居高临下顺势攻取固原城易如反掌，何惧也！”

亦不剌道：“话虽如此，但还须小心谨慎为是。”

阿尔秃斯道：“大帅稍歇，我带几个士兵前去打探便是。”

阿尔秃斯前行一阵，见山脚下有两个汉子，便上前问话。

阿尔秃斯问道：“两位兄弟，请问前面可是下马关？”

两个身背篾箩的汉人吓得全身哆嗦说不出话来。

两个鞑靼士兵上前翻弄背箩后，回头说道：“将军，是采药之人。”

阿尔秃斯和颜悦色地说：“小兄弟莫要怕，我只问你们那下马关可有明军驻守？你等只要实话实说我这里有赏赐。”

一个采药人问道：“我若实说军爷真给好处？”

阿尔秃斯让士兵取了一锭银子在两人面前晃了晃：“若照实说明，这就是你们的了。”

两个采药人相互交换眼色，鼓起勇气说道：“这下马关确有明军驻守。”

阿尔秃斯想杨一清果然派兵驻守，又问道：“人数多少？”

“两三百人。”

仅区区两三百人，阿尔秃斯放下心来，说道：“你们两人如果能够带路，再加一锭银子，如若不然就宰了你们！”

两个采药人扑通跪地，连声不迭：“草民愿意效命。”

阿尔秃斯随即命令两个士兵返回，向亦不剌告知情况，让其率大军迅速跟进。

不一会儿，亦不剌率后军赶上前队，鞑靼军在采药人的引领下继续前进，行进七八里，道路越来越狭窄。亦不剌抬头仰视，只见两山对峙树林茂密天空渐暗，心下发慌欲询问采药人，两人却不见了踪影。

这两个引诱鞑靼人深入山谷的采药人，即是杨一清让皇甫平、皇甫安乔装打扮的。

亦不剌、阿尔秃斯情知中计，勒转马头急命士兵后撤。正在此时，两山树丛中涌出无数明军，霎时间传来阵阵轰鸣声，紧接着山上滚下无数巨石与滚木。正当鞑靼军猝不及防之时，一簇簇火把从天而降，山谷喊声雷动火焰腾飞。鞑靼军虽然遭受突袭毕竟训练有素，在亦不剌和阿尔秃斯指挥下艰难后撤。

杨一清在山上看得明白，立即命令仇钺鸣炮，炮声在山谷中震荡回响。

杨一清在军事会议上做出安排，待鞑靼军进入伏击圈后便以炮声为号，预先埋伏在豁口两侧的宁夏都指挥佥事刘斌便用檑木堵塞，断其后路全歼来犯者，但看似天衣无缝的部署，却出现了重大失误。

刘斌对杨一清就任总制心有不满，一个只会养马的书生怎么能够指挥我们这些能征善战的武将？特别是对杨一清的战役部署更是有意见，鞑靼人就能够乖乖听你的随意调遣？那真是诸葛孔明再世，刘伯温再生，于是对杨一清安排给他的任务敷衍塞责、漫不经心、置之脑后。

他统辖的清水营义勇军根本没有做好战斗准备，一众人马只在山背后偷闲。此时听见前方号炮便慌了手脚，再要行动已经晚了，眼睁睁看着鞑靼人从自己的眼皮底下溜走。

战斗结束，鞑靼军死伤千余人，而明军仅死伤近百余人。

杨一清得知刘斌渎职，以致丧失全歼鞑靼军的大好机会，气愤至极，命仇钺将刘斌押至三边总制府。

这三边总制府，乃天下军门第一府，堂皇如王者，进了大门，迎面照墙上画有一麒麟、三凤凰、九虎，象征一总制、三巡抚、九总兵，使总制府衙门平添了几分威严。刘斌身为宁夏都指挥佥事经常到总制府参加议事，对这里十分熟悉，但今日以戴罪之身再次入内，他知道自己迈进了这道鬼门关便是有去无回。

不等开审刘斌便认罪伏法，只是请求总制大人照顾好自己的一家老小。

杨一清道："刘斌，我知道你尚有一位双眼失明的老母亲，另有妻子与一个十岁男孩，老人我当替你养老送终，儿子定会让他继续读书成人。"

刘斌大恸，泪如泉涌："感谢总制大人宅心仁厚再造之恩，刘斌死而无憾也！"

杨一清命将刘斌斩首示众，以整肃军纪以儆效尤。

第四十四章　屯田强兵

击败了亦不剌、阿尔秃斯，固原的老百姓欣喜若狂，箪食壶浆欢迎杨一清率领的王师。

但是杨一清没有沉浸在喜悦中，他深知鞑靼人不甘心失败，一定会卷土重来。鞑靼人实行“兵民相容”的体制，牧民平时屯聚养牧，战时则入籍为兵，短时期便可招集一两万牧民成军，欲守护边地需要从根本上加强备御力量。

杨一清经过三个月的认真调查发现，陕西四镇仅固原、延绥、宁夏三镇，驻军就有十四万四千多人，马匹六万余，每年需军粮一百七十二万五千余石、草料近二十七万石。这些仅是主兵支出，还不包括其他客兵的花费，仅靠太仓拨给粮草无法满足需求，杨一清深感“集兵非难，而馈饷为难”。

洪武时，朱元璋实行“招商纳粟输边，给之盐，商人纷纷募民垦田边塞，使三边边储充实”。弘治时，朝廷要求商人纳银输边，商人无利可图，便纷纷撤出边垦。再加上屯丁、屯地大量流失，最终导致三边边地荒芜米价腾贵，出现了“边仓粮草告乏，……欲收粜无处得贸”的现象。

杨一清到任时，由于陕西连年旱灾，军士衣食缺乏，口粮不足无法赡养家口。加之“吏治渐坏，法令渐弛，政府不能约束官员，卫所军苦于被官校剥削、虐待，又迫于乡土之思，遂相继逃亡而不可收拾”。虽然朝廷从未间断地清勾补充兵员，但收效甚微。除了杨一清带领的两万精兵外，大多数卫所兵员缺口较大，每卫兵士只有一两百人甚至几十人，且大多为老弱羸兵不堪参战。“边城攻守之策，钱粮最为急务”，充实的粮饷是集中兵力打击敌人的有效手段，粮饷不足往往造成战事不利或失败。陕西屯政衰落是造成粮饷缺乏的主要原因之一。陕西屯粮本例不解京，但以“一省供给四镇军饷，委为差繁赋重，民力不堪”。

杨一清将边军日常练兵、演武得不到保障的窘况上奏朝廷：

> 昔成祖曾敕陕西、甘肃、宁夏：安天下者不可一日忘武备，故军士必练习，器械必整齐，队伍必严肃。边军操习本有定法，但日久玩废，徒为虚文，祖宗制度废弛尽矣，宁夏二镇人马，四肢不强，藩篱不固，而致贼深入纵横自如，以骄虏而遇疲军，胜败可知矣。边城攻守之策，钱粮最为急务，陕西屯粮本例不解京，但以一省供给四镇军饷，委为差繁赋重，民力不堪。故臣以为垦荒田以广储蓄，自兵备道至副总兵、参将、游击，从所领军每一千抽二百人，给耕牛、种子，委官管领，开荒种田，一军屯田足赡一军之用，卫所官吏俸粮皆取给焉，边有积储之饶，国无运饷之费，则边境无虞也。

杨一清的奏章经兵部、户部合议都认为切实可行，皇帝下诏准奏照行。

杨一清一方面针对仓廪空虚、军政废弛的状况，立即着手令追征积年负欠屯粮，另一方面积极选择可屯田之地。

这日，杨一清、杨绍芳前往贾家沟，老远就见贾兴义、贾秀姑父女两人正在马厩前铡草，及至近前杨一清下马拱手问道：“贾兄弟正在忙啊？”

贾兴义回头见是杨一清与杨绍芳，连忙放下手中铡刀拱手回礼：

“见过杨大人！见过公子！”

贾秀姑扔了手中饲草亦起身施礼。

杨一清弯腰抓了一把草料看了看又闻了闻。

贾兴义说道：“眼看深秋了，正为马匹准备越冬的饲料哩。”

杨一清扔了草料，说道：“老夫今日前来有一事相求。”

贾兴义道：“我一草民，大人何必如此过谦。”

杨一清说道：“老夫奉朝廷之命欲在三边实施屯田之举，只是不熟悉地理，还请贾兄弟带路指引。”

贾秀姑插话说道：“杨大人客气了，您实施屯田制乃是利国利民的大好事，我家四代世居三边，这里的山山水水沟沟坎坎，我们都知道得清清楚楚，不仅爹爹要去，我也要去！”

贾兴义哈哈大笑：“你这个多嘴多舌的妮子！”

杨一清、仇钺、杨绍芳等人，在贾兴义、贾秀姑的指引下，顶风冒雪风餐露宿，花了两个月的时间选定了主要的屯田之地。杨一清要赶在春耕之前将屯田分配给各卫所。

次年夏日，杨绍芳来报，言道军屯之田长势良好，可望丰收，仅固原以北便开垦十三万多顷荒地为耕地，预计每顷平均收麦五石，全年可得五十余万石。

小暑时节，杨一清、杨绍芳清衣凉帽一身便衣，前往各地实际考察。一路之上缓辔徐行信马由缰，只见蓝天白云之下阡陌纵横，黄灿灿的麦浪滚滚此起彼伏，昔日的荒凉之地竟变成塞上江南。杨一清一行人不时停下查看庄稼长势。

这日来到平凉，见一群士兵光着膀子，冒着烈日正在割麦，一派繁忙欢快的景象，一些人一边劳作一边还唱起了陕北小调：

干妹子好来实在好，

哥哥早就把你看中了。
打碗碗花儿就地开，
你把你的那个白脸脸调过来。
二道道韭菜缯把把，
我看妹妹也胜过了兰花花。
你不嫌臊来我不害羞，
咱们二人手拉手一搭里走。

杨一清、杨绍芳二人下马来到麦地，杨一清摘了麦穗放在手中搓揉，轻轻吹去麦壳，只见籽粒颗颗饱满，拈了几粒放入口中，只觉得清甜可口，心中高兴不禁朗声吟道：“击壤有歌农事足，折冲多暇虏尘空！”

仇钺正在干得起劲，猛听见熟悉的声音，转身一看果然是三边总制大人。急忙扔下手中镰刀大步向前，来到杨一清前拱手道：“末将见过大人！”

杨一清望着汗流浃背的仇钺，爱怜地说道：“将军辛苦了！”

仇钺大喊一声：“兄弟们，杨大人来看望大家了！”

众人呼啦一齐拥了过来。

杨一清指着人群说道：“这不是皇甫平、皇甫安吗？”

皇甫平、皇甫安走出人群，拱手道：“见过大人！”

仇钺说道：“昔日腼腆的皇甫安啊如今已是百户长了。”

杨一清招呼众人在田埂随地而坐。

杨一清道：“这一季大家辛苦了。”

皇甫平说：“我们本就是务农之人，这点农活算不了什么。多亏大人向我们屯卒提供农具、耕牛、种子，又实行低税征收，仇将军身体力行带领我们垦荒兴修水利，这茬麦收下来不愁我等粮饷。”

皇甫安接着说道："现在我等已无后顾之忧，平时里跟随仇将军练武习战，春耕秋收耕战两不误。"

仇钺说道："大人，皇甫安已经娶妻成家，还生了两个小子。"

众人正说得高兴，人群中有人尖声说道："你们官兵倒是有吃有喝，却苦了我们老百姓。"

这话瞬间打破了热闹的气氛。

杨一清起身一看，说话的却是贾秀姑。

杨绍芳说道："秀姑也在这里?"

仇钺说道："哦，忘了给大人说，我们收麦人手不够，便请了贾老爹等乡亲们过来帮忙。"

贾兴义、贾秀姑向杨一清施礼后，贾秀姑提起土罐倒了一碗水递给杨一清。

贾兴义说道："大人，秀姑之言说得虽有些糙但却是实情。"

杨一清问道："这话怎讲?"

贾兴义从腰间取出旱烟袋，装上烟丝打着火镰吧嗒吧嗒抽了几口，说道："大人实施军屯制，目的是就地筹粮以屯养军，但朝廷养兵最终为的是民众，大人目前是顾了兵而忘了民啊，倘若在三边也能推行民屯，使民有其田，藏粮于民，则军民用度充足，方可真正实现固疆安边。"

杨一清举手加额，称赞道："贾兄弟一番话使老夫醍醐灌顶茅塞顿开，不虚此行啊!"

杨一清回到固原后，立即命杨绍芳规划民屯之事。嘱咐道，民屯可招徕陇右、关西民以屯边，所需籽粒、耕牛、农具等借贷予农户，轻徭薄赋，粜买民屯，余粮均以市价收购。

一时间三边大地热气腾腾、人欢马嘶、屯政兴盛。颇具诗人特质的杨一清兴奋吟道：

雉堞连云十里城，将臣开府此屯兵。

山连虎阵千年固，地接龙沙一掌平。

塞上马嘶春草绿，村中人和凯歌声。

只因边徼无烽火，忘却关山是远行。

解决了棘手的粮食问题，杨一清便腾出手加强军备。杨一清依前任所修墙堑，增加边墙长度和高度，增多墩堡和哨所数量，提高预警能力，加强备御力量。特于花马池东南铁柱泉、梁家泉、甜水泉等处分别筑城、堡、墙，筑成后命军守备，“一时水源俱各据守，鞑靼人无饮马之处，诚百世之利也”。另一方面，筑挖壕堑“外以御虏寇，内以卫耕牧”。杨一清又大量招募当地人充实军伍，进行训练，以增强军事力量。

正如杨一清所料，仅仅过了年余鞑靼人又蠢蠢欲动。

这日，杨绍芳来报，称鞑靼人遣使求见，杨一清吩咐升堂接见来使。

使者是阿尔秃斯。

进了三边总督大堂，阿尔秃斯不发话亦不跪拜，他睥睨斜视打量这个未曾直接谋面的老对手。

杨一清头戴乌纱帽，身着圆领衫盘领右衽红袍，袍服中绣白色仙鹤，庄重肃穆正襟危坐。

阿尔秃斯心中暗自发笑：传说中的三边总督却是个干瘦的老头儿。

“来者何人？”

上边传来一声冷静威严的问话。

阿尔秃斯回过神来，傲慢地说道：“本人阿尔秃斯，乃鞑靼军副帅！”

“贵使所来何事？”

阿尔秃斯高傲地抬起头：“奉大帅亦不剌之命前来交涉草场之事！”

杨一清疑惑道：“草场之事？”

阿尔秃斯道：“大帅命你军后退百里，以供我部放牧之用！”

站列一旁的仇钺义愤填膺，大声斥责道：“阿尔秃斯说话太猖狂！休说百里之地，即便头断血流我大明山河寸土不让！”

阿尔秃斯“嘿嘿”冷笑两声：“前番被你等使诈败了一阵，今非昔比，如若不然咱们战场上见！”

杨一清缓缓说道：“贵使莫要急躁，俗话说远亲不如近邻，关里关外互为邻里，我知你部逐水草而居，素来缺粮少茶又无纺织，尽可以货易货，两全其美相得益彰，何必动辄刀兵相见，伤及无辜百姓？”

杨一清仁至义尽不怒而威，阿尔秃斯理屈词穷，竟然耍起无赖：“话不投机无须再说，此是战书，杨一清你看着办！”说完取出书信。

杨一清耐心问道：“难道就没有转圜之余地？”

阿尔秃斯道：“无须多言！”

杨绍芳递上战书，杨一清压住满腔怒火，大笔一挥：可！

仇钺发指眦裂怒目而对：“奉陪到底！”

阿尔秃斯拿了战书悻悻而去。

半月之后，鞑靼人盘马弯弓再次突破嘉峪关南下犯边。杨一清早有准备，他决定改变以往被动的防御策略主动迎战，他迅疾率领两万人马从固原出发向北在萧关布下阵势。

骄阳当空，蓝天无云。

亦不剌、阿尔秃斯一看，无垠的草地上明军布下了一字长蛇阵。亦不剌用手中马鞭指指点点，哈哈大笑道：“杨一清此次是送死来了，看我怎么破阵！”

亦不剌随即命令冲阵，他要拦腰切断明军的长蛇阵，使其首尾难顾。霎时间万马奔腾，喊声雷动，箭如飞蝗。

杨一清将手中红色令旗向左右一摆，前排的盾牌手迅速向两翼有序散开。

鞑靼人见明军阵门洞开，大喜过望唯恐错过立功的大好机会，人人争先恐后个个奋勇当先只顾催马向前。

明军这边，只见杨一清不慌不忙，将手中令旗坚定地指向前方，猛然间只听得几声轰隆巨响，如同晴天霹雳！冲在最前面的鞑靼人纷纷落马！鞑靼人尚未缓过神来，紧接着又连续听见十几声震耳欲聋的巨响，一大片鞑靼的人和马被掀翻倒地血肉四溅！

冲在前面的亦不剌不禁大呼一声：“是火炮！”

话音未落，一枚炮弹呼啸着落在他的身旁，顿时连人带马重重跌落在地。亦不剌的耳朵被震聋了，此刻他听不到马蹄声、厮杀声、呼啸声，躺在地上仰天一望，只见烟雾阵阵遮天蔽日飞沙走石。他试着挪动身躯，发现自己的右臂已经被炸断，鲜血汩汩流淌！

所幸阿尔秃斯及时赶到，救起受伤的亦不剌落荒而逃。

仇钺、杨绍芳率军趁势从左右两翼掩杀，鞑靼人溃不成军落荒而逃。杨一清命令鸣金收兵，明军亦不追赶。望着抱头鼠窜的鞑靼兵，颇具儒帅风度的杨一清一捻胡须诗兴大发，在马上朗声诵道：

炮火雷飞箭星落，回头一霎虏尘空。

大将端居若无事，但闻人唱凯歌还！

亦不剌说得不错，此次杨一清摆的是火炮阵。

自从上一次诱敌深入击败亦不剌、阿尔秃斯以后，杨一清就在思考如何才能彻底击败鞑靼人的骑兵，扭转明军的被动局面。明朝制御外敌，以火器见长，但是旧火器射程距离近且命中率低。杨一清思考：“有精兵而无精器以用之是谓徒费，工欲善其事必先利其器。”针对旧火器的弊端，杨一清命仇钺买铁募工，大力铸造守城铁铳火器与火炮，此炮力大而猛声如迅雷，远射可至三百步。改进后的火炮，不仅可以在城下使用，还可用骡马驾驭数量不等的火器行进，使其在行军中也能发挥机动性的作用。又制造毒火飞炮数十万枚，还有百辆霹雳战车，每辆车装霹雳炮十八杆，杨一清将这些火器分发至边城各营部日夜训练。

此役明军大获全胜，入侵者死伤八千余人，缴获马匹两千余匹，自此鞑靼人听闻杨家军便是闻风丧胆。

第四十五章　魂断东胜

俗话说人无远虑必有近忧，局势稍安，杨一清的眼光便转向了塞北的河套地区。

“河套”一名始于明代，因其地历代均以水草丰美著称，故有民谚：“黄河百害，唯富一套。”《明史》叙述河套地理范围是：“西有奢延水，西北有黑水，经榆林卫（今陕西榆林南），为三岔川流入焉。又北有大河（即黄河），自宁夏卫（今宁夏银川）东北流经此，西经旧丰州西，折而东，经三受降城（今内蒙古托克托县西南黄河东岸）南，折而南，经东胜卫（今呼和浩特托克托县），又东入山西平虏卫界（今山西朔州平鲁区），地可二千里。大河三面环之，所谓河套也。”《明史纪事本末》载：“河套周围三面阻黄河，土肥饶，可耕桑。密迩陕西榆林堡（今陕西榆林），东至山西偏头关（今山西偏关县），西至宁夏镇（今银川），东西可二千里；南至边墙，北至黄河，远者八九百里，近者二三百里。”

由此可见，明代河套是指：黄河经今宁夏北流至内蒙古巴彦淖尔市磴口与临河之间，以乌加河为主干道东折，然后流经包头、托克托县，再南折流往山西河曲、保德，呈“几”字形，形似套状，故称河套，与今鄂尔多斯市及巴彦淖尔市“后套平原”的地理范围大体相当。河套周边河流纵横，湟水、洮水、洛水、渭水、汾水、桑乾河、漳水、滹沱河，如八条巨龙盘旋环绕，还有许多历史悠久的秦渠、汉渠、唐徕渠等灌溉渠道穿插其间，土地肥沃，素有“塞上江南”之称。

洪武元年（1368 年）朱元璋在南京称帝。闰七月，元顺帝仓皇退出元大都，明军不断向北推进。洪武三年（1370 年），明朝将领金朝兴攻克东胜州、云内州等地。洪武四年（1371 年）正月初，改东胜州为东胜卫，辖领五花城、失宝赤、斡鲁忽奴、燕只斤、翁吉拉等五个千户所。东胜卫所控范围向西北延阴山向西直至包头、固阳等地，过黄河向西部延伸到河套鄂尔多斯中部地区，向东延伸至乌兰察布盟南部。东胜卫战略位置十分重要，是出入河套东北角的要冲地段，起着连接山西诸卫与宁夏诸卫、控扼河套的重要作用。

洪武五年（1372 年）七月，因军事上的失利，东胜卫被内迁至大同附近。洪武二十六年（1393 年）二月，再次设置东胜左右卫，洪武三十五年（实为建文四年，1402 年），登上皇位的朱棣以东胜卫旷绝难守，于明永乐元年（1403 年）二月，将东胜左卫迁至北直卢龙县境（今河北卢龙县），右卫迁至北直遵化县境（今河北遵化市）。明朝对河套由直接统治变成不定期巡逻清剿，这使得明初在河套地区完整的防御体系出现了漏洞，河套地区直接暴露在残元势力面前，东胜卫的变迁直接影响着明王朝北疆边防形势。

明英宗天顺五年（1461 年），鞑靼部的孛来多次侵扰明朝西北地区，入寇永昌（今甘肃金昌市）和甘州（今甘肃张掖市），被凉州都督毛忠打败，孛来遣使向明朝求和恳求入贡。明英宗朱祁镇批准了他的请求。但孛来入贡有一个要求，就是由陕西兰县入关纳贡。原先鞑靼部落进入内地纳贡，都是从山西大同进京城，而兰县是进入河套草原的必经之路。于是，鞑靼部的孛来使团经兰县入贡，然后返回河套平原，接着就不走了便在这里定居。在河套站稳脚跟后，俺答汗趁机经大同入侵河北。大同镇守军不敢与之交战，北京城多次戒严。明王朝被迫承认俺答汗对河套的占领，并通过册封、互市来换取和平。“遂使河套之险，弃为虏巢，每岁秋冬，虏辄屯聚其间，为我边患。”残元诸部并以此为常驻之地频繁南下入寇明朝边地及中原地区。弘治、正德时，达延汗侵扰河套，“辽东、宣大、延绥、甘肃俱被蹂躏”。明武宗感叹道：“虏据河套，久为内患。”

明世宗嘉靖十年（1531 年），明王朝放弃东胜卫城，蒙古西土默特部阿勒坦汗义子恰台吉驻东胜卫城。因恰台吉亦名脱脱（托克托），故鞑靼人将东胜卫城改名为托克托城。

围绕是否要收复河套（当时简称为“复套”），朝廷内部发生了激烈的争论。一些较有远见的大臣竭力主张复套

陆粲曾上疏说：“陕西河套本吾内境，屏蔽其地的东胜卫（治黄河东岸托克托），西蔽河南，皆外边包宣化、大同、三关、榆林、宁夏其中。”成化二年（1466 年）、六年（1470 年）大学士李贤、陕西巡抚王越先后倡议驱逐河套鞑靼势力恢复东胜卫，虽廷议从行，但都未能施行或缺乏实效。有人认为由于河套地广人稀，“驱河套之虏易而守河套难”，而且长期驻军靡费资财。

面对鞑靼人以河套为基地不断袭扰，杨一清忧心忡忡地写道：

百二秦关故可凭，延宁千里险堪乘。

黄河下绕还成套，虏骑冬来惯踏冰。

塞上烟尘嗟未息，胸中兵甲愧无能。

粟刍山积君休羡，民力年来已不胜。

杨一清是力主“复套”的大臣之一，他仔细查看了以往关于“复套”的建议，发现这些建议大多数有主张有目标，但缺乏具体可行的策略，于是决定要亲自前往河套地区进行侦察。

闻之此事，仇钺匆忙来到三边总制衙门。

仇钺劝谏说："大人年岁已高而且身体有恙，莫如末将替您前往，定不负使命。"

杨一清固执地说："百闻不如一见，老夫决意亲自侦察。"

"那末将随您前去。"

"绍芳随我去即可。你稳重踏实就留守固原，眼见已近秋收，要密切注意鞑靼人的动向，以防其趁隙偷袭抢掠。"

仇钺说道："大人，那就让忠字营随您而行。"

杨一清笑着说："仇将军多虑了，此次外出不是打仗而是侦察敌情。人马多了反而目标大行动不便。你就挑选二三十名精干士兵随行即可。我外出之后，你需加紧操练虎蹲炮，检查铁铳火器等，以防寇扰。"

仇钺拱手道："末将遵命！"

杨一清向仇钺交代完毕又低头思索。

仇钺见状问道："大人，还有何考虑不周之事？"

杨一清蹙眉说道："老夫在想，因为此次侦察属于秘密活动，需要一个熟悉河套地理的向导，但此人又要可靠妥实，想来想去在我军中却难寻这样的人，故而犯愁。"

仇钺道："大人莫急，末将可推荐一人。"

"你且说来。"

"贾兴义，大人您觉得如何？"

杨一清大喜过望："倒是把这位老把式忘记了！"

仇钺说道："我即刻派人将他传来。"

杨一清摆摆手，说："哎，不可不可，贾兴义不是公家之人，此次是我们有求于他，老夫当亲自前往拜请！"

仇钺刚欲告辞，杨一清嘱咐道："老夫外出之事需格外保守秘密。”

两日后晌午，杨一清与杨绍芳来到贾家沟，贾秀姑听见门外马嘶狗叫，出了木屋见是杨家父子便上前施礼。

杨绍芳问道：“贾老爹去草场了吗？”

贾秀姑回道：“爹爹前几日夜间起来给马添料，不想吹了秋风着凉发热，这不还躺在炕上哩。”

杨一清关切地问道：“现在可好些？”

贾秀姑道：“已经请屯里郎中看过，说是风寒发热，已经吃了两服药。”

杨一清大失所望，看来请贾兴义引路之事难以成行，便向贾秀姑说道：“老夫看看贾兄弟。”

躺在炕上的贾兴义欲起身，被杨一清止住。

贾兴义问道：“大人与公子前来想必是有事？”

杨绍芳将两罐汾酒放在木桌上，假意说道：“我们原本是顺道前来，不曾想您生病了。”

贾兴义追问：“大人，究竟今日所为何事？”

“这个……”杨一清欲言又止。

贾秀姑道：“大人，我们本是一家人，有什么话不能敞亮说？”

杨绍芳道：“唉，我父为策划收复河套，欲请贾老爹引路实地考察，只是而今……”

贾兴义听了兴奋异常：“好啊，我们老百姓早就盼望这一天了！”

贾秀姑道：“爹爹身体尚未康复，就由我来给杨大人你们带路吧。”

贾兴义对贾秀姑说道：“我小时候跟随你祖父牧马贩马，熟悉河套地形道路，爹会说蒙古话，去引路最为合适，这个小病啊养两日便好。眼见高粱红了，好几匹母马又将产崽，你就留在家里收粮看马，等着爹爹回来过中秋节。”

贾秀姑勉强点点头：“那我去给您准备衣物。”

次日，贾秀姑将杨一清、杨绍芳、贾兴义三人送到屯口，将包袱递给父亲，说道：“天气渐凉您要注意添加衣服，包袱里还有两服药要记得服用。”

杨绍芳说：“秀姑，你就放心吧，我会照顾好贾老爹！”

贾秀姑望着远去的父亲，心里有一种莫名的担忧。

回到固原，杨一清、杨绍芳、贾兴义及二三十个士兵打扮成贩盐茶的商队，沿着黄河北岸，过吴忠、银川，越阴山、石嘴山，一路走走停停，将沿途关隘、河流、山势、草地、水源，何处可以屯军驻兵等一一详细记录。半月之后来到黄河古渡“君子津”，东胜左卫城遥遥在望。东胜卫城城墙用夯土筑成，周长十七里，南北长约五里，东西宽约四里。

杨一清对贾兴义说：“老兄弟，您现在是大掌柜，要出头露面与人打交道，但您这一身行头太朴素，莫如换上我这个账房先生的袍子。”杨一清一边说一边将身上的红色锦袍脱下。

贾兴义连忙说道：“这如何使得。”

杨一清道：“正好我与贾兄弟身高体形相仿哩。”

贾兴义只好将自己的蓝布大褂脱下与杨一清对换。

杨一清与贾兴义收拾停当，杨绍芳对八辆大车又仔细检查一番。商队在贾兴义的指引下，顺着西城墙根进入瓮城，再由瓮城东墙中部的西城门进入东胜卫城内。

明朝虽然撤销了东胜卫建制，但是原来的大多数老百姓仍然留了下来，鞑靼人也需要汉人劳作经商，于是东胜卫城成为鞑靼人与汉人杂居的城镇。城内不宽的街道上人来人往，商家的招牌幌子汉蒙文混同使用。

离西城门不远的路边有一家庆丰客栈，贾兴义前去询问查看后向杨一清说道，此处环境清洁可食宿，后院还可停歇车马，老板是个汉人，一行人便入住庆丰客栈。

众人休息一天后，杨一清对侦察事宜进行了分工，共分为四组，每组五人，他吩咐众人务必弄清鞑靼人各门驻军人数，指挥机关所在地，军械粮食仓库等情况。

各组按照杨一清的安排，白日以贩卖盐茶为掩护，游走各重要目标，晚上将所获得的零星情报汇总分析。

开始头五天侦察工作进展十分顺利，眼看任务即将完成，明日就要返回固原，这晚杨一清心里高兴，便请众人开怀畅饮，他万万没有想到危险正悄悄逼近。

庆丰客栈的老板名叫黄道宝，凭着混迹江湖多年的经验，他察觉这伙客人有些与众不同，贩卖盐茶亦不过问市场行情随意贱卖。此外，每当夜深人静之时不熄灯休息，众人却聚于灯下窃窃私语勾勾画画。黄道宝寻思哪有这么做生意的？他借口送茶水添灯油悄悄偷看偷听。这些人当着他的面称身着红锦袍的那个老头为大掌柜，而私下又称其为贾大爷。黄道宝趁夜提着灯笼蹑手蹑脚溜到后院翻看，在这伙人马车的夹层里竟发现藏匿着一些刀剑！借着灯笼火光依稀可见刀面上刻着一行字：固原镇兵械署监制。黄道宝心中吃惊：这伙神秘的人，究竟是盗了官府兵器杀人越货的土匪还是明军的细作？无论是匪还是兵，如若他们闹起事来，自己一家人毕竟生活在鞑靼人管辖的地方，一旦追究下来或定一个通匪或是窝藏明军那都是死罪！黄道宝不想毁了半生辛辛苦苦积攒下来的家业，更害怕因隐瞒不报牵连全家人的性命，他越想越害怕决心连夜报官。

托克托城的达鲁花赤名为野先不花，他听了黄道宝的报告，立即点起百十人在黄道宝的引导下，将庆丰客栈团团围住，特别吩咐众士兵要盯紧那个身着红锦袍的人。

正在睡梦中的杨一清等人丝毫没有察觉。

黄道宝用手指了指贾兴义住的那间屋，三个鞑靼士兵点燃手中火把刚欲踹门，只见从院中老槐树上闪下一个黑影，随即听见噼啪一声，三个士兵瞬间应声倒地！

这一阵响动，惊醒了分别住在六间房内的人。

刚服完药和衣而睡的贾兴义首先冲出房间，见是一群鞑靼人，知道大事不好，急忙喊道："快到后院骑马！"

杨绍芳等人护住杨一清往后院走去。

几个鞑靼士兵围住身着红衣的贾兴义举刀便砍，正在此时又见一道黑影闪过，几把弯刀纷纷落地！

贾兴义太熟悉这声音了，太熟悉这清脆的、有节奏、毫不拖泥带水的响声了，他脱口喊道："秀姑！"

来人的确是贾秀姑。

那日送走了父亲，贾秀姑心里放心不下，她有一种莫名的说不出来的感觉。她请来皇甫平、皇甫安帮助照看牧场与田地，自己单枪匹马径直往东奔去。杨一清等人一路踏勘地形花费了一些时间，因此贾秀姑早于他们到达托克托城。贾秀姑不想与侦察小队会合，她担心父亲会责怪自己不好好看守家园，她希望父亲此行能够平安无事，于是选择了暗中保护的方法。白天窝在另一个小客栈休息，夜幕降临则换上夜行服，在父亲下榻的庆丰客栈周围转悠。连日无事，贾秀姑悬着的心逐渐放宽。

是夜风清月朗，四周寂静无声，远处偶尔传来几声狗叫。贾秀姑倚在院中老槐树上居高临下继续观察。清风徐来寒意阵阵，贾秀姑口中默默念叨，今天已经是八月十三日，看来今年的中秋节不能在家里过了。正在遐想突然看见鞑靼士兵闯入客栈，贾秀姑大惊失色，危急之时挥鞭出手。

只说此时杨一清、杨绍芳等十几个人已从后院骑马向外冲去，鞑靼士兵已经砍死四五个手无寸铁的明军侦察兵，贾秀姑眼见寡不敌众不敢恋战，口中打了个呼哨，客栈外一匹白马冲撞而来，正是贾秀姑的宝马坐骑！贾秀姑收住马鞭，奋力将贾兴义托上马背，随即纵身一跃翻身上马，大吼一声“驾！”腾空而去！

此时西城城门紧闭且有二三十个鞑靼士兵把守，后面野先不花率一队士兵穷追不舍，眼看难逃一劫。

就在此时，贾兴义翻身下马，口中喊道：“秀姑，快快保护杨大人出城！”一边喊一边踢倒一个鞑靼士兵，拾起地上一把弯刀冲向前去。

贾秀姑挥动手中长鞭左右挥舞，城门口的七八个鞑靼士兵顿时倒地，其余士兵一时惊愕愣住。杨一清、杨绍芳及几个随从趁势拍马掩杀，奋力打开城门。

气急败坏的野先不花下令放箭，落在后面的贾兴义挥舞弯刀左右来回遮挡，无奈原本带病体质虚弱，加之刚才一番苦斗体力渐渐不支，稍不留神腿上中了一箭。贾秀姑见状拍马欲回救。贾兴义大声喊道：“秀姑！别管我！你快走啊！”说话间贾兴义胸膛又中两箭，鲜血汩汩涌出轰然倒地。

眼见父亲惨死，贾秀姑心肺俱裂杏眼怒睁，刚欲向前却被杨绍芳一手紧紧抓住缰绳使劲往回拖拽奔出城门。

杨一清一行人匆忙直奔君子津渡口消失在夜幕中。

返回的路上贾秀姑没有说一句话，到了固原也未停留，快马加鞭径直赶回贾家沟，杨绍芳紧追不舍。

贾秀姑已经没了眼泪，她的泪水早已洒遍塞北的沟沟坎坎。此时她的心中只有无限的悔恨与自责，不应该啊，不应该让患病的父亲远行，面对凶残的鞑靼士兵，当时自己就应该挺身而出，抵挡那罪恶毒箭的应该是自己！父亲用他瘦弱的身躯保护了自己！汩汩流淌的鲜血仿佛还在眼前晃动……说什么都晚了，自己世上唯一的亲人，自己心心念念的父亲竟然魂断塞北东胜！

皇甫平、皇甫安兄弟俩正在田间锄草，远处响起踢踏踢踏的马蹄声，一匹快马穿过血色晚霞急驰而来，及至近前骑手紧勒缰绳，白马双蹄腾空一声嘶鸣。皇甫平仔细一看却是贾秀姑，只见她滚鞍下马，铁青着脸一言不发，夺过皇甫平手中的锄头，跑到木屋旁边的空地举起锄头使劲挖掘。

正当皇甫平、皇甫安两人不明就里一脸茫然的时候，一匹枣红色骏马随风而至，杨绍芳急速跳下马，皇甫平、皇甫安兄弟俩欲上前打招呼，却见他满脸阴沉亦不说话。

杨绍芳卸下背上包袱，大步流星走到柴火垛前，选了一根桦树圆木，抄起地上的斧头猛力一劈两半，捡起其中一半用斧子削平，再用自己的衣袖使劲擦了擦，猛然咬破右手食指，颤颤抖抖地在木板上写下：贾公兴义之墓。

半炷香的工夫贾秀姑掘出一个坑，她扔了锄头走进屋内，撕了一条白布扎在头上，翻箱倒柜找出父亲的一顶黑色毡帽、三套衣裤、一双布袜、一双棉靴，用一块四方白布包裹整齐，小心翼翼地捧起缓缓迈步，弯腰恭恭敬敬地将衣物放入土坑，然后扑通一声跪地，将黄土一捧一捧慢慢撒下，黄土沙砾在她的指尖慢慢地漏下，在残阳余晖的照射下熠熠煌煌，慢慢地堆成了一座金色小丘。她为父亲筑一座衣冠冢寄托自己的哀思，让父亲回家安歇。

杨绍芳抬着仿佛千斤重的木牌，拖着灌了铅的双腿，缓缓走到坟前，而后双膝跪地，双手恭恭敬敬地将牌位放置坟前。贾秀姑见满头大汗的杨绍芳，心中一阵感激。杨绍芳将一对白烛点燃安放两旁，又点燃三炷清香，虔诚跪地三拜，口中念念有词……

此时此刻，皇甫平、皇甫安明白了，贾老爹已经……

贾秀姑转身进屋拿了酒罐与土碗，斟满酒递给杨绍芳，杨绍芳将酒碗高举过头，将酒洒在黄土地上，大吼一声："贾老爹走好哩！"

无须更多的言语，这一声吼饱含了对老英雄的无限崇敬，对亡者的歉疚、忏悔与追思！

此时的贾秀姑再也抑制不住悲怆，悲从中来泪如泉涌呼天抢地失声痛哭！

皇甫平、皇甫安望着有情有义的杨绍芳，泪人一般的贾秀姑，不禁潸然泪下。

父亲是天，父亲是山！父亲走了，犹如天崩地陷。四岁母亲离世，从此自己与父亲相依为命，父亲又当爹又当妈，手把手教自己割牧草喂马驹，为自己梳头缝补羊皮袄，那根丈余长的驯马鞭是父亲亲手为自己编制的，当看着自己第一次挥动马鞭的那一刻，父亲饱经风霜的脸上露出了微笑……一切的一切都随身边的清风飘去了，飘向那遥远的远方……

贾秀姑心中没有怨恨，她不怪杨一清让父亲去做向导，杨大人收复河套为的是阻止鞑靼人南下进袭边地，避免老百姓再遭涂炭；

她不怪那个告密者黄道宝，倘若鞑靼人发现客栈的主人窝藏明军侦察兵，将祸及他的全家，蝼蚁尚且偷生何况人乎？她只痛恨战争，痛恨你死我活无休止的争斗，残酷的无谓的战争使得无辜的民众流离失所家破人亡……

贾秀姑坚辞杨一清托杨绍芳带来的一切慰问礼品，杨绍芳的到来就是对她最好的慰藉。

杨绍芳知道此时此刻，对贾秀姑任何的劝慰都是多余的，他跨上马猛抽一鞭绝尘而去。

明月孤悬，寒风飒飒，固原三边总制衙门一片空寂清冷，这是一个孤苦之夜。

杨一清夜不能寐，他深深悔恨自己的轻率，怎么能够让贾兴义参加这次侦察活动呢？他只是一个普普通通的平民，他不是吃皇粮的军人，他没有拿官府的一分一厘，他没有责任必须要去冒风险。当天晚上，如果不是自己麻痹大意放松警惕，鞑靼人的偷袭就不会得逞，贾兴义也不会遇害，多么朴实的老百姓啊！秀姑，与贾兴义相依为命的秀姑今后怎么办？她将在凄风苦雨中忍受百般煎熬，自己无颜面对这个善良的姑娘……杨一清想到这里老泪纵横无地自容。

痛定思痛，杨一清换了一根行将熄灭的蜡烛，奋笔疾书、力透纸背，提出恢复守御东胜卫的建议，方案详细拟定了将帅配置、行军时间路线、兵力部署、粮草供给等。指出若能收复东胜，则“因河为固，东接大同，西属宁夏，使河套千里沃壤，归我耕牧，则陕右犹可息肩”。

杨一清收复河套的计划有理有据，条理清晰，措施可行，然而朝廷却久议不决胎死腹中。杨一清耿耿于怀悲愤难忍，深觉对不起贾兴义等大众百姓，胸中闷气上涌鲜血喷口而出！

嘉靖六年（1527 年）八月，明世宗朱厚熜命杨一清回京入阁赞画中枢，担任首辅。

离开固原的那天，前来送别的百姓感念杨一清安边保民的功绩，“行旌所及，攀留俯伏者遮道，皆嘘唏号泣，声振原野”。杨一清在马上左右作揖一一致谢。他的眼睛湿润了模糊了，眼前晃动的是千百个贾兴义，是挥之不去的贾兴义的音容笑貌，惆怅、忧伤、悲愤、愧疚混杂交织，久久萦绕他的脑际。

杨一清回首眺望那连绵起伏的大墙，那一望无垠猩红猩红的高粱，心中泛起无限眷恋的涟漪，他要再多看一眼这个梦牵魂绕的地方，或许，或许今生今世只有在梦中再回这边关大漠……

万历十九年（1591 年），总督魏学曾令总兵杜桐等率军击杀河套部长明安，导致河套鞑靼诸部又与明朝兵戎相见，直到万历四十四年（1616 年），总兵杜文焕在延绥边关数次重创河套部长猛克什力等，河套才重新归顺明朝，实现了杨一清的夙愿。此是后话。

木秀于林，风必摧之。杨一清一生功勋卓著胸有丘壑有口皆碑，但却是个命运多舛之人，一路之上荆棘遍地、奸佞挡道，三起三落九死一生，先前是太监刘瑾构陷，后来是无事生非的钱宁，到了晚年又碰上了张璁，或许这一切都是冥冥之中命运的安排。

第四十六章　投其所好

张璁何许人也?

张璁，字秉用，永嘉（今温州市永嘉县）人。六次参加乡试都名落孙山铩羽而归。正德十三年（1518 年）他再次落榜。命蹇时乖、心灰意冷的张璁在京城闲逛偶遇萧鸣凤，自此改变了他的人生轨迹。这萧鸣凤非寻常人，乃朝廷都察院御史，其人对本职工作朝三暮四，却热衷于星象之术，他鼓励张璁坚持参加科考，并预言三载之后必然中举，再三年即可进入中枢尽显其才，大展宏图。

张璁将信将疑回家继续挑灯苦读，隔三年，即正德十六年（1521 年），四十七岁的张璁终于蟾宫折桂登第中进士，果然萧鸣凤的预言一语成谶。此后张璁被分配到礼部任闲差。

人的发展需要机遇，有时需要等待，有时却又骤然而降。明世宗初期，朝廷发生的一个重大事件将大器晚成、职位底下的张璁推向了政治中心，从而走向权力的高峰。

朱厚熜继承堂兄朱厚照之位后，终于从一个默默无闻的小藩王继承大统，便欲追崇自己的生父兴献王朱祐杬为太上皇，生母为皇太后。内阁首辅杨廷和与礼官毛澄等诸多大臣不避斧钺，面折廷争竭力反对。他们认为皇帝此举有违祖制，这些文官认为，按辈分朱厚熜只能认孝宗皇帝朱祐樘为父亲，而朱厚熜之生父、生母只能称为“皇叔考”和“皇叔母”。君臣各执己见互不相让，“议三上三却”。这场所谓的礼仪之争，最终演变为一场皇帝与文官集团控制与反控制、你死我活的政治斗争，直接影响明朝中后期政局的走向，这一事件在明朝历史上被称为“议大礼。”

张璁虽然职位低下人微言轻，但政治嗅觉十分敏锐，在这个新老交替的关键时期，他充分意识到展现自己才能、出人头地的机会到了。尽管他意识到自己的行为可能会触犯杨廷和等位高权重的大臣们，但他深知朝廷的事，最终还是要由皇帝做决断，自己的地位与前途只能寄于皇帝主子。权衡利弊之后，他决定放手一搏支持年青的新皇帝朱厚熜。于是张璁闭门谢客，夜以继日、挖空心思收集整理古代诸多礼仪之说，写成千言奏疏，于嘉靖元年（1522 年）七月上奏朝廷。

朱厚熜与杨廷和等文官的斗争正处于僵持之时，朱厚熜收到张璁的奏疏，展开一看：

> 孝子之至，莫大乎亲尊。莫大乎以天下养。陛下嗣登大宝，即议追尊圣考以正其号，奉迎圣母以致其养，诚大孝也。廷议谓为人后者为之子，不得顾私亲。夫天下岂有无父母之国哉？史记曰“礼非天降，非地出，人情而已”……臣窃谓今日之礼，宜别立圣考庙于京师，使得隆尊亲之孝，且使母以子贵，尊与父同，则圣考不失其为父，圣母不失其为母亦。

张璁的奏疏引经据典，纵横阔论洋洋洒洒，于情于理无懈可击。大礼之争持续了近半年，终于有人站出来支持自己，朱厚熜大喜过望，拍案叫好：“此论出，吾父子获全矣！”朱厚熜立即召开廷议。然而杨廷和、毛澄等众大臣皆对张璁群起而攻之，坚持不肯让步。朱厚熜严加驳斥并以放弃皇位归回藩地为威胁，其母兴献王妃听说自己的名分未定，竟滞留通州不肯进京。杨廷和、毛澄等人担心事情闹得不可收拾无奈只得依从。

此后朱厚熜在张璁的挑唆下，将杨廷和驱逐出内阁。朱厚熜仍觉得难解心头之恨，又将翰林学士丰熙等三十四人逮捕入狱，被廷仗致死者十六人。其中，有杨一清在昆明高峣结识的毛玉。

杨廷和之子、当朝状元杨慎，因为坚持苦谏，亦被廷仗治罪。多亏杨一清从中斡旋，三十六岁的杨慎方才改为流放云南永昌（今保山市），幸免一死。由于杨一清多方关照，杨慎在云南期间的行动基本自由，其间曾回四川新都老家省亲，游走云南各地，著书讲学历三十五年之久，留下许多脍炙人口的著名诗文，其中，如描写昆明“天气常如二三月，花枝不断四时春”等佳句，从此昆明获得“春城”的美誉。此是后话。

张璁由于支持皇帝有功，受到朱厚熜的赏识，被任命为南京刑部主事，嘉靖四年（1525 年）冬，擢升为詹事兼翰林学士。

杨一清是个身体力行的大孝子，读了张璁议大礼的奏章感慨万千，他对杨绍芳说道：“秉用此文言简意赅，文笔流畅，辩口利辞，其中‘天下岂有无父母之国哉’一句，说透了世间孝道之真谛啊!”自此杨一清对张璁产生了好感。

张璁是个有政治野心和表现欲望极强的小人，《明史·张璁》说“璁急图柄用”。张璁的许多建议遭到大学士费宏的抑制，张璁便联络桂萼上疏攻击费宏在议大礼时反对皇帝，建议将其降职处分。此时朱厚熜的头脑倒还清醒，仍然继续留任费宏。张璁见阴谋未得逞，便采取耍赖的手法，于嘉靖五年（1526 年）七月，以省墓为名归家。张璁并未老实地待在家中，暗中向吏部尚书廖纪行贿，廖纪即向皇帝极力举荐张璁，言其是个难得的人才。朱厚熜念及张璁在议大礼时重压之下力排众议的功劳，不顾给事中杜桐、杨言、赵廷瑞等人的反对，执意将张璁召回并任命其为兵部右侍郎。此后，两京给事御史解一贯、张录、方纪达、戴继先等人相继弹劾张璁，此时的朱厚熜产生了逆反心理，他认为这帮言官是出于对张璁的嫉妒，心想你们越是如此，朕越是要倚重他，不久便改任张璁为兵部左侍郎。

张璁得到朱厚熜的宠信便有恃无恐，他一心要实现进入内阁的梦想，但是眼前的杨廷和就是最大的障碍，于是张璁处心积虑地要搬开这块绊脚石。嘉靖六年（1527 年）二月，张璁与桂萼两人狼狈为奸，上疏言道，杨廷和乃议大礼中反对皇上礼尊父母的元凶，难任首辅之职，费宏、乔宇、杨旦、王邦奇、石珤等人皆为杨廷和死党。

报复心是人性的丑陋之处。朱厚熜是皇帝，皇帝也是人，也有丑陋之处。随着时间的推移，朱厚熜已经不再是青葱少年，任人摆弄的木偶与傀儡。他早就讨厌杨廷和这个老头儿，整天唠唠叨叨对自己指手画脚，事事替自己做主，自己是天子，是主宰天下、万民景仰的皇帝。对于这个四朝元老，朱厚熜正想摆脱他的束缚，张璁的奏疏恰好符合自己的心愿，搅动了他的报复心。于是朱厚熜借坡下驴，将杨廷和、费宏同日罢免，乔宇、杨旦亦被罢免，王邦奇则被下狱治罪。朱厚熜自然不知道张璁包藏的祸心，反而觉得张璁对自己忠心耿耿，于是任命张璁为礼部尚书。

张璁是一个卑谄足恭、阿谀奉承的无耻小人，无时无刻不想着讨好皇帝主子。嘉靖十年（1531 年）二月，张璁说有要事向皇帝禀报。

他一见朱厚熜便跪地伏首，口称："陛下，臣张璁罪该万死！"

朱厚熜甚觉奇怪，便说道："张爱卿，这是如何说起？快快起来说话。"

张璁依旧跪地不起，痛哭流涕地说道：“臣犯有欺君之罪啊，若非陛下饶恕，臣宁愿跪死！”

朱厚熜说道：“恕你无罪。”

张璁起身整理衣冠，躬身拱手说道：“臣枉活五十余载，近日夜思，臣之名为璁，却是与陛下御名相讳，实是死罪啊！”

古代讲究君君臣臣、父父子子，辈分名分不可错乱，不但自己与皇帝和父母的名字要避讳，与上司长官的名字也要避开，否则就是犯大忌。张璁所说的“与陛下御名相讳”，就是指其名“璁”与皇帝朱厚熜名字中的“熜”不仅音同而且形还很近。

朱厚熜见张璁诚惶诚恐，心中不怒反而高兴万分，说道：“难得秉用一片忠心！”

张璁趁机说道：“谢陛下不杀之恩！臣尚有一个不情之请。”

朱厚熜道：“你且说来。”

张璁道：“臣斗胆请陛下赐予臣新名新字。”

朱厚熜略一思考，提起朱笔伏在龙案写下四个大字：“孚敬，茂恭”，即名孚敬，字茂恭。

随侍太监将朱笔御书递给张璁，张璁一看喜出望外，以头叩地，口称：“吾皇万岁万岁万万岁！陛下乃孚敬之再生父母！”

乖巧的张璁此时即刻改口以皇帝赐名的“孚敬”而称，以后张璁便四处炫耀自己的名与字是皇上亲赐，以抬高自己的身价。

聪明的人有时亦会糊涂。此时的朱厚熜受到张璁的欺蒙，而过度高兴，如果他能够仔细思考张璁的这番话，便会发现其中的破绽，时年已经是嘉靖十年，张璁是精于研究礼仪的大师，他也是靠礼仪之道发家，如果他真心要避讳自己的名字与皇帝相重，就应该在朱厚熜登基那年赶快悄悄改名，而不是十年之后，由此可见张璁阴柔之心机。

人是有感情的高级动物，欲望人皆有之，没有欲望人就没有生存的动力与希望，但私欲恶性膨胀又会变成人性最大的丑陋。张璁就是一个私欲无止境的野心家。张璁并不满足于仅仅担任礼部尚书，他奢望能够早日进入内阁大展身手。

按照明朝入阁的基本程序，进入内阁的大臣需有现任内阁大臣的推荐或皇帝中旨（批准），可朝中许多翰林认为张璁资历浅薄，是一个善于投机钻营的小人，皆耻以为伍，更不愿意推举其进入内阁，而且放出狠话，即便皇帝中旨，众大臣也将力阻，甚至不惜以辞职相威胁。朱厚熜也无可奈何，张璁入阁之事便被搁置下来。

苦闷之中的张璁突然想到了内阁首辅杨一清。

由于杨一清劳苦功高清正廉洁，嘉靖六年（1527 年）八月，明世宗朱厚熜颁旨称："内阁大学士杨一清先以朕腹心重臣，总制三边，振扬威武，简练将士，分布要害，悉有成算，推厥本源，功实难泯，加特进左柱国兼华盖殿大学士，仍兼尚书，支两份俸禄，并荫其子为锦衣卫百户。"杨一清高风亮节，不徇私情，两次上疏请求免兼取两份俸禄，子杨绍芳无功受禄不应任职。朱厚熜见杨一清言辞恳切，遂同意其子不袭职，免支两份俸禄则不许。

这日夜晚，张璁来到杨一清府邸，见了杨一清执弟子礼，嘘寒问暖，态度甚是谦恭。

主宾坐定之后，张璁说道："阁老，晚生此来却是有一事禀告。"

杨一清道："秉用请讲。"

张璁道："皇上昨日有旨，命礼部编纂《明伦大典》，晚生不敢怠慢，连夜向您秉明，欲向皇上推荐阁老以为主编，晚生辅之。"

杨一清道："老夫年过七旬老眼昏花精力不逮，唯恐误了大事啊。”

张璁道：“阁老过谦了，谁人不知您德高望重，才高八斗，学富五车，主持编纂《明伦大典》乃功在千秋之大事，可与《永乐大典》媲美，将流传万世，晚生乃苍蝇附骥，此事非您莫属啊！”

人的弱点之一就是内藏虚荣心，喜欢别人恭维自己，特别是事业有成的人，虚荣心更为强烈。杨一清自然也不例外。想想张璁说的言之有理，《明伦大典》乃是一部巨著，花费些精力能够留清名于世亦是好事一桩，禁不住张璁一番花言巧语便应承下来。

张璁投其所好的第一步成功了。此后，张璁便利用编纂《明伦大典》的机会进一步接近杨一清。

张璁将自己拟定的《明伦大典》编纂大纲及时送呈杨一清审定，严格按照杨一清修订的纲目条进行撰写，同时还要了一些小花招，有时候故意将书中某些时间、地点、人物、情节写错，杨一清是个治学严谨的人，自然不会放过任何细小的错漏谬误之处，更不用说某些关键词语。每当杨一清修订之后，张璁便会当面诚恳认错，而后大肆夸赞杨一清真不愧为当代鸿儒。这一来二往，杨一清逐渐认为张璁是一个谦虚好学的晚辈，对其产生了好感。乔宇曾私下提醒杨一清：“张璁乃大伪似真大奸似忠之小人，忠佞不相谋，先生还需谨慎防范。”杨一清却不以为然，说道：“老夫一生阅人无数，从未看走眼。”乔宇只能喟然叹息。

经过艰苦努力《明伦大典》成书，张璁推杨一清首功。世宗朱厚熜龙颜大悦，朝堂之上加杨一清一品俸，赐予印章两枚：“耆德忠正”“绳愆纠违”，并赐杨绍芳为尚宝司司丞。

散朝之后，张璁望着满面春风的杨一清，说道：“恭喜阁老，贺喜阁老！如蒙不弃晚生今晚特设家宴为阁老庆功。”

志得意满的杨一清欣然同意："那就有劳秉用了。"

傍晚，杨一清携杨绍芳来至张府，张璁早在大门外迎迓，亲自为杨一清掀起轿帘。

酒过三巡，菜过五味，张璁说道："阁老，晚生还有一事要向您道喜。"

杨一清不知就里："哦。"

张璁拍拍手，说道："来啊，将宝书呈上！"

下人捧上一个盖着红绸的锦盒，张璁恭恭敬敬双手递上，说道："请阁老观看。"。

杨一清掀开红绸，打开精致锦盒，就着红烛定睛一看，只见赫然四个大字：石淙诗集。却是自己多年所作之诗！杨一清早有夙愿欲将零散的诗稿整理成集，只是政务繁杂没有闲暇时间，原想待致仕之后再了却心愿，不想……

杨绍芳接过书本仔细翻看，脱口说道："用纸上乘印制精美，张大人，这至少要花二十两银子啊！"

张璁诚恳地说："晚生早就仰慕阁老才华，十余年来苦苦收集您的大作，狗尾续貂做了些许注解，乃点滴体悟，不妥之处还望您老见谅啊。"

杨一清眼中闪烁泪花，说道："老夫谢过秉用了。"

张璁说道："晚生自作主张已经刊印一百册，待会儿一并送至府上，如若数量不够可再行加印。"

杨一清道："难得秉用如此费心。"

张璁替杨一清斟满酒，举起自己的酒杯殷勤地说道："今日阁老双喜临门，晚生敬您一杯！"

杨一清高兴举杯一饮而尽。

张璁道：“绍芳兄弟年轻有为，如今又升为司丞，可喜可贺，我敬你一杯！”

杨绍芳道：“谢过张大人！”

张璁连连摆手，说道：“哎，绍芳见外了，自家人哪里有什么大人。在下虚长你几岁，今后你我就是兄弟哟。”

张璁频频劝酒，杨一清乃豪爽之人连饮数杯，脸上泛着红光，此时，他的自尊心得到了极大的满足。

张璁见杨一清已半酣，说道：“阁老掌管中枢乃朝廷栋梁，瑾望保重身体还是少喝些为好。”

杨一清哪里肯依：“秉用，莫要小气，只管快快上酒！”

杨一清自斟一饮而尽，放下手中酒杯叹了一声：“秉用你说得不错，这朝中之事，事无巨细，可忙坏老夫了。”

张璁见时机已到便说道：“阁老日理万机，晚生倒是愿意替您分担些许杂事。”

几番往来杨一清早已对张璁心怀好感，此时豁达大度的杨一清想到，内阁之中确实需要充实一些能干之新人，自己亦是年过七旬之人，且身体有恙，不知道还能够支撑多久。张璁倒是一个知书达理、懂孝道、谦恭勤奋之人，年富力强又颇得皇上宠信，如今已是礼部尚书，入阁之后只要自己给予指导，他自己多加历练，说不定自己还为朝廷举荐了一个难得的人才。

想到这里，杨一清竟欣然允应推荐张璁入阁，殊不知老辣的杨一清，不知不觉地钻进了张璁预设的圈套！

雷厉风行的杨一清力排众议，向朱厚熜推荐张璁入阁。世宗早有让张璁入阁之意，只是担心众大臣反对，今见首辅杨一清推荐，便顺水推舟，于嘉靖六年（1527 年）任命张璁为礼部尚书兼文渊阁大学士入参机务，并赐银章两枚：“忠良贞一”“绳愆弼违”。同时任命桂萼为吏部尚书。

张璁的第二个目标顺利地实现了，但是他没有停止前进的步伐，他的私欲像积蓄于地下的岩浆迅速膨胀，像大海汹涌的波涛，他要追求更高的目标，他开始酝酿下一步更大的阴谋，而善良的杨一清还蒙在鼓中。

第四十七章　山雨欲来

张璁早就觊觎内阁首辅宝座，最终实现萧鸣凤为他设计的梦想。张璁是个凶狠狡猾的人，他深知要想扳倒杨一清这棵参天大树谈何容易，杨一清位高权重，深得皇帝倚重，门生故吏遍布朝野，各种关系盘根错节，稍不留意将引火上身功亏一篑。自己要积极进取但又要谨慎从事，需要暗中仔细观察，寻找杨一清的软肋，一出手便要将其置于死地！

人的心理疾病之一便是嫉妒。俗话说树大招风，杨一清执掌朝中大权如日中天炙手可热，自然引得一些人的嫉妒。先后举荐杨一清两次入阁的礼部尚书席书，认为杨一清加官进衔太多，上书世宗朱厚熜敕令吏部改正。

面对席书的指责，杨一清无可奈何有口难辩：加官晋爵非自己所求所望，自己曾经多次上书请免，而皇上却坚持己见，这怎么就成了罪责？

张璁心中窃喜，看来朝中亦有对杨一清不满之人，但又觉得席书之举只是隔靴搔痒，对杨一清毫发无损，于是反而上疏皇帝替杨一清开脱：

席书之议在于不明典章，君主对臣下，在于听其言而不在加其官；臣之遇君主，在行其志不在荣其身。若能尊君旨而行其志，官虽不加其荣誉也多。若事与愿违，官越大则耻辱越多。恳请皇上戒谕席书不要轻率出言。

朱厚熜阅后觉得甚是有理，于是厉斥席书。杨一清得知此事后大为感慨："秉用不欺我也！"杨一清又一次受到蒙骗，并事事关照谦让张璁。

嘉靖七年（1528 年）正月，新年正旦、立春等日在朝行贺礼时，世宗朱厚熜亲御奉天门，钟鼓声中，大臣们从左右廊庑鱼贯而入。杨一清看到兵部尚书兼左都御史李承勋班次在张璁之上，行走亦在其前，便上书世宗："大学士乃辅佐皇上之重臣，吏部尚书为百官之首，列于都察院印官之下，拟于事体欠顺，应加张璁、桂萼二人为一品散官。"

杨一清的上书立即得到朱厚熜允准，张璁与桂萼二人被擢升为一品大员。

朱厚熜对杨一清豁达大度大为赞赏："以其七年之始，方遇卿也。卿之赤诚又迈伊之诚也。"世宗将杨一清比作辅佐成汤的伊尹，甚至其贤能超过伊尹。

桂萼以少保兼太子太傅吏部尚书入阁。此时，内阁共有杨一清、翟銮、张璁、桂萼四人。

内阁中排名第二的翟銮是个谨小慎微的人，内阁实际上是杨一清、张璁、桂萼署理事务。张璁初入阁时对杨一清等阁员毕恭毕敬，积极配合杨一清的工作。以后各部司送来的奏疏，阁臣之间提出票拟意见发生了分歧与差异，原来表面的一团和气便难以维系。张璁自以为是固执己见，"狎视公卿，稍不如意，辞色相加"。作为长者的杨一清便从中斡旋好言相劝："朝堂之上，当存揖逊之风，不可作忿戾之气。"对杨一清的善意，张璁表面接受内心则怀恨在心，积极寻找时机准备发难。

嘉靖七年（1528 年）五月，锦衣卫聂能迁弹劾张璁，当时张璁因病未在朝，杨一清仍怀善心，在与翟銮商议后认为对张璁不宜请旨重处。张璁得知此事后对聂能迁恨之入骨，同时认为杨一清拟票太宽，未能对聂能迁的诬告给予狠治。于是抱病上疏世宗朱厚熜："君臣之分，权不可略重，馋重则无君。"其中对杨一清多番指斥。同时张璁指使其党羽黄绾上疏弹劾诬陷杨一清。

杨一清获知此事悲悔交加，他前思后想，张璁推荐自己作为编纂《明伦大典》的主官，主动出钱刊印《石淙诗集》，看似谦恭事事顺从，其实是投其所好包藏祸心阴险狡诈！他没有想到自己多年来对张璁的悉心栽培，对其错误处处迁就忍让，竟然落得一个恩将仇报的结局。他也悔恨自己防住了刘瑾、钱宁，竟然没有看清楚张璁长期以来伪装的嘴脸，深深后悔没有听取乔宇的忠告。俗话说明枪易躲暗箭难防，可恨张璁背后捅刀子，他就是一只咬人不露齿的狼，防不胜防啊！杨一清一时间气得痰涌上来旧疾复发。杨绍芳急忙请来郎中，经过一番抢救方才转危为安。临别时郎中告诫杨绍芳，阁老本有隐疾，如今是急火攻心，今后只宜静养，不可再受刺激。

躺在病榻的杨一清冷静思忖，本着不屑毁誉，清者自清、浊者自浊，公道皇上自会研判的理念，便未及申辩即告病假在家调治。几天之后身体略为清爽便上疏请求辞职，世宗朱厚熜以为此次张璁与杨一清之争，无非是内阁大臣个人之间闹矛盾而已，自然不许杨一清辞职。

为安抚杨一清，朱厚熜派鸿胪寺少卿王道中赴杨宅探视，王道中在杨一清病床前宣谕旨："卿屡疏求退，情辞恳切，朕非不体卿意，而卿年力所大，拟不应烦以事务。但朕倚眷，欲终始辅导交修。况卿茂才重德，朕方赖赞佐，以成嘉靖之治。卿宜钦承朕意，慎勿固辞。"命杨一清病稍愈仍入阁理事。

杨一清是个顾全大局之人，翌日便撑持身体亲书《乞休致奏疏》，表达对皇帝感恩图报之意，说自己会遵医嘱在家静养调理，待病稍愈即遵旨赴朝供职，但若不能痊愈，仍乞请致仕。

世宗朱厚熜深知杨一清是一个清高之人，一道圣旨可能还难以安抚杨一清的情绪，于是便派张永将杨一清接至御花园，欲当面安抚这位老臣。

时值夏日，一阵雨水过后，蓝天缀着白云，御花园格外清新，满园树荫青翠，花团锦簇，亭台楼阁假山奇石倒影在碧水之中。

张永在前面引导穿过曲径小道。头戴忠静冠身着玄端服的杨一清拄着拐杖，在杨绍芳的搀扶下缓缓进入御花园。面对此情此景杨一清感慨万千，想当年自己十岁时，宪宗皇帝朱见深召见的情景依然历历在目记忆犹新，感念朱见深厚爱，黎淳师傅垂训，转眼白驹过隙已然六十春秋，如今宪宗皇帝、黎淳师傅已经作古，物是人非，自己亦是年过古稀，睹物伤情不禁唏嘘不已。

转过假山下了拱桥，便是碧水四围的临漪亭，朱厚熜已在亭前等候。不待张永禀报，身着燕弁服的朱厚熜迎上前去搀住杨一清，连声说道：“应宁身体可好些？”

杨一清眼泪盈眶欲跪拜，朱厚熜扶住杨一清的双手，说道：“应宁切莫拘礼。”随即搀扶杨一清进入亭中。

随侍太监早已备好香茗，张永为朱厚熜、杨一清上茶后便与杨绍芳肃立一旁。

朱厚熜说道：“这是福建新贡的大红袍明前茶，你且品尝。”

杨一清抬盏呟了一口，轻声回道：“好茶。”

朱厚熜亲切地说道：“朕知爱卿心中有怨气，今日仅我君臣二人，你不妨畅所欲言细细说来。”

杨一清本不想多言，见朱厚熜一片诚恳，如若再不说则有故作矜持之嫌，于是长叹一声，缓缓说道：“陛下有所不知，那张璁与黄绾诋毁臣之事实属事出有因。关于二人所说对聂能迁拟票过宽之事，张璁、桂萼两人初入京时，朝中大臣均不愿与两人交往，唯独聂能迁与两人深交且多得其相助。现今聂能迁有此奏，恐仓促之中偶有过激之言，故从宽拟议以俟圣明定夺。若一个人每遇诋毁，则要将言者置之死地，实是蔽君主之圣明，涂天下之口耳！”

朱厚熜道：“哦。”

稍停，杨一清接着说：“对曾经举荐抗倭不力而被发落的都指挥张浩之事，张浩实为张璁之同宗亲戚，前年张璁为兵部侍郎时，与臣说起张浩是个有才之人，恰好浙江都司掌印官空缺，张璁欲推荐张浩，又投鼠忌器便托臣出面。后经臣与兵部尚书王时中说知此事，兵部推荐了张浩等两人，最后点用了张浩。此后宁波倭寇作乱杀害众多军民，而任备倭指挥使的张浩与分守政朱鸣阳不能缉捕误了军机，朝廷已发落处治，此事如何能说起缘于臣所荐。去年秋，张璁署掌都察院，认为此案发落太轻，参本重新处治朱鸣阳等人，而对张浩竟不参及，实乃张璁徇私舞弊。”

朱厚熜道：“竟有此等之事。”

杨一清呷了一口茶，说道：“黄绾为张璁同乡故友，黄绾非科目出身，张璁荐其为少詹事，准备补为经筵讲官为圣上讲学。臣因为黄绾讲话乡音太重，未安排其进讲因此心生怨恨。此后张璁又举荐黄绾任吏部侍郎，臣以为，白身之人欲升任吏部三品之职拟嫌过快……”

杨一清越说越激动，不禁一阵咳嗽，朱厚熜起身一边为杨一清捶背，一边说：“爱卿慢些说。”

杨一清缓过气来，心想既然话已出口便不吐不快，于是继续说道："今年七月，南京缺考试官，按例内阁应举荐两人并请旨选用。而张璁竟然提出要拈阄决定。臣以为拈阄乃市井之人为之，不适合内阁之所为。臣再三劝阻却无济于事，翟銮作壁上观，黄绾即被任用。臣以为黄绾非科目出身，经学也非所长便将其撤去，由此黄绾恨臣愈深矣。臣所奏诸事，伏望高明洞察。"

杨一清借朱厚熜召见之机，将他与张璁之间的矛盾实事求是地进行辩述。

朱厚熜听了杨一清的陈述，勃然大怒，说道："爱卿被人指斥诬陷朕已知情，张璁入阁以来强梗不受人言，已是不听于众，专恣而自用，朕将给予申斥着其自省。"

杨一清见皇上果然明察秋毫，替自己洗清了罪责，心中一阵宽慰，但是朱厚熜只让张璁自省，并未给予其严惩，杨一清虽然心中不满而又无可奈何，便向朱厚熜拱手，说道："陛下，若臣病终未愈，乃乞请病休。在老臣则得保其余年，在他人亦得以满其所愿矣。"

杨一清话中所说的"他人"，指的就是张璁。此时的杨一清心灰意冷，他已经厌倦了明争暗斗尔虞我诈的官场，只想陈述事实辨明是非保持晚节，下定决心让出首辅位置，归隐山林颐养天年。

朱厚熜说道："来啊，将赏赐之物呈上！"

随侍太监托盘来到朱厚熜身旁，朱厚熜双手打开，却是一件宝蓝锦袍，他亲手将锦袍披在杨一清身上，亲切地说："老爱卿，你的病尚未痊愈，早晚可要留意冷暖哟，绍芳，望你照护好尔父。"

杨绍芳急忙跪地叩首，口称："臣绍芳谨遵圣谕！"杨一清老泪纵横。朱厚熜仍然挽留杨一清。

不几日，杨一清随即又上疏，表明自己不愿恋栈不去，再次乞休，朱厚熜仍不允准，杨一清无奈只得抱病到内阁理事。

转眼一年过去，嘉靖八年（1529 年）七月，兵科给事中孙应奎上疏弹劾内阁，说杨一清“虽练达国体，而情多尚通，私其故旧”；张璁“学虽博而性偏，伤于自恃”；桂萼“作威福而沮抑气节，援党与暗役言官，大私亲故，政以贿成”。

杨一清、张璁、桂萼三人均上疏自陈，孙应奎矛头直指三位大臣，朱厚熜担心内阁出现真空状态，于是采取和稀泥的做法均予慰留。

这场风波仅停歇了一个月朝中又生事端，始作俑者是两位中下级官员。

第四十八章　落井下石

嘉靖八年（1529 年）八月。

这天早朝，朱厚熜正襟危坐，文武百官朝拜完毕。

礼科给事中王准手持槐木笏出班，拱手说道：“陛下，臣王准今日有本要奏！”

为了强化朝廷政务监督，明太祖洪武六年（1373 年），设给事中十二员，为正七品，始分为吏、户、礼、兵、刑、工六科，分科治事。洪武九年（1376 年），定员为十人，洪武十年（1377 年）隶承敕监。洪武十二年（1379 年）改隶通政司，后逐渐增至八十一员。洪武二十四年（1391 年）定制，六科各设都给事中一人，为正八品，左、右给事中各一员，从八品，给事中四十人，其中吏科四人、户科八人、礼科六人、兵科十人、刑科八人、工科四人，正九品。给事中品卑而权重，掌侍从、谏诤、补缺、拾遗、审核、封驳诏旨，驳正百司所上奏章，监察六部诸司，弹劾百官，与御史互为补充。另负责记录编纂诏旨题奏，监督诸司执行情况；乡试充考试官，会试充同考官，殿试充受卷官；册封宗室、诸藩或告谕外国时，充正、副使；受理冤讼等。

朱厚熜望了一眼站在阶下的王准，虚手一抬，说道：“你且说来。”

王准说道：“臣弹劾张璁、桂萼荐用私人，不到三四年位至极品，实开朝以来绝无仅有。”

王准话音刚落，又有一人从后排出班，拱手说道："臣今日亦有本要奏！"

朱厚熜转眼望去，却是工科给事中陆灿，心中诧异：今日早朝竟是两个给事中首先奏本，问道："陆灿，你有何事要奏？"

陆灿道："启奏陛下，臣弹劾张璁、桂萼依仗权势乃敢罔上行私，专权纳贿，擅作威福，报复恩仇。"

朱厚熜"哦"了一声。

张璁用眼睛余光偷望，见是两个小小八品给事中发难，丝毫不把他两人放在眼里，气势汹汹地说道："王准、陆灿，你二人休得血口喷人，你们可知诬陷当朝大臣该当何罪？"

桂萼跪地伏首，口称："王准、陆灿二人无凭无据无端诬害，定是受人指使，陛下您要为臣做主啊！"

朱厚熜觉得事态严重，便问道："王准、陆灿，你们弹劾张璁、桂萼可有证据？"

王准、陆灿回道："臣为国家计，绝无半句虚言妄语！"随即分别送上两册调查证据。随侍太监呈予皇帝。朱厚熜仔细翻阅，大殿内众大臣噤若寒蝉一片肃静。

半炷香的工夫，朱厚熜看完证据惊愕不已，人证、物证、时间、地点确凿无疑。他想不到自己倚重的两位内阁大臣竟然是劣迹斑斑，只觉得一阵眩晕。稍停，铁青着脸起身一拍龙案厉声说道："张璁、桂萼如今证据确凿，你二人还有何话可说！着张璁回家自省以资后用。桂萼着即革去大学士职衔致仕，以儆效尤！二人所得赃款赃物一律上缴国库！"

桂萼听了面色如蜡，两腿发软，顿时昏厥在地。

王准、陆灿等众大臣跪地，口称："陛下圣明！"

张璁、桂萼两个卑鄙小人，早就在暗中罗织关系网，结党营私朋比为奸，《明史·张璁传》称其“性狠愎，报复相寻，不护善类。欲力破人臣私党，而己先为党魁”。张璁、桂萼两人被革职之后，其党羽兔死狐悲惊恐万状，担心城门失火殃及池鱼，相互私下商议后采取主动进攻。

不几日，詹事府詹事霍韬急忙上疏为张璁、桂萼申辩。

詹事府创设于明洪武年间，主要为皇子或皇帝的内务服务，其中置詹事、少詹事，为三、四品官，其下有左、右春坊及司经局等。詹事虽然官阶较高但并无实职，只是经常接近皇帝与皇子，在朝中亦有一定的话语权。

霍韬说王准、陆灿所奏皆系杨一清指使，并揭发杨一清曾经接受张永、萧敬等人的贿赂，任用私人等。礼部尚书方献夫也上疏为张璁、桂萼申辩，申称两人受到诬陷。

朱厚熜本是个性情多疑、反复无常的君主，便下旨召回已经离京行至天津的张璁，恢复其内阁职务。

此后霍韬攻击益急，连上三道奏疏言辞汹汹，指控杨一清指使刑部法司伪造证据虚拟桂萼罪名。朱厚熜果然发怒，命刑部法司会廷臣杂议，将刑部尚书周伦贬至南京，以刑部侍郎许赞代其职。许赞也是张璁的死党，便依从张璁之意，上疏请削杨一清之职，朱厚熜令杨一清自陈。

嘉靖八年（1529年）八月二十五日，杨一清上疏辩述：“霍韬指责臣指使内臣进言弹劾张璁、桂萼两人，绝无此事。王准、陆灿等言官乃朝廷耳目，仗义执言乃其本职。臣见霍韬高文气直，一向推重其人。但他言语过激，臣出于好意曾多次规劝，以期远大前途。谁知他怀存忿怨至极，意指他人所未想，强加别人所未做，肆意诋毁，毫无根据。说臣奸赃，臣不敢置辩，如查有其实，臣愿接受朝廷处罚！臣老矣，疾病侵寻，为世已不久，愿就此归家。”

朱厚熜接到杨一清的奏疏，仍不允所辞。

仅过了七八日，嘉靖八年（1529 年）九月二日，杨一清为了表明心迹再次上疏乞归，朱厚熜仍然不许。

杨一清为人正直谦和，许多人看不惯张璁等人的卑劣行径，自然有人挺身而出替杨一清辩护。工科给事中刘希简上疏称，前不久张璁、桂萼去职，虽是言官弹劾，实是皇上神武英断。詹事霍韬攻击杨一清所言，为肆意轻慢之辞，阁臣去留乃国家大事，那有言官为人所使，可以攻击阁臣而使之离去之理？霍韬自比为犬狗，岂不是过分侮辱朝廷言官吗？愿圣上戒谕霍韬，使其知人臣之礼，遵循忠顺，不得鼓煽私说以眩惑聪明。

朱厚熜阅刘希简奏疏后勃然大怒，命锦衣卫逮送霍韬至镇抚司询问。

张璁复任阁臣。

不贪栈权位是一种境界，不纠缠是一种智慧。杨一清不想再无端耗费精力与之作无谓争斗，便于九月二十一日，再次秉笔直书请辞：“臣已庸陋衰朽，本非致用之才具，蒙圣上召用，委任优崇，前无与比。无奈已昏庸至极，罪状既明，再说亦无益，望圣上体谅臣情，削职放还，则余年皆是圣上所赐。”

朱厚熜接到杨一清的奏疏后踌躇不定。此时张璁使出狡猾伎俩，连上三道秘疏先为杨一清评功摆好，而后看似轻描淡写地说道，杨一清所奏属实，他确实年迈体弱，希望皇上多加体恤。

朱厚熜想到，杨一清乃四朝元老功勋卓著有口皆碑，还指望他辅佐自己管理国事，但考虑到杨一清已经七十五岁，确实有病在身，且看到杨一清与张璁等人长时期无休止地相互攻讦争斗，觉得甚是影响朝廷大事。恰在这月，彗星现毕昴间，钦天监正官言道，皆因朝臣争斗故呈凶象。朱厚熜思前想后终于同意杨一清致仕，下旨曰："杨一清所奏言辞恳切，身体有恙，特听致仕，仍赐驰驿以归。赐白金五十两，钞二千贯，纻丝四表，里衣二袭，杨绍芳随其父归宗侍奉。"杨一清接旨后随即上疏谢恩。杨一清既被罢免，按照内阁成员顺序排列，张璁成为首辅，实现了他的梦想，张璁及众党羽高兴异常，弹冠相庆。

嘉靖八年（1529 年）岁末，朝中士大夫得知杨一清致仕归家，一片叹息，京城三日连降大雪。

这日清晨，雪虐风饕，天空飘雪如同飞絮，乔宇等门生故吏齐聚杨府为杨一清送行。平民百姓获悉杨一清将离京，扶老携幼不约而同蜂拥而至来到门外等候，许多人提着瓜果糕饼，一些百姓手举万民伞，纷纷攘攘堵塞巷道，史载："盖冠拥道之盛，近未之有。"张璁亦赶来送行，假惺惺地说："万望先生珍重，您身体康健乃晚辈之幸也。"杨一清则一笑了之。张璁是个势利之小人，杨一清既已被免职，便不称杨一清为"阁老"而改称"先生"，丑陋之处可见一斑。

人们踏雪冒雨要送他们心中爱戴的阁老，沿途道路水泄不通，相互拥挤竟然将京城南郭门阻断。见此情景，杨一清眼含热泪只得下车缓行。许多人随杨一清的车驾至五里亭、十里亭并敬献酒水互道珍重。乔宇等人将杨一清远送至张家湾，杨一清激动得说不出话来，不停拱手拜辞挥泪惜别，众人驻足远眺依依不舍，马车渐行渐远，消失在人们的视线。

杨一清在杨绍芳的陪同下，轻车简从离开了京城。

杨绍芳忌父亲身体欠佳受不了颠簸，便驾车缓缓而行，一路走走停停，半月之后车驾临近长江。杨一清下车临风而立，手抚银须望着浩渺的江面，无限感慨，不禁低声吟道：

北风吹土黯衣裳，久客怀归意渺茫。
六十年来三致仕，四千里外七还乡。
君臣义重真难报，天地恩深敢暂忘。
遥想家园篱下菊，清香不改旧时黄。

听说杨一清返回镇江，本地官吏乡绅百姓大众纷纷前来石淙精舍拜访探望，还有许多朋友远道而来或拜望或请教诗文，其中有个老朋友自淮安绕道过江至石淙精舍，杨一清兴致颇高随即口占一首：

停云回首意如何，扬子江头一棹过。
老去多情怜水石，闲来开眼看风波。
门墙旧侣雕应尽，灯火通宵话转多。
更约扁舟和月宿，荻花深处听渔歌。

脱离了官场纷争的杨一清一身轻松，又在妙福禅师的调治下身体日见好转，不时还去焦山走动。杨绍芳见父亲康体逐渐恢复高兴万分，可不曾想在家中养病静休的杨一清即将大祸临头。

前几年杨一清为世宗讲学所用的《大学衍义》因书刻不清，朱厚熜便命司礼监重新刻印，杨一清便请朱厚熜作序，以申重刻之意。杨一清归籍之后，新版《大学衍义》刻成，张璁却将杨一清的署名除去，朱厚熜心细，阅后颇为不满，担心朝野指责自己处事不公，便斥责张璁：“朕知道修编《大学衍义》实肇于一清，为何未署其名?”于是下令在新版《大学衍义》补上杨一清之名，接着又派出特使携带金银赶往镇江慰问杨一清。

一日，朝廷议论祭祀礼仪，群臣众说纷纭莫衷一是久议不决。

散朝之后朱厚熜大为恼火，将太监送上的茶盏狠狠地摔在地上。想起当年杨一清在朝时诸事明断井井有条，自己省却了许多烦心之事，于是便对身边太监说道：“张孚敬这个首辅是怎么当的，朕误放走了杨一清啊，若应宁在，这点小事还不能决断吗？”

在场的一个太监是张璁安排在皇帝身边的耳目，朱厚熜对张璁不满之话传出，张璁等人坐立不安惊恐万分，唯恐朱厚熜重新启用死对头杨一清。

由于杨一清一身正气两袖清风，张璁等人密谋多日，竟找不到杨一清犯事的蛛丝马迹。正当一筹莫展之时，一个名叫朱继宗的人找上门来。

朱继宗原是张永手下的家人，后为其兄张富的管家。其人嗜赌成性在赌场输个精光，便欲侵吞张富的家产，被张富发觉，盛怒之下便将其逐出家门。

嘉靖九年（1530 年），穷困潦倒的朱继宗来到张璁府邸前，申称要见张大人，张府门卫见是个蓬头垢面衣衫褴褛之人便欲驱赶，恰好张璁上早朝归来，心中好奇便止住门卫让其入内。

张璁以酒饭待之，朱继宗狼吞虎咽酒足饭饱之后，说道：“张大人，小人有办法将杨一清扳倒。”

张璁道：“你只管说来，如果可行本官自有重赏。”

朱继宗问道：“张大人，您可曾记得世宗皇帝即位后，御史萧淮弹劾谷大用、丘聚、张永之事？”

张璁回道：“本官如何不知，萧淮弹劾谷大用、丘聚、张永蛊惑先帝祸国殃民，张永被贬为奉御，前往孝陵主持香光。”

朱继宗又问：“那后来呢？”

张璁说：“杨一清等说张永在剪除刘瑾、平息朱宸濠叛乱实有功绩，世宗皇帝听从杨一清之言，遂起用张永为掌御用监，提督团营。”

朱继宗道：“张永死后，圣谕祭三坛，予棺椁，建造享堂。其后又追录遗功，升其弟锦衣千户张容为指挥佥事，本卫堂上管事，张富为锦衣副千户。”

张璁道：“这又如何？”

朱继宗道：“这张永为了感谢杨一清帮助其升职，便向其献金一千两以为酬谢。”

张璁道：“竟有如此之事。”

朱继宗反问道：“张大人，您知道张永为什么肯出重手？”此时，朱继宗故意卖了个关子。

张璁道：“本官不知。”

朱继宗道：“当年王守仁清剿伪宁王朱宸濠后，张永负责查抄伪宁王府，趁机盗得金库的两千两金子，便用其中一半送予杨一清。”

张璁问道：“此话当真？”

朱继宗信誓旦旦回道：“在张大人面前，小人岂敢妄言？”

听了朱继宗的一番话，张璁心潮澎湃一阵狂喜，心想杨一清啊杨一清，平时看你道貌岸然视金银如粪土，想不到你也会干如此龌龊肮脏之事！这内官与外臣勾结不说，你还竟敢私自收受张永盗库之金，这放在任何朝代都是死罪啊！如今证据落在我的手中，将让你百口莫辩死无葬身之地！

张璁举手加额，说道：“天助我也！”

张璁问道：“朱继宗，你愿意出庭作证吗？”

朱继宗跪地拱手，口称：“小人唯张大人马首是瞻。”

第四十九章　死不瞑目

事情果真如市侩小人朱继宗所说吗？

事情的由来是，张永死后张富记得其弟遗嘱，便登门拜访杨一清言道：“我弟临终前说，生前曾经与阁老有约，为其撰写墓志铭，恳请您赐一方墨宝以慰亡人！”

在明朝大凡是名门望族，或稍有一些地位与名望之人都有一个嗜好，那就是在自己的长辈或本人去世后，便要请清流名士代为撰写墓志铭，以盖棺定论名扬千古。杨一清学贯古今下笔有神，故许多人家都以能够得到杨一清所撰墓志铭为荣，杨一清在逝世前半个月还为给事中王尧卿作墓志铭。而受托之人自然会对其生平事迹隐恶扬善妙笔生花，当然主家会给润笔者一定的酬金仪银，至于报酬多寡并无定规，一般由主家自己决定。哪怕自己是个文人能够执笔，一般更喜欢别人代劳，以此表示绝非自己自吹自擂。即便是号称明朝文坛三杰的杨一清，在其母张氏故去后，亦是请好友李东阳为母亲撰写墓志铭。李东阳不负杨一清所托，立即写就《封太安人杨母张氏墓志铭》，事后杨一清按惯例奉了酬金仪银。

杨一清猛然想起那年张永之托，原以为只是句玩笑话，不想竟然成真。杨一清是个诚实守信的人，想起当年张永为剪除刘瑾冒死而为，又见张富悲情戚戚，于是欣然命笔为张永写下墓志铭。张富得了字帖转悲为喜，留下酬金仪银二百两以为酬谢，而不是朱继宗编造的一千两盗库之金。而且，张永故后七天忌曰，杨一清即将酬金如数封还给了张富。

就是张富送给杨一清的这笔酬金，使张璁决心要给杨一清致命一击！张璁便嗾使朱继宗出面举报杨一清收取赃银。

朱厚熜得知此事后勃然大怒，捉刀代笔收受酬金无可厚非，但数额巨大且系赃物，是可忍孰不可忍！便诏命刑部法司对张富、张容二人进行讯问，朱继宗有张璁做后台抵死指认。尽管张富、张容竭尽申辩说明事实，法司官员得了张璁的好处，哪里肯信他兄弟之言，大刑之下张富、张容二人被屈打成招。

朱厚熜立即革去张富、张容之职。

杨一清闻听事变，不啻晴天霹雳，真正是人在家中坐祸从天上来。知是张璁落井下石但有口难辩。面对皇帝指斥，杨一清上疏言道："臣杨一清，一生谨小慎微洁身自好，断无朱继宗诬陷之事，臣愿朝廷派锦衣卫抄查私宅，请皇上明裁，还臣之清白。"

查抄结果让张璁大失所望，压根就没有打着官府印记的一千两黄金。

张璁仍不甘心，决心要落井下石。他喋喋不休地向皇上鼓噪："杨一清乃狡诈之人，一千两黄金巨资恐早已转移藏匿，此乃仿效当年刘瑾之手段。"

朱厚熜是个性情多疑之人，盛怒之下哪里容得杨一清申辩，下旨取消朝廷历来对杨一清的封号，削籍为民断绝其致仕的供奉，杨一清家积蓄之金银悉数追收入官库，仅留镇江的私宅一处由其居住。

杨一清多年在外征战，为边关风沙所侵患有眼疾，归家之后几近失明。被软禁在家的杨一清遭此打击，悲愤交加，夜不能寐辗转反侧。深夜起床，亦不惊动杨绍芳，摸摸索索点燃火烛，慢慢研墨颤颤巍巍提笔，歪歪斜斜写下两首诗抒发心中激愤。

其一：

少秉清忠老不移，此心惟持老天知。
无端三出皆危境，大半归来是病时。
信步而行甘我拙，被诬不辩任人嗤。
君恩天地臣多负，才薄官高取罪宜。

其二：

自从髫岁谒承明，七十年来际盛平。
志在匡时才不逮，谋当忧国梦频惊。
君恩深重终难荷，造物乘除每忌盈。
应是薄劳叨厚赏，一回循省一颜赪。

此二首诗竟成杨一清之绝笔。

遭受无端陷害，杨一清的内心世界彻底崩塌，一方面郁郁寡欢，一方面又十分急躁，常常借酒浇愁。杨绍芳频频劝诫父亲，杨一清只是不听。

杨一清平时就有严重痰阻喘咳之症，镇江的气候温燥，加之心情烦躁便引得热毒上身。又闻刘大夏病逝的噩耗，杨一清失去挚友，不禁黯然神伤潸然泪下，病情越发加重。

杨绍芳急忙去焦山寺请来妙福禅师。

妙福禅师进了石淙精舍不及歇气，便为杨一清诊脉开具药方，三日之后热毒稍退。

这日一早，杨一清对杨绍芳说：“芳儿，为父想再去焦山看看。”

杨绍芳说道：“妙福禅师曾经嘱咐，您应该卧床静养。”

杨一清道：“你可曾记得老家安宁螳螂川中的石淙？”

杨绍芳自小在安宁长大自然知道，便回说：“孩儿记得。”

杨一清叹了一口气，说道：“那螳螂川中的石淙却是与焦山之石何其相似。为父如今病入膏肓，家乡千里迢迢，不能叶落归根，只想再去焦山看看那江中之石，以寄托思乡之情。”

杨绍芳明白了为什么父亲总是喜欢去焦山，那是游子眷念家乡的情结和精神慰藉，他不能拒绝父亲的请求，或许这是父亲最后的心愿。

至六月底，杨一清背部突生恶疮，奇痒难忍，站立坐卧不安。起初并不在意瞒过了杨绍芳。待杨绍芳为其洗浴擦背时，才发现毒疮竟如鸡蛋大小。

妙福禅师闻讯赶来，掀开杨一清衣服一看，恶疮呈紫红色。妙福禅师知是杨一清积愤所致，非石药可以治疗。于是从随身带来的药箱中取出麻药敷上，用醇酒消毒术刀。杨绍芳在一旁举着红烛，妙福禅师屏气凝神操刀划开大疮清除红黄稠脓，而后再敷上药粉，妙福禅师这才轻轻地舒了一口气。

杨绍芳将父亲扶到床上，转身端来水盆又递上布巾，妙福禅师洗净手，擦了擦额头上沁出的细汗。杨绍芳献上清茶，轻声说道：“劳烦大师了。”妙福禅师吮了一口茶，放下茶盏亦轻声说道：“公子，请借一步说话。”

妙福禅师、杨绍芳两人来到门外庭院，清凌凌的月光如霜肃杀。

妙福禅师眉头紧锁，悲戚地说道：“毒疮虽已清创，但贫僧观阁老体质孱弱精力已耗尽，我已是黔驴技穷，有愧于阁老及公子啊。”

杨绍芳跪地潸然泪下：“大师救父亲于危难，绍芳没齿不忘！”

妙福禅师扶起杨绍芳，言道：“只因贫僧忙于准备半个月之后的盂兰盆会祈福，不能日夜守护阁老了，若阁老病情有变请及时告之。”

杨绍芳拱手道：“有劳大师了！”

妙福禅师趁夜赶回焦山寺。

且说贾秀姑知道杨一清被贬回家，便自贾家沟出发，辗转两月余匆匆赶到镇江。

贾秀姑的到来使杨绍芳感佩万分，昔日父亲执掌朝政如日中天，许多人趋之若鹜，贾秀姑却在西北自守清贫。如今父亲遭受奸人构陷，门可罗雀，一些人唯恐避之不及。但她却千里迢迢赶来相助，真是一个有情有义之人！

贾秀姑与杨绍芳两人双目默默对视，似有无尽的话要倾诉……

贾秀姑不顾旅途劳顿不及洗漱，便在杨绍芳的引导下径直进入内屋，见躺在床上的杨一清双目紧闭、骨瘦如柴，鬓发如霜，没有了当年叱咤风云的豪迈，不禁潸然泪下。她轻声歉疚地说：“绍芳哥，秀姑来晚了！”

杨绍芳望着风尘仆仆的贾秀姑心中涌起一阵感激，竟无言以对。

杨绍芳、贾秀姑两人来到屋外庭院。杨绍芳将父亲蒙受张璁诬陷，以致积忧成疾之事细细详说一番。只气得贾秀姑杏眼怒睁，愤愤说道：“好一个恩将仇报的奸佞小人，恨不能将他碎尸万段！”

杨绍芳长叹一声，说道：“眼下当务之急是缓解父亲的病情。”

贾秀姑说道：“绍芳哥，秀姑自今日起将竭尽全力服侍杨大人！”

此后，妙福禅师不时前来杨府，为杨一清诊脉调整药方。杨绍芳与贾秀姑为杨一清煎熬汤药调配饮食，日夜轮换看护他们最敬爱的长辈。

十余天之后，杨一清的身体逐渐好转，杨绍芳与贾秀姑悬着的心放松了许多。

这日，妙福禅师又来探视，事毕杨绍芳将妙福禅师送至大门。杨绍芳说道："难为大师精心诊治，父亲身体方能日益康健。"

妙福禅师忧心忡忡地对杨绍芳说道："公子不可掉以轻心，阁老病情目前看似好转，其实心中积郁之气尚未排除，仍积蓄于脏腑之间。"说完告辞转身而去。

杨绍芳对妙福禅师之言将信将疑。抬头一望月明星稀月亮渐圆，眼见快到中秋节。杨绍芳返回屋内与贾秀姑商量，一家人要好好地过一个团圆节。

翌日午后，贾秀姑搀扶杨一清在庭院里慢步走动。杨绍芳从外推门进来。贾秀姑笑盈盈地问道："绍芳哥，你买了些什么啊，看你满头大汗的。"

杨绍芳来到杨一清、贾秀姑两人面前放下提篮说道："父亲、秀姑，你们看看，月饼、核桃、板栗、毛豆一应俱全。"

杨一清道："这中秋节不是后日吗？"

傍晚红日西坠。

杨一清、杨绍芳、贾秀姑三人围坐桌前，杨一清指着桌上的四菜一汤夸赞道："秀姑的厨技大有展进啊。"接着又说道："多日尽喝粥，口谗哟。"

贾秀姑夹了一块素炒茭瓜放在杨一清碗中。杨一清吃了赞不绝口："又嫩又香！"放下筷子对杨绍芳说："芳儿且去取些酒来。"

贾秀姑劝谏道："大人身体尚未痊愈，妙福禅师曾说您需要戒酒啊。"

杨绍芳附和说道："秀姑言之有理。"

杨一清说道："并非我欲贪杯，你们难道忘了今天是什么日子？"

贾秀姑低头沉默不语。

杨绍芳不得其解："八月十三日啊。"

杨一清眼眶盈泪，轻轻叹了一口气："今日是贾兄弟的忌日，我要祭奠于他。"

杨绍芳恍然大悟，起身取来一瓶老酒和一个酒盅。

杨一清颤颤巍巍斟满酒，缓缓站立举起酒盅，眼角渗出泪水，哽咽说道："若非贾兄弟舍命相救，老夫难有今日！我敬你一杯！"说罢将酒洒向地面。

贾秀姑眼泪簌簌落下，以手掩面强忍悲痛，杨绍芳低首默然。

杨一清坐下又倒了一杯酒，转而对贾秀姑说道："秀姑啊，你是一个好姑娘啊！你与绍芳……唉，过去的事不说了，老夫敬你一杯！"说罢举杯一饮而尽。

原本好端端的一顿晚饭却平添了几分惆怅与痛楚。

刚过子时，刮起阵阵大风，长江江面波涛汹涌，狂风肆无忌惮地席卷岸边的树木，树叶被风旋上旋下飞舞翻腾，空中一团乌云将明月严实遮盖，顿时大地被暗黑笼罩。

躺在床上的杨一清腹中咕咕作响，辗转反侧，竟不能寐。一会儿只觉得腹中一阵疼痛便呻吟几声，守在床前的杨绍芳急忙趋前询问。杨一清示意要大解，杨绍芳急忙从墙角搬来净桶。净完手，杨绍芳刚搀扶父亲上床，杨一清又觉胸口堵闷，一张口污物竟吐在棉被之上。杨绍芳转身去取铜盆与布巾，慌乱之中失手将铜盆掉落在地。哐当一声在夜深人静之时显得十分响亮。

这一响声惊动了贾秀姑。

这一夜贾秀姑并未入睡。收拾碗筷后，贾秀姑回到自己的房间，取了三炷清香点燃，默默虔诚为慈祥的父亲祈祷，她感佩杨大人还在追思自己的父亲。自从父亲去世以后，她便将杨一清视为自己的亲人，自己的父亲，但是她没能启齿，只是把这种爱深深地埋藏在心底，爱何须说出口？她竭力使自己尽早入睡，因为明日清晨她还要替换杨绍芳照护杨一清。此时上房传来的响声，打断了贾秀姑的思绪，她来不及细想，披上衣服赤脚急忙来到杨一清的卧室。

杨绍芳一见，连声说道：“秀姑，你来得正好，父亲怎么又吐又拉！”

贾秀姑连忙不迭清理被褥上的污物，又取来清水让杨一清漱口。刚刚清理完毕，杨一清又觉得腹中绞痛，杨绍芳、贾秀姑搀扶他坐上净桶。只听见哗啦一声，一阵水泻。

杨绍芳对贾秀姑说：“父亲如此反复如何得了，你赶快去焦山寺请妙福禅师。”

贾秀姑说道：“你一个人留守家中能行吗？”

杨绍芳点点头，说道：“你放心吧，快去快回！”

贾秀姑刚转身欲出，杨绍芳又说道：“一路小心！”

贾秀姑扬鞭打马如闪电一般消失在夜幕中。

约莫一个时辰，妙福禅师和贾秀姑来到病榻前，满头大汗的杨绍芳轻轻舒了一口气，说道：“大师，父亲上吐下泻已经七八次了。”

妙福禅师“嗯”了一声，伸出三指搭脉，望着双目紧闭、牙关紧咬、脸色惨白的杨一清默默研判，而后用手翻看杨一清的眼睛，随即取出艾条点燃，在杨一清腹部的神阙穴馨灸。

不一阵，杨一清微微睁开眼睛，嘴中喃喃：“大师……”

妙福禅师颔首。

杨绍芳惊喜万分：“谢谢大师妙手回春。”

妙福禅师轻轻摇摇头，他知道，此时的杨一清已经是大渐弥留，药石无功了。

烛台流着红泪，远处随风传来四更梆子声，清晰而凄厉。

杨一清在床上翻滚折腾疼痛难忍，他用尽最后微弱的气力仰面长叹："老夫乃为张璁孺子所害！"

嘉靖九年（1530 年）八月十四日凌晨，一代名臣杨一清在镇江家中气绝身亡饮恨而终，享年七十七岁。

杨绍芳呼天抢地，捶胸顿足，泪如泉涌，贾秀姑柔肠寸断，椎心泣血，伏在杨一清身上痛哭不止，妙福禅师默念：阿弥陀佛。

天空乌云密布骤降秋雨，淅淅沥沥，如诉如泣……

第五十章　沉冤昭雪

过了头七，杨绍芳悲痛的心情仍然难以平复，茶饭不思，郁郁寡欢，悼心失图。贾秀姑眼见他整日以泪洗面，日渐消瘦，乌发间顿生白发，丧父之悲感同身受。

贾秀姑劝慰道："杨大人已然仙逝，人死不能复生，绍芳哥要节哀顺变。"

杨绍芳愤愤道："小人当道父亲冤死，此仇不报枉为大丈夫！"

贾秀姑道："按规制你当在家丁忧三年，还应从长计议为是。"

杨绍芳道："那你将何去何从？"

贾秀姑道："我自有打算，我们后会有期！"

杨绍芳估计她将返回平凉老家，不便强留，只得任其而去。

贾秀姑离了镇江径往京城，她要去寻找一个人——朱继宗，陷害杨一清的那个卑鄙小人，她发誓一定要找到此人弄清事实真相，要替杨大人洗清冤情。

洪武元年（1368 年）八月，朱元璋将顺天府改为北平府。永乐元年（1403 年）正月，朱棣将北平升为北京。永乐四年（1406 年）闰七月，大兴土木重建北京，至永乐十九年（1421 年）正月建成，明成祖朱棣改北京为京师。北京比原来的北平大了许多，除了紫禁城外，全城周遭四十五里，共有九座城门：正南为丽正门（正统初改为正阳门）；南之左为文明门，后为崇文门；南之右为顺城门，后为宣武门；东之南为齐化门，后为朝阳门；东之北为东直门；西之南为平则门，后为阜成门；西之北为彰仪门，后为西直门；北之东为安定门；北之西为德胜门。

偌大的京城，街道纵横交错，商铺鳞次栉比，人海茫茫，要想找一个人无疑是大海捞针比登天还难，况且贾秀姑从未见过朱继宗。转眼半年过去，贾秀姑一无所获，焦急万分之中，她突然想到一个办法。

这日，贾秀姑来到张璁府邸，敲开了大门。

看门的是一个老者，贾秀姑向他诉说，称是陕西人氏，皆因连年大旱父母饿死，自己只身一人逃荒流落京城，希望张府能够接纳为佣人，只为讨口饭吃。

恰好老者也是陕西人，感念贾秀姑孤苦伶仃，但又不敢擅自做主，只得向东家张璁禀告。

自从害死杨一清之后，张璁便诚惶诚恐日夜杯弓蛇影，他担心杨一清的家人或部属寻机报复，特别是那三边之人个个如狼似虎，听说来了一个陕西人便十分警觉，只是看门人说得恳切，于是就命贾秀姑入内亲自询问。

张璁见是一个村姑模样中年妇女，方才放下心来。

贾秀姑言道，自己别无所求，不要工钱，能有一个栖身之地即可。

张璁观贾秀姑身体尚健且精明，又想眼看年关将至，这堂堂相府事务繁多，亦需要增添人手，不付工钱何乐不为，于是顺水推舟同意将她暂时留在府中。

贾秀姑主动进入张府为仆实有打算，想那朱继宗与张璁定有瓜葛，潜入张府可能有机会打探到朱继宗的下落，总比满城乱转的可能性更大些。

贾秀姑起早贪黑脚勤手快，深得张府上下人等喜欢。

贾秀姑每日在张府暗中观察，却不能公开打听朱继宗的消息，唯恐人们生疑，便只能忍辱负重苦苦等待。功夫不负有心人，机会终于来了。

只说看门人李庆偶染风寒，贾秀姑便为他煎药熬粥殷勤服侍，孤寡老人李庆大为感动。

一日，李庆服完药，说道："秀姑啊，你且坐下，我有话问你。"

贾秀姑搬了个小凳坐在床边。

李庆道："你那日来府，事情急忙没有来得及详细交谈。"

贾秀姑道："李大爷，您请讲。"

李庆道："你为何只身一人来到京城，而不到其他地方投亲靠友?"

贾秀姑没有想到，看似老实巴交的李庆心还挺细，便说道："只怪我那日心急没来得及细说。我原本是前来京城投靠一个远房亲戚，只是父亲没来得及告之表叔的住址，故而慌不择路投奔张府，这还得感谢您老呢。"

李庆问道："你那表叔姓甚名谁？或许我可以帮你打听。"

贾秀姑说道："我表叔姓朱名继宗，大爷可否认识?"

李庆笑了："说来巧了，我与朱继宗却是熟识。"

贾秀姑一听心中暗喜，便装作高兴的样子，问道："那他现在何地?"

李庆见贾秀姑问得急切，说道："秀姑啊，看把你高兴得，让我慢慢给你细说。"

可是停了一会儿，李庆叹了一口气："算了，还是不提他了吧。"

贾秀姑说道："大爷，您早些告诉我表叔的下落，我好前去投靠他，难道您忍心看我长期寄人篱下？”

李庆道：“秀姑，我说了你可别生气啊。”

贾秀姑道：“您这是在帮我啊，感谢您都来不及呢。”

李庆道：“你那表叔啊，真不是个好人。”

贾秀姑问道：“这究竟为何？”

李庆慢悠悠地说：“朱继宗揭发杨一清杨大人后，作为回报张璁张大人便帮他获得了张福的家产。”

贾秀姑强忍心中的愤怒，轻声道：“哦，竟有此事。”

李庆打开了话匣子：“朱继宗自己好赌，窃据张福的家财后便开了一间赌馆，谋取不义之财。”

贾秀姑义愤填膺，以手击桌：“简直是败类！”

贾秀姑又问道：“大爷，朱继宗所开赌馆在何地？我即前去规劝于他改邪归正。”

李庆道：“那赌馆就设在什刹海附近的烟袋斜街，叫作什么财茂楼。”

贾秀姑默念：“财茂楼。”

贾秀姑恨不得即刻就去抓获贼人，冷静一想，自己并不认识其人，贸然前去难免打草惊蛇坏了大事。便对李庆说道：“我与朱继宗虽为亲戚，但却未曾谋面，还请大爷方便时引见。”

李庆道：“这个好说。朱继宗为感谢张大人，每年中秋节、元旦都要到府上拜望。眼见元旦来临，到时我自会向你指引。”

贾秀姑大喜过望，说了声：“谢过李大爷！”

大年初一，张府张灯结彩一派喜气洋洋，前来给首辅拜年的人络绎不绝。李庆站在大门前高声唱喏，报告来访客人的头衔，贾秀姑在一旁仔细观看。

不一会儿，只听见李庆提高声调唱喏："财茂楼大掌柜朱继宗到！"一边喊一边向贾秀姑使了个眼色。

贾秀姑顺眼看去，只见一个身材中等，身着大红锦袍的人手提礼盒跨进门槛，她记住了那张满脸横肉丑陋的脸，转身走了。

出了正月，张府的事情少了许多，贾秀姑向张璁说道，自己来京城有些时日，想告假两日去街上逛逛，张璁觉得她没日没夜辛苦了小半年便予允准。

贾秀姑按照李庆提供的地址，辗转询问找到了财茂楼。确切地说，这财茂楼是一院两进的楼房，此原是张福的家产，朱继宗据为己有后便将其改为赌馆，取财源茂盛之意。

一身男装打扮的贾秀姑刚来到大门前，一个伙计走上前来热情招呼道："看这位兄弟满面春风，今日手气一定不错，您里边请！"

贾秀姑昂首进了赌馆，见迎面屏风上圆圈中有一个硕大的"赌"字。转过屏风就听见一阵阵喧哗声，再往里屋走，一群人正围着一张长方形的桌子叫叫嚷嚷。

贾秀姑拨开人群挤到桌前，刚好一局结束，赢的人笑逐颜开忙着撸钱，输了钱的人则捶胸顿足。

庄家抬头看了一眼贾秀姑，拱手说道："这位兄弟眼生，是初次到财茂楼吧？"

贾秀姑亦拱手回礼，说道："您说得不错，在下就想寻个乐子，只是不知道这规矩如何？"

庄家见是一个生手，心中一乐：又一只肥羊送上门来了。说道："这却不难，我摇动手中瓷碗，您只管猜这碗中的骰子是大还是小，如若猜中您便是赢家，如若输了……"

贾秀姑接过话头："在下明白了，如若猜错了我便输了银两。"

庄家道："那就请各位客官下注！"

贾秀姑取出二两银子放在桌上。

庄家举起瓷碗上下左右来回摇动，众人高喊"大……""小……"

贾秀姑胡乱喊了个"小"。

在一片喊声中，瓷碗开启却是点大。

第二局，贾秀姑猜"大"，可却是"小"。

不一会儿工夫，贾秀姑所带来的十两银子输了个精光。

庄家问道："兄弟，怎么样还继续玩吗？"

贾秀姑手拍桌子说道："继续玩！"

庄家揶揄道："我看你已经囊中空空，回家怎么向老婆交代？"

众赌徒一阵起哄。

贾秀姑回道："你大爷就不信神了，今天我就不走了，要赌就赌大的！"

庄家疑惑道："你说怎么个赌法？"

贾秀姑将头上角巾摘下甩在地下，露出一头秀发。

庄家与众赌徒见状大惊失色，皆呼："原来是个女子！"

贾秀姑高声道："你等下人不配与姑奶奶对赌，赶快让你家主子朱继宗出来！"

庄家见贾秀姑气势汹汹，心想莫非今日遇到砸场子的恶人，不敢怠慢，说了声"请稍后"，便一溜烟向后院跑去。

不一会儿，门外传来说话声："是谁要与我过过手啊？"

贾秀姑一看来人正是朱继宗！

朱继宗身着湖蓝锦袍，手持烟杆来到桌前，吧嗒吧嗒吸了几口，拖长声音说道："听说你要与本大爷玩大的？"

仇人相见分外眼红，贾秀姑稳住激动：“今日姑奶奶要与你对赌！”

朱继宗哈哈大笑道：“你拿什么做赌注？”

贾秀姑拍拍胸膛，说道：“就是姑奶奶！”

朱继宗斜眼望了望贾秀姑，说道：“你，你值几个钱？”

贾秀姑道：“朱继宗，你就爽快说一句，敢不敢跟我赌？”围观的众赌徒又一阵起哄：“赌，赌，赌！”

朱继宗道：“赌钱赌地赌房产，我老朱从来还没有见过赌人的。”

贾秀姑道：“朱继宗，你敢是不敢？”

朱继宗将眼前的贾秀姑上下仔细打量一番，心想这女子身段尚可姿色标致，不费吹灰之力便可得一女人何乐而不为。于是说道：“大爷我纵横江湖十几年，难道还怕了你一个小女子！”

朱继宗正要招呼伙计张罗赌具，贾秀姑说道：“且慢，你的赌物是什么？”

朱继宗道：“百两银子。”

贾秀姑冷笑一声：“姑奶奶输了便入府为奴，一辈子当牛做马，我这个大活人仅值百两碎银子？”

朱继宗道：“那你意下如何？”

贾秀姑道：“今儿我与你是死对，你若输了这赌馆便归于我名下！”

赌馆是朱继宗的命根子，他如何能舍？犹豫之际朱继宗转念一想，这赌具掌握在自己手中，孙猴子还会跳出如来佛的手心？便回道：“一言为定！”

贾秀姑道：“即刻写下契约，不可反悔！”

朱继宗道：“倒还懂些规矩。”

签罢契约，双方约定三局两胜。

众人鸦雀无声，静观这场你死我活的争斗……

庄家摇动瓷碗，口中喊道：“双方快快下注！”

贾秀姑喊道：“大，大，大！”

朱继宗喊道：“小，小，小！”

瓷碗开启：小！

朱继宗满脸得意。

第二局仍然是朱继宗赢。众人起哄大呼：“朱掌柜神勇！抱得美人归！”“朱掌柜艳福不浅啊！”

贾秀姑早就知道朱继宗会在赌具上玩弄手脚，此时却假装心灰意冷，说道：“姑奶奶无话可说，愿赌服输。”

围观之人又一阵起哄后，纷纷散去。

朱继宗是个贪财好色之人，赢了赌局心情大悦，晚饭贾秀姑频频劝酒，朱继宗竟狂饮两壶老酒。乘夜来至贾秀姑房间，轻轻推开虚掩的房门，在黑暗中摸摸索索，嘴里喃喃：“小心肝，大爷来陪陪你。”一边说一边扑向床铺，不想一个趔趄摔倒在地，紧接着一道寒光在他的眼前闪过。耳边听见低声呵斥：“不许乱动！”低沉的声音中带有威严，朱继宗只得老实躺在冰冷的地板上。

烛光亮起，醉眼蒙眬的朱继宗依稀看见对面的人好似贾秀姑，他试图揉揉眼睛，却发觉自己的手脚已被捆了个结实动弹不得。

晚饭间朱继宗色眯眯地看着贾秀姑，动手动脚，贾秀姑知其欲行不轨，于是早有防备，只待恶狼入网。

朱继宗挣扎问道：“你是谁？你想干什么？”

贾秀姑把玩手中的匕首，说道：“我是谁并不重要。我只问你如何陷害杨一清杨大人的？”

朱继宗道："这不关我的事。"

贾秀姑将匕首轻轻一晃，压低声音道："你不实说，姑奶奶便宰了你这个疯狗！"

朱继宗瞪大眼睛满脸恐惧，连连点头。

朱继宗一五一十原原本本，将如何与张璁沆瀣一气诬陷杨一清的始末交代得清清楚楚。

贾秀姑舒了一口气，随手用桌上抹布塞住朱继宗的口，灭了蜡烛，倚在床边假寐等待天明。

窗棂发白，贾秀姑洗漱完毕锁了房门，坦然来到财茂楼大门，对守门人说："昨夜大爷醉卧在我的房间，你等休要打扰。"说完大步流星出了财茂楼。

两个门卫相互挤眉弄眼，他们心知肚明，东家一定是又快活了一晚。

贾秀姑假寐之时，便想好如何处置朱继宗，她要去找乔宇。贾秀姑觉得，如果自己将朱继宗扭送官府，到时候他抵死不承认，反而功亏一篑，或许还会重演刘瑾瞒天过海处置王大雄之事，再说自己也不知道官府衙门在什么鬼地方。在京城她只认识乔宇大哥，她只信任杨大人的学生乔宇。那年自己随杨绍芳进京时，曾经去过乔宇家中。

乔宇听完贾秀姑的讲述，心情异常激动，眼中闪着泪光，拍案叫绝："秀姑果然侠肝义胆，先生冤情将昭雪于天下！"

乔宇亲自将朱继宗押至刑部，朱继宗全盘招认。

刑部将朱继宗的供状呈报朝廷，朱厚熜大怒责问张璁，张璁抵赖狡辩称自己偏听偏信，害了杨阁老，乞望引咎辞职。

朱厚熜下旨将朱继宗斩立决，立即释放张福、张容兄弟，官复原职，将朱继宗所霸占财产悉数归还张氏。并亲拟诏书为杨一清昭雪平反，特命乔宇前往镇江宣诏。

嘉靖十二年（1533 年）九月，被诬陷蒙冤三年的杨一清得以雪耻恢复名誉，世宗朱厚熜追谥杨一清为文襄公。迟到的昭雪使杨绍芳悲喜万千，连夜秉烛提笔撰写祭文，告奠父亲的在天之灵：

嘉靖十二年九月，顷者天眷圣明，笃生皇嗣，覃恩宽恤，无间存亡，故吾父以恩诏通例，吏部复请，遂荷隆旨，光复原职，幽壤生辉，英灵稍慰。虽恤典未获即颁，而国是自兹渐定。日月蚀而复明，容光如旧；风云散而复合，交感如初，此理数之自然，亦否泰之常事。兹者郡邑大夫拟以明日只将部檄宣示家祠，谨具牲醴，先伸告奠。鸣呼合浦之珠虽还，而终天之恨莫赎，戚浮于喜，孰知我心。

杨绍芳为父亲重立墓碑，上书：明诰封特进光禄大夫右柱国少师兼太子太师文华殿大学士赠太保谥文襄讳一清杨公。

乔宇、妙福禅师及当地官员士绅百姓，齐聚杨府石淙精舍庆贺，热闹非凡。

贾秀姑完成了自己的心愿，悄然离开镇江，一骑绝尘，独自一人往大西北而去……

后 记

好友彭风琪先生知道我在撰写杨一清的故事，便告知昆明市金殿公园后山有一座杨一清博物馆，应该去观瞻一番，这或许对写作有益。我心中好奇，心想杨一清的老家在安宁啊，这博物馆怎么会建在盘龙区的范围。在风琪先生的陪引下，果然在昆明北郊麦冲村寻得宝地。其馆倚山顺势而建，更显得气势宏大，庄重肃穆。建筑物为一进两院，砖木结构层楼，楼台、牌坊，画栋飞檐，雕漆描彩。此馆原为“杨文襄公祠”，原建在昆明市翠湖以北，后随钱南园、诸葛亮、沐公等祠一同搬至武庙、武城门附近（今云南省图书馆附近）。1996 年因为旧城区改造，需要拆除。王保平先生得知消息，毅然出资买下了这一砖一瓦、一木一石，几番考察之后，于 1998 年将这座旧祠堂迁至四围苍松翠柏的麦冲村，修旧如旧，依然保留了往日的风格。

重建的杨一清博物馆不收取门票，任随游人自由出入。“天下熙熙，皆为利来；天下攘攘，皆为利往。”我思忖：一个企业家本应在商言商唯利是图，这位未曾谋面的中年人夫复何求？仅用“善心”二字，已经不能褒扬他的行为，传承中华民族优秀文化已经成为他的基因，他代表了广大民众对一代名人杨一清的景仰与怀念。

谭祖安先生与戴美政先生，在安宁市政协的支持下，在浩瀚如烟的史料中，旁征博引关于杨一清的事迹，远赴镇江等地采风，于 2007 年出版《杨一清评传》。我得此书如获至宝，仔细阅读受益匪浅。拙著《杨一清传奇》大量采用了两位先生的研究成果，感佩之余，更坚定了我写作的信心，然而这却是亦步亦趋，仿效谭祖安与戴美政两先生的善举而已。我曾在安宁工作过一段时间，其间耳濡目染民间关于杨一清的趣事传说，闲暇时游历过当地曹溪寺、温泉等名胜古迹。本书即将付梓，亦算是对在安宁那一段工作与生活情缘的回馈。

特别感谢云南省人大常委会原副主任梁公卿先生对本人写作的悉心指导，并亲自为本书作序。感谢彭琳女士、丁认全先生、成小兵先生提供的大量宝贵历史资料，使我省却了查阅浩繁资料的大量时间。感谢朱兴贤先生为本书题写书名，我特别喜欢古朴敦实的爨体。感谢云南人民出版社责任编辑吴磊女士，从本书构思开始便一直关注及倾心策划。对所采用诸位专家学者的文献资料一并致谢。

参考文献

［1］张廷玉等撰：《明史》，中华书局 1974 年版。

［2］严宏纲主编：《云南史志研究文选》，云南民族出版社 2014 年版。

［3］谭祖安、戴美政：《杨一清评传》，云南人民出版社 2007 年版。

［4］杨一清著，冯良方点校：《石淙诗稿》，云南教育出版社 2018 年版。

［5］云南图书馆编：《云南省国家珍贵古籍名录》，云南人民出版社 2019 年版。

［6］余嘉华主编：《云南风物志》，云南教育出版社 2010 年版。

［7］罗养儒：《云南掌故》，云南民族出版社 2002 年版。

［8］赵廷光主编：《云南风采》，人民日报出版社 1990 年版。

［9］云南日报理论部编：《云南文史博览》，云南人民出版社 2009 年版。